Im Ennedi-Gebirge im Tschad wurden Tausende von prähistorischen Felsmalereien entdeckt. Sie sind ein begleitendes Element dieses Buches

GEO

Gestaltung: Erwin Ehret
Herstellung: Heiko Belitz, G+J-Druckzentrale
Lithographie: MWW Repro, Hamburg
Druck: IPF Industrie Poligrafiche Friulane, Maniago, Italien

Herausgeber: Peter-Matthias Gaede
Lektorat: Ernst Artur Albaum
Bildredaktion: Sabine Wuensch
Schlussredaktion: Hinnerk Seelhoff, Bettina Storm (freie Mitarbeit)
Stichwortverzeichnis: Dr. Matthias Albaum

1. Auflage 2001
ISBN 3-570-19312-8

»Wir lebten vom Zauber des Sandes,
andere werden Erdölquellen darin erbohren
und sich mit Handel bereichern.
Aber sie kommen alle zu spät.
Die verbotenen Palmenwälder, der niemals
zuvor betretene Muschelsand
haben uns ihr Bestes gegeben.«
ANTOINE DE SAINT-EXUPERY

Als ich das erste Mal Anfang der sechziger Jahre in die Sahara kam, wusste ich schon nach wenigen Tagen, dass ich mich immer wieder zur Rückkehr verführen lassen würde. Sahara – das ist ein magischer, gleichermaßen von den Verlockungen wie den Drohungen des Unbekannten erfüllter Begriff. Das ist einerseits der Horror vacui, andererseits Verheißung für Menschen begünstigter Klimazonen, aus reglementierenden Ordnungen auszubrechen, sich wie auf einem Ozean treiben zu lassen zu endlosen Horizonten; das ist die Verlockung, Entdeckungen zu machen, Geheimnisse zu lüften, Antworten auf existenzbewegende Fragen zu finden.

Inzwischen bin ich zwei Dutzend Mal in dieser Wüste aller Wüsten gewesen, bin mit Freunden und Gefährten auf oft monatelangen Expeditionen bis in die entlegensten Winkel vorgedrungen. Doch je häufiger ich kam, desto weniger gelang es mir, die Größe dieser Wüste von kontinentalen Ausmaßen zu begreifen. Vielmehr schien dieser Naturgroßraum bei genauer Betrachtung bis ins potenziell Endlose zu wachsen. Denn nicht die Leere der Sahara ist das erstaunlichste Phänomen, sondern die Vielfalt dessen, was in ihr zu erfahren und zu erforschen ist.

Meine Expeditionen wurden gleichsam zu Reisen durch Raum und Zeit. Durch einen Raum, der voller so faszinierender, vielfältiger Landschaften und Naturerscheinungen ist, dass selbst die kühnste Fantasie sie kaum erfinden könnte. Ent-

Der Targi Mohammed Issa schreitet zum Abendgebet hinaus in die Ténéré gegen weit verbreiteter Meinung sind nur etwa 20 Prozent dieser über neun Millionen Quadratkilometer großen Wüste von Sanddünen bedeckt – einige Areale davon jedoch so groß wie Deutschland. Zwischen den Sandmeeren liegen vulkanische, mehr als 3000 Meter hohe Gebirge; liegen sandsteinerne Hochplateaus, aus deren labyrinthisch zerklüfteter Oberfläche ein Fremder ohne die Ortskenntnisse eines Nomaden nie wieder herausfinden würde; liegen bizarre Granitgebirge, deren kugelförmige Felsformationen wie von bildhauenden Zyklopen aufgetürmt erscheinen. Es gibt Ebenen, die von Horizont zu Horizont ein lückenloses Mosaik farbiger Steine bilden, so genannter Windkanter, denen der sandbeladene Wüstenwind einen spiegelblanken Facettenschliff gegeben hat; und es finden sich undurchquerbare, staubgefüllte öde Becken, aber auch feste, schier unendliche Sandtennen, die man mit Tempo 80 durchrasen kann.

Hier bildet der Horizont einen durch nichts unterbrochenen Kreis, der Mensch sieht sich als Mittelpunkt einer riesigen leeren Scheibe.

Aber auch voller Irrlichter ist die Sahara, Luftspiegelungen, in denen Schein und Realität, Traum und Wirklichkeit verschwimmen. Vermeintlich gewaltige Felsen schrumpfen bei Annäherung zu Kieseln, Gesteinsbrocken erweisen sich als ausgedehnte Gebirgszüge; häufig gaukelt sich dem Reisenden die wellenbewegte Oberfläche eines nahen, tiefblauen Sees vor, dessen Ufer er jedoch niemals erreicht. Denn der See ist nichts anderes als die Abbildung des Himmelsblaus auf bodennahen hitzewabernden Luftschichten, deren Oberfläche wie ein Spiegel wirkt. Selten ist eine Fata Morgana zu bewundern – nur dann, wenn eine reflektierende Luftschichtgrenze viele hundert Meter hoch über dem Boden lagert und das Bild von Landschaften, Oasen, hin und wieder, so sagt man, auch von Karawanen spiegelt,

Die »Montagnes Bleues« – ein Skulpturengarten aus windgeschliffenen Marmorklippen die sich in Wirklichkeit weit unter dem Horizont befinden.

Der grenzenlose Raum der Sahara verleiht vielen, auch normalerweise geringen Dingen Schönheit und Bedeutung. Denn Schönheit entfaltet sich vorzüglich im freien Raum. Selbst die Mumie eines verdursteten Zugvogels, das Skelett eines verendeten Kamels oder eine vom Sandstrahlgebläse des Wüstenwindes mattierte, achtlos weggeworfene Flasche offenbaren sich so als ästhetische Objekte. Eine einzelne Akazie, ein einsam wandernder Nomade, beide die einzigen ihrer Art auf Zehntausenden von Quadratkilometern, werden bedeutungsvoll und schön, so wie ein paar hingetuschte Bambusblätter auf einer asiatischen Malerei inmitten eines sonst leeren Blattes.

Zum Raum gehört aber auch die wahrhaft Schwindel erregende Tiefe des Sternenhimmels, dessen Bilder in windstillen Nächten klar und farbenprächtig leuchtend dem fernen Horizont entsteigen, so dass man meint, die Rotation der Erde zu spüren. Oder die Schönheit eines Sonnenaufgangs über den Dünen, wenn der Himmel zunächst in flammendem Rot, Türkis und Violett der Amethyste erstrahlt, bis schließlich die emporsteigende Sonnenscheibe die Dünen wie mit flüssigem Gold überflutet.

Dann gehört zum Raum noch die atemraubende Stille der Wüste, die in Wahrheit jedoch voller Töne und Geräusche ist, welche sich hin und wieder offenbaren, sobald man nach langer, lauter Geländefahrt zur Ruhe gekommen und mit sich allein ist. Wer häufig genug in die Sahara reist, hört vielleicht ein-, zweimal in seinem Leben, wie ein großer aufgeheizter Felsbrocken oder gar eine ganze Bergflanke während der nächtlichen Abkühlung mit lautem, peitschenartigem Knall zerspringt; oder er vernimmt ein ohrenbetäubendes, seltsames, unheimliches dumpfes Stöhnen und Brüllen, wenn die inneren Strukturen ganzer Dünenzüge instabil werden und Tausende von Tonnen Sand ins Rutschen

Felsmalereien in den Grotten des Tassili-Plateaus

kommen. Nur ein einziges Mal habe ich das auf meinen vielen Reisen vernommen.

Doch es spielt auch ein ewiges Orchester leiser Töne: das Brausen des Windes, das seltsame Rauschen von Sandfällen dort, wo Wanderdünen sich über die Kante eines Plateaus in die Tiefe ergießen, das feine Prasseln der Sandkörner gegen das in Äonen zermürbte Gestein, welches in seinem zerrissenen und geschliffenen Gefüge dem Wind zu allerlei Instrumenten wird. Dann spielen in den Bergen und Felsen Orgeln, Flöten und Violinen, dann singen darin die Chöre der Dschinnen, der Geister, vor deren Macht die Nomaden am nächtlichen Lagerfeuer zittern. „Denn wenn Gott im Himmel ist", sagt eines ihrer Sprichwörter, „gehört die Erde den Geistern."

Wenn dann der Wind und die Gespräche der Menschen am Lagerfeuer eingeschlafen sind, bleibt noch das leise Summen des Teewassers im Kessel über stiller Glut, das Brodeln und Glucksen in den vielfältigen Mägen der lagernden Kamele. Schließlich wird das Strömen des Blutes im eigenen Körper zum akustischen Ereignis.

Reisen durch Raum und Zeit? Unter Zeit verstehe ich mehr als die Monate, welche eine Expedition in oder durch die Sahara oft dauert – sondern die unendliche Reise in die erdgeschichtliche Vergangenheit, deren Millionen Jahre alten fossilen Zeugnissen man auf der entblößten Erdkruste der Sahara allenthalben begegnet. Nichts hat nachhaltiger mein Leben und mein Denken beeinflusst und verändert als die Offenbarung der ungeheuren Abgründe der geologischen Zeit – ein großes Abenteuer der Selbsterkenntnis, die allem menschlichen Tun und Wollen eine neue Dimension gibt.

Um geologische Zeit überhaupt begreifbar zu machen, greift man gern auf die Maße des Menschen zurück. Den schönsten Vergleich hat der amerikanische Schriftsteller John McPhee gefunden: „Wenn man die gesamte bisher abgelaufene Erdgeschichte mit der Länge des englischen Yard

Eine Targia im Aïr-Gebirge, festlich geschmückt für die Hochzeit gleichsetzt, jener Distanz von der Nase eines Königs bis zur Fingerspitze seiner ausgestreckten Hand, dann entspricht die gesamte Menschheitsgeschichte dem feinen Span, den ein sanfter Feilenstrich vom Fingernagel abhebt."

Die alten Karawanenführer sagten, Allah habe aus der Sahara alles Überflüssige entfernt, damit wir Menschen hinter den Erscheinungen das wahre Wesen der Dinge zu erkennen vermögen. Sie nannten die Sahara Bahr bela Ma – „Meer ohne Wasser", und verglichen ihre Reisen mit einer Seefahrt; und der Südrand war für sie der Sahel, das Ufer, das es zu erreichen galt.

Europäische Geographen hielten die Sahara lange Zeit für den Grund eines erst kürzlich ausgetrockneten Ozeans. Salzseen und Sümpfe am Nordrand der Wüste deuteten sie irrtümlich als letzte, von der Sonne noch nicht ausgemerzte Lachen.

Tatsächlich beweisen gewaltige Massen von Schalen und Skeletten vielfältiger Meereslebewesen, dass in vorhistorischer Zeit riesige Areale der Sahara im Laufe langer erdgeschichtlicher Zeiträume tatsächlich Meere gewesen sind – bis zu achtmal. Oft wichen die Fluten erst nach 50 bis 60 Millionen Jahren. Skelettfunde belegen, dass vor 30 bis 40 Millionen Jahren Wale schwammen, wo sich heute Sandwogen erstrecken.

Vor 400 Millionen Jahren erbauten Myriaden winziger Polypentierchen dort, wo heute Wüste ist, ausgedehnte Korallenriffe. Auf dem Plateau des weltentlegenen Ennedi-Gebirges im Tschad bin ich kürzlich über versteinertes Meeresgetier, über Seelilien geschritten, die hier vor einer halben Milliarde Jahren im Urozean lebten. Und das war etwa 100 Millionen Jahre bevor die Organismen die Ozeane, die Urheimat allen Lebens, verließen, um die Kontinente zu besiedeln. Folglich waren die Kontinente zuvor von ihrer Entstehung an mehrere Milliarden Jahre wüst und leer.

Legt man nun die gesamte bis heute abgelaufene Erdgeschichte zugrunde, so wird

Felsgravuren – Wildtiere darstellend – am Rande des Aïr-Gebirges deutlich, dass es den Zustand der Nicht-Wüste auf dem festen Lande erst seit relativ kurzer Zeit auf der Erde gibt. Aber selbst in der Gegenwart sind etwa 30 Prozent der Kontinente von Wüsten bedeckt, welche sich durch den Raubbau allzu vieler Menschen mit Hilfe allzu effektiver Werkzeuge an Vegetation und Wäldern rapide ausdehnen.

„Das tragische Schicksal der Sahara macht nachdenklich und beunruhigt", orakelt der französische Sahara-Forscher Henri J. Hugot, „es stört die Sicherheit, die eine immer fruchtbare, beständige Landschaft dem Europäer gegeben hat. Könnte dieses Schicksal auch seiner Heimat eines Tages zustoßen?"

In seinen unabsehbaren, vielerorts fossilienübersäten Einöden wirkt die Sahara wie ein verlassener, abgestorbener Planet mit allgegenwärtigen Zeugnissen des Aussterbens. 99,999 Prozent aller Arten, die je existiert haben, so haben Paläontologen, die Erforscher der Lebensentwicklung, herausgefunden, sind bereits ausgestorben oder haben sich in andere Arten verwandelt. Anzunehmen, von diesem Schicksal oder von dieser evolutionären Verwandlung wäre der Mensch ausgenommen, wäre barer Unsinn.

Über den Fossilien finden sich in der Sahara allenthalben unzählige Zeugnisse menschlicher Geschichte: magische Steinritzungen und Malereien unserer Vorfahren, um das Jagdglück zu beschwören, unzählige Artefakte – aus Stein geschlagene Werkzeuge, Krüge, Ruinen und schließlich die Gebeine zugrunde gegangener Karawanen. Hin und wieder tauchen monumentale Grabmale aus dem Sand auf, gleichsam Schiffe der Hoffnung, die ein Sturmwind entmastete.

In der Sahara erfuhr ich die kosmische Geworfenheit des Menschen, gelangte schließlich zu der Überzeugung, dass aller kultureller Fortschritt, gar das Bestreben, sich von der Natur zu emanzipieren, nur

Im Erg Bréard türmen sich die Sandmassen zu einer Vielzahl kompliziert verschachtelter Dünentypen

Illusion, nur schillernder Schaum ist auf dem Ozean der Zeit.

Für den kürzlich verstorbenen französischen Forscher Theodor Monod, dem vielleicht einzigen Europäer, dem die Sahara zum Zuhause wurde, ist die Sahara schön, weil sie rein, unsterblich und vom Menschen nicht zerstörbar ist. Für seinen Landsmann, den ebenfalls zeit seines kurzen Lebens der Wüste verfallenen Saint-Exupéry, gerieten all diese Einsichten zur Poesie.

„Das Leben siedelt sich an wie Moos an altem Gemäuer. Für eine kurze Periode, nur für einen glücklichen Tag im Ozean der Ewigkeit."

Denn auch in nachmenschlicher Zeit wird die Wüste so etwas wie das kosmische Schicksal unserer Erde bleiben. Wenn eines noch sehr fernen Tages der gewaltige Fusionsreaktor des Zentralgestirns instabil wird, sich die Sonne zum „roten Riesen" aufbläht und dann mit Röntgen- und Gammastrahlung apokalyptisch alles Leben versengt, alles Wasser des Weltmeeres zerstrahlt, dann wird die ganze Erde wie ihre Nachbarplaneten Merkur, Venus, Mars und der Mond wieder eine Wüste sein, bis ans Ende aller Zeiten.

Während mein erstes Buch in der GEO-Bibliothek, „Die Wüste – Vorstoß zu den Grenzen des Lebens", die Ergebnisse und Erkenntnisse von Forschungsreisen zwischen 1961 und 1980 sowie die Erklärung genereller Naturgesetzmäßigkeiten der weltweiten und kosmischen Wüstenbildung, sowie des Tier- und Pflanzenlebens, beinhaltet, ist der vorliegende Band das Resultat weiterer Expeditionen der Jahre 1981 bis 2000, deren Berichte über die Jahre im GEO-Magazin als Reportagen erschienen sind.

Zusammen ergeben sie ein umfassendes Bild der Natur-, Kultur- und Erforschungsgeschichte der grandiosen zentralsaharischen Hochgebirge und Plateaus, die das gewaltige Becken des Paläo-Tschadmeeres umrahmen. Etwaige Veränderungen im Wissensstand seit der Erstveröffentlichung der Berichte werden in Fußnoten erläutert.

Letzter Überrest eines Felsplateaus am Rande der Ténéré, den auch ein Ansprung nicht ins Wanken bringt

Tassili - n - Ajjer
Serdélès
Wadi Igarghar
Tefedest
Adrar
Ghat
Djanet
Mertoutek
Edikel
Wadi Tafassâsset
Hirafok
Gebel Serkout
2306 m
Hoggar
Tahat
2908 m
Tamanrasset
Erg Kilian
ALGERIEN
Tassili von Hoggar
Erg Capot Rey
In Azaoua
Adrar Bous
1123 m
Tarazit
Ténér
In Guezzam
Adrar Chiriet
1403 m
Tamgak
1908 m
Erg Bréard
Iferouane
Tagnert
Arakaou
Arlit
Adrar Made
Aïr
Bagzane
2022 m
Azaouagh
100 km
Ingal
AGADEZ

Diese Karte der zentralen Sahara wurde nach Satellitenaufnahmen gezeichnet. Sie lässt eine Fülle unterschiedlicher Landschaften erkennen, die sich dort während vieler Millionen Jahre Erdgeschichte herausgebildet haben: Die Ringplutone des Aïr entstanden bereits im Erdaltertum vor 400 Millionen Jahren. Wiederholt wurde hernach die Afrikanische Erdkrustenplatte vom Meer überflutet. Daher rührende Sedimente lagerten sich in großräumigen Becken über Urgesteinen wie Granit ab. Mächtige Sedimentgesteinschichten umranden das Mourzouk-Becken.

Die Sandsteinplateaus der Tassilis und das Ennedi hingegen bauen sich aus noch älteren Sedimentgesteinen auf. Erst in jüngerer erdgeschichtlicher Vergangenheit, vor wenigen Millionen Jahren, entstanden die vulkanischen Hochgebirge des Hoggar und des Tibesti, mit dem höchsten Berg der Sahara, dem 3415 Meter hohen Vulkan Emi Koussi.

Der Nordost-Passat treibt Sand und Staub, Verwitterungsprodukte ausgedehnter Felsplateaus in der östlichen Sahara, unablässig gegen das noch feste Gestein und schmirgelt es mit der Zeit ebenfalls zu Sand und Staub, was wiederum den Sandstrahl-Effekt verstärkt – eine Kettenreaktion, die seit Jahrmillionen in der Sahara wirkt. Sie fräst und modelliert ständig neue Landschaften aus der Erdkruste. Besonders deutlich wird dieser Prozess auf dem Borkou-Plateau südlich des Tibesti-Gebirges. Und letztlich resultiert aus ihm eine fortschreitende Selbstverwüstung.

Von Sanddünen bedeckt sind nur etwa 20 Prozent der Zentralsahara. Und während der Erg von Mourzouk und der Erg von Bilma bis zu 200 Meter hohe Dünen aufweisen, ruht auf der Ténéré-Ebene – dem weiten Becken des Paläo-Tschad-Sees, der noch vor Jahrtausenden eines der größten Binnenmeere der Erde war – größtenteils nur eine dünne Sanddecke

-Maarouf
Erg Rabianah
Jabal
Al Hawaish
ÄGYPTEN
LIBYEN
Kufra-
Oasen
Gilf Kebir
Plateau
Djebel
Barat
Jabal
Bon Simbel
Ma'tan Bishara
Jabal Arkenu
1453 m
Jabal al Uweinat
1453 m
Kemet
Dohon
Ma'tan al Sarrah
Jef Jef
Plateau
Erg Idrisi
mi Koussi
3415 m
Gouro
Tekro
Erdi Korko
Erdi Fochini
Erdi Ma
Erdi Dji
Ounianga
Kebir
Ounianga
Serir
Teguedei
Demi
SUDAN
Mallanga
Mourdi Senke
TSCHAD
N'Kaolo
Faya
Ennedi
Basso-
Plateau
1450 m
Fada
Archei
Erg von Djourab

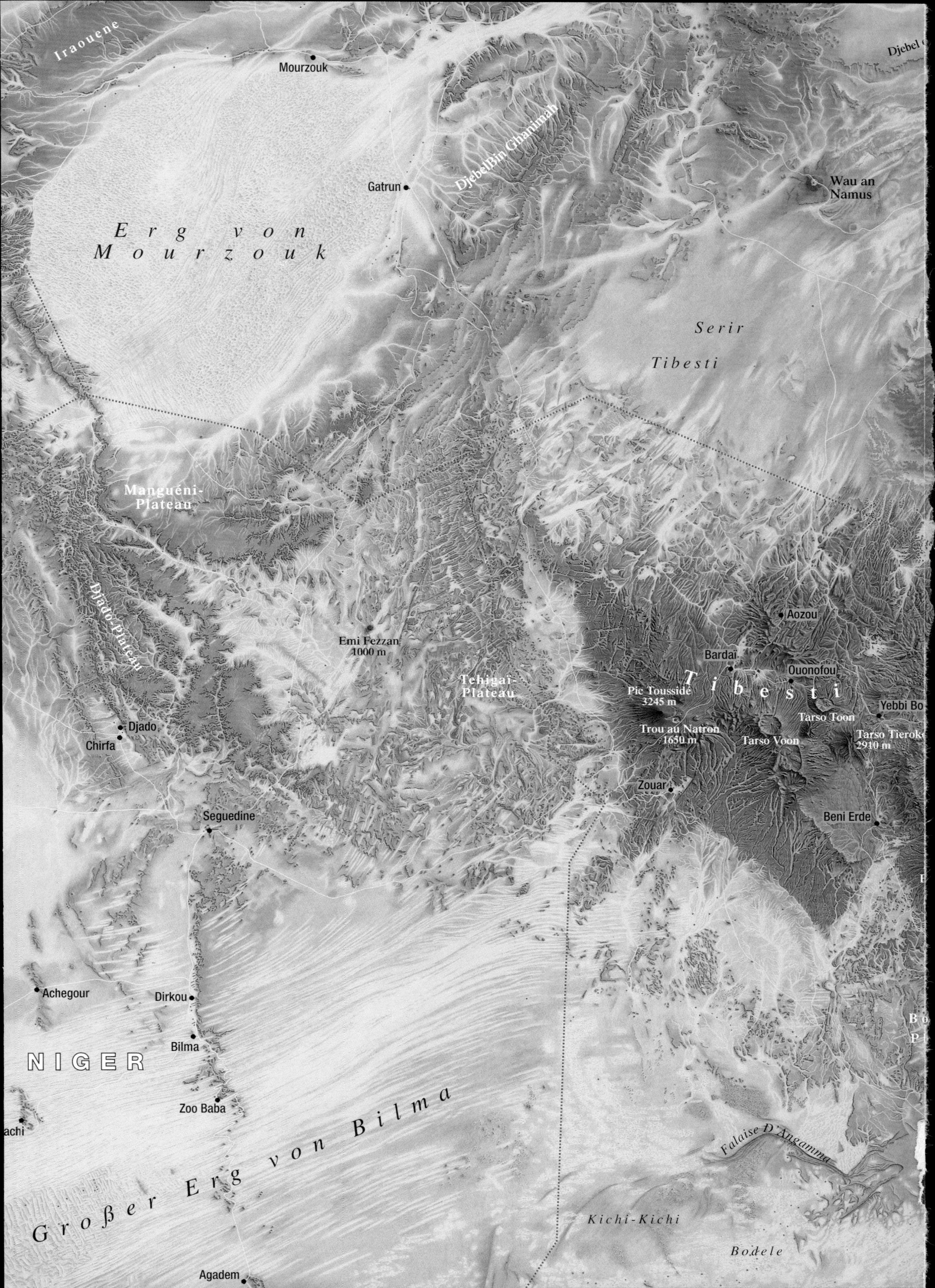

Iraouene
Mourzouk
Djebel
Djebel Bin Ghanimah
Gatrun
Wau an Namus
Erg von Mourzouk
Serir Tibesti
Manguéni-Plateau
Djado-Plateau
Emi Fezzan 1000 m
Tchigai-Plateau
Aozou
Bardai
Ouonofou
Tibesti
Pic Toussidé 3245 m
Yebbi Bo
Tarso Toon
Trou au Natron 1650 m
Tarso Voon
Tarso Tierok
2910 m
Djado
Chirfa
Zouar
Seguedine
Beni Erde
Achegour
Dirkou
Bilma
NIGER
Zoo Baba
achi
Falaise D'Angamma
Großer Erg von Bilma
Kichi-Kichi
Bodele
Agadem

Aus dem Weltall von einem Wettersatelliten fotografiert, offenbart sich das Ausmaß eines Staubsturms, der, angesogen von einem Tiefdrucksystem, aus der Nordwest-Sahara über die Kanarischen Inseln hinweg auf den Atlantik hinaus zieht. Jährlich sind das etwa eine Milliarde Tonnen. Große Mengen davon gelangen bis nach Südamerika, wo der an Spurenelementen reiche Staub die Regenwälder düngt

Im entlegensten Gebirge der Sahara, dem Tibesti, hat das Volk der Tubu überlebt. Wenn ein Staubsturm die Vulkan

DIE BRÜDER DES WINDES

nd die Erosionsruinen verhüllt, sagen die Tubu, einer von ihnen habe ihn entfacht, um sich vor Feinden zu verbergen

Im Nordwesten des Tschad, im Vorland der Tibesti, liegen die mächtigen Felszinnen der »Aiguilles de Sissé«. Sie sind die Überreste eines Plateaus, welches durch Erosion zerstört und abgetragen wurde

Vom Lagerplatz der GEO-Expedition steigt eine schmächtige Rauchsäule auf. Nur selten wagt sich ein Fremder in das unzugängliche, weglose Wüstenhochgebirge Tibesti. Vor der fernen Kulisse des Vulkans Emi Koussi, mit 3415 Metern der höchste Berg der Sahara, liegt eine Gruppe so genannter Trommelberge, die von den Kräften der Verwitterung aus mächtigen Sandsteinablagerungen herausmodelliert worden sind

Misstrauisch
und voller aggressiver
Neugier mustert diese
Tubu-Frau den Fremdling.
Die Angehörigen dieses
widerstandsfähigen
Nomadenvolks be-
zeichnen sich selbst als
Felsenmenschen

Konkretionen von Eisenmanganoxiden in den Gesteinen des Borkou-Plateaus widerstehen dem fräsenden Sandstrahlgebläse des Windes und formen bizarre Skulpturen, welche – wie hier – wie ein Gorillaschädel anmuten können

Sieben Kilometer im Durchmesser misst der tausend Meter tiefe »Trou au Natron«. Das Natronloch im Tibesti entstand, als vor Jahrtausenden die Flanke eines Vulkans explodierte. Kleine Vulkankegel am Grunde zeugen von neuen Eruptionen

Diese Vulkanruine ist in Jahrmillionen durch Erosion zum symmetrischen Kegel abgetragen worden. Inzwischen sind die Flanken für den Wind fast unangreifbar geworden, denn sie sind mit einem schützenden Schuppenmosaik überzogen: Die Steine aus dem Erosionsschutt wurden vom Wind flachgeschliffen und überzogen sich mit einem metallisch glänzenden Firnis aus Eisenmanganoxiden, dem so genannten Wüstenlack

Trotz einer Verdunstungsrate von sechs bis sieben Metern Wasserschicht jährlich trocknet der See von Ounianga Kebir nie aus. Er wird gespeist aus einem unterirdischen Aquifer, gefüllt mit fossilem Wasser

Morgens um fünf Uhr bei Eiseskälte ziehen Wolken wie Feuersbrünste und Rauchschwaden über die Felsruinen und Grate im Vorland des Tibesti

Aus dem Nichts scheinen diese drei Tubu-Frauen plötzlich aufzutauchen. Sie suchten nach Samen von Wildgräsern, die im Vulkanschutt sprießen. Das »Bergland des Hungers«, eine lebensfeindliche Landschaft von der zweieinhalbfachen Größe der Schweiz, wird nur von etwa 3000 Tubu bevölkert

22. 10. 81 bis 26. 12. 81

Es kostet mich Anstrengung, den anderen Wagen, der an diesem Tag die Führung übernommen hat, nicht aus den Augen zu verlieren, obwohl er feuerrot ist. Immer wieder wird er, wie durch einen Zaubertrick, von Felsen weggespiegelt, die der sandbeladene Wind auf Hochglanz poliert hat. Immer wieder verschwindet das Auto durch Reflexionen des Himmelsblaus auf erhitzten Luftschichten über endlosen Sandflächen. Dann taucht es, durch die wabernden Luftmassen bis zur Unkenntlichkeit verzerrt, wieder auf, um sich sofort aufs neue darin aufzulösen. Nur seine Spur sagt mir, dass es noch da ist. Ich verlasse sie nicht einen Meter.

Unsere Expedition will zum Volk der Tubu im Tibesti, dem höchsten Gebirge der Sahara, vordringen. Wir wollen wissen, wie es diesem Volk gelungen ist, eines der lebensfeindlichsten Gebiete der Erde sich zur Heimat zu machen.

Wir – Uwe Karstens, der in unserem Team für die Navigation verantwortlich ist, Urs Böhlen, der Dolmetscher und Koch, und ich – kennen die Sahara von vielen Expeditionen. Doch wie ein Drogenrausch treibt uns die Erregung voran, nunmehr in das entlegenste Gebirge Afrikas vorzustoßen.

Unser Ziel liegt im Norden des Tschad. Es ist eine unzugängliche, kaum erforschte Region – ein kosmisches Vakuum. Die Vorstellung, dass es zu einem irdischen Staat gehören sollte, erscheint mir absurd.

Als erster Forschungsreisender versuchte 1869 der deutsche Arzt Dr. Gustav Nachtigall das Tibesti zu erkunden. Die Tubu begegnen ihm sehr misstrauisch, gar feindselig. Einen Monat werden er und sein Begleiter in Bardai festgehalten, bis ihnen die Flucht zurück ins libysche Mourzouk gelingt.

Wir stoppen vor lang gestreckten Wällen aus metergroßen Gesteinskugeln. Einige sehen aus wie handgeformte, tönerne Gefäße mit Deckeln. Diese Kugellandschaften sind in Äonen der Erdgeschichte entstanden.

Nach Stunden tauchen am Horizont die Fragmente einer neuen Landschaft auf. Einzelne Hügel und Berge fließen, als wir näher kommen, zur Kante eines Plateaus zusammen. Wir nähern uns dem Tschigaï-Plateau.

Der Kurs der letzten Tage war also richtig: Wir fahren genau in ein sandgefülltes Tal hinein. Es ist weit wie eine Flussmündung, das andere Ufer ist kaum auszumachen. Nur hier haben wir vielleicht die Chance, das etwa 40 000 Quadratkilometer große Bergland mit Fahrzeugen durchqueren zu können. Während der monatelangen Vorbereitungen auf diese Expedition haben wir diese Stelle durch mühsame Auswertung von Satelliten- und Flugzeugaufnahmen ausfindig gemacht.

Der weite Mündungstrichter wird zum Stromtal. Die Ufer rücken immer enger zusammen, schließlich ist das von schwarzen Geröllhalden flankierte Tal nur noch wenige Meter breit. Als wir zu Fuß die eine Flanke des Tales hinaufklettern, erkennen wir von oben, dass sich im Norden und Süden, soweit das Auge reicht, weitere Täler erstrecken, jeweils getrennt durch gleich breite, geröllbedeckte, schmale Bergrücken.

Der deutsche Geograph Professor Horst Hagedorn, der zu den wenigen Forschern zählt, die diese Region betreten haben, hat für dieses Lamellensystem des Tschigaï-Plateaus den Ausdruck „Windgassen" geprägt. Ihre Entstehung ist einzigartig: Der sand- und staubbeladene Passatwind hat sie in Jahrmillionen in das Gestein gefräst.

Was aber auf den Satellitenfotos als klares, von Nordost nach Südwest verlaufendes System erscheint, erweist sich für uns am Boden als Labyrinth, in dem die Navigation immer schwieriger wird, je tiefer wir eindringen. Die Windgassen verzweigen sich, weiten sich zu großen Plätzen oder münden in Sackgassen. Oft sitzen wir stundenlang über den Luftbildern und beraten, wie wir fahren sollen.

Auch der Untergrund wird immer schwerer befahrbar. Der durch diese Gassen wie durch Düsen jagende Wind hat dazu beigetragen, den Sand zu steinharten, scharfgratigen, bis zu 50 Zentimeter hohen Sand-

Das Vorland des kaum erforschten Tschigaï-Plateaus ist übersät mit metergroßen Steinkugeln – harten Kalkstein-Konkretionen, die einst in weichen, nun abgetragenen Sedimentgesteinen eingebettet waren. Im Windschatten einer Eisenkugel im Gestein formte sich die Sandsteinnadel rippeln aufzuwerfen, über die wir nur im Schritttempo vorankommen. Wo der nackte Fels zutage tritt, ist er von dem ewigen Sandstrahlgebläse zu Millionen scharfer Grate geschliffen, die unsere Reifen zu zerschneiden drohen.

Meterlange steinerne Stämme ragen wie Palisaden schräg aus dem Fels auf. An ihrem Ende sitzt immer eine Knolle aus Eisenmanganoxiden. Solche Knollen sind in vielen Gesteinsschichten enthalten. Während das Material immer tiefer abgetragen wird, bleiben diese harten Erzeinschlüsse erhalten – und erhalten bleibt auch der Fels in deren Windschatten. Die steinernen Stämme werden so immer länger, bis sie eines Tages durch ihr eigenes Gewicht abbrechen.

Die bizarren Felsformen geben uns, so seltsam es klingt, Gewissheit, dass wir auf dem richtigen Weg ins Tibesti-Gebirge sind, obwohl wir dessen Dreitausender noch lange nicht sehen können: Der Bodenpassat, der ständig Millionen Tonnen Staub und Sand aufliest und abtransportiert, muss dieses höchste Gebirge der Sahara nördlich und südlich umfließen. Dabei erhöht sich die Geschwindigkeit des Windes und damit auch dessen Schmirgelkraft, die besonders auf dem Tschigaï-Plateau wirksam wird.

An dessen Ostrand stehen steile Felswände, ragen Wälder aus bis zu 40 Meter hohen windgeschliffenen Felsklingen auf, die in ihrem eigenen Verwitterungsprodukt, in hohen Sanddünen, ertrinken (siehe Foto auf den Seiten 24/25). Um auf unserem genau festgelegten Kurs den jeweils nächsten, nur 50 Meter entfernten Punkt zu erreichen, sind oft kilometerlange Suchfahrten nötig.

Plötzlich ist das zweite Auto, das eben noch hinter mir war, aus dem Rückspiegel verschwunden. Ich fahre bis zum nächsten vereinbarten Zielpunkt weiter und warte. Meine Spannung dehnt jede Minute zur Stunde. Dann höre ich ganz nahe Motorengeräusche, ohne jedoch ein Fahrzeug entdecken zu können. Schließlich taucht das rote Auto, aus der entgegengesetzten Richtung kommend, wieder auf. Uwe Karstens und Urs Böhlen haben auf einer nackten Felsfläche meine Spur verloren und sind von der Felsstufe durch eine andere mit Sand gefüllte Klamm als ich hinuntergefahren – genauer gesagt, in einer Sandlawine hinuntergerutscht. Vor der nächsten Barriere beschließen wir, noch dichter beieinander zu bleiben.

Wie halten die Fahrzeuge das nur durch? Außer Zentnern von Expeditionsausrüstung ist jedes Auto mit 450 Litern Treibstoff und 200 Litern Wasser überladen.

Während die letzten Fragmente des Tschigaï-Plateaus hinter uns am Horizont versinken, wachsen vor uns – als wären wir auf einem Schiff, das sich der Sky-Line von New York nähert – die Vorberge des Tibesti, bis zu 400 Meter hohe Felsnadeln, aus dem Horizont empor. Manhattan als Jahrmillionen alte Ruinenlandschaft. Dahinter liegt blau der Kegel des Vulkanriesen Pic Toussidé.

Am nächsten Morgen – es ist der 16. Tag unserer Reise und der fünfte, seit wir in die Sandtäler des Tschigaï-Plateaus hineingefahren sind – erwache ich um fünf Uhr, umgeben von Felsnadeln, unter einem furchtbaren Himmel. Es ist noch dunkel, aber die kristallene Klarheit des nächtlichen Wüstenfirmaments mit seinen fast greifbaren Sternenfluten und Schwärmen farbiger Meteoriten ist dahin. Dicht über den Sandsteinruinen liegt eine riesige schwarze Wolke. Aus ihrer Unterseite hängen blutrote Säcke und Zungen heraus. Das ist kein Farbenspiel mehr, das einen schönen Sonnenaufgang ankündigt, das ist der Himmel nach der Apokalypse.

Kurz nach dem Start stoßen wir auf Spuren. Auf einigen Kilometern Breite ist der Wüstenboden von den Reifen schwerer Fahrzeuge zerwühlt. Die frischen Spuren verlaufen von Süd nach Nord. Wir wissen sofort, wer sie hinterlassen hat: die libysche Armee, die als Friedensbringer in den Tschad gekommen zu sein glaubte und nun ausgewiesen und frustriert das Land wieder verlässt.

Tschad, der Name dieses Landes ist in den letzten Jahren zum Synonym für Bürgerkrieg, Chaos und Unregierbarkeit geworden. Wir wissen, welches Risiko wir mit unserer Expedition eingegangen sind. Wir gehen aber auch, nach Auswertung aller uns irgendwie zugänglichen Informa-

Der Passat treibt den von der untergehenden Sonne rot gefärbten
Wüstenstaub über den Gipfel des Ehi Timi im Tibesti. Der metergroße dreieckige Windkanter
wurde in Millionen von Jahren in Form gebracht

tionen, davon aus, dass der Bürgerkrieg zur Zeit unserer Expedition auf den Osten beschränkt bleibt und nicht auf die Tibesti-Region im Nordwesten übergreift.

Wir wollen um keinen Preis mit den libyschen Soldaten zusammentreffen, müssen aber, weil das Gelände links und rechts davon nicht befahrbar ist, deren Rollbahn benutzen. Während wir nach Süden fahren, starren wir auf den Horizont vor uns, ständig bereit, uns beim Auftauchen einer Staubfahne, von der wir nicht wissen, ob sie der Wüstenwind aufgewirbelt hat oder ob sie von einem Fahrzeug stammt, hinter Felsen zu verbergen. Wo sich die Inselberge zur massiven Gebirgswand verdichten, können wir endlich die Rollbahn der Libyer verlassen und biegen auf eine schmale Piste ab, die in einen engen Sandstein-Cañon führt.

Wir fahren sehr langsam. Ich beobachte jedes Detail der Landschaft und halte Ausschau nach etwaigen Steinsetzungen oder Markierungen an den Felswänden. Meine Spannung steigt mit jedem Kilometer.

Dann, an einer besonders engen Stelle der Schlucht, entdecke ich ein halbes Dutzend faustgroßer Steine quer auf der Piste, nicht etwa ein Hindernis, aber ein Zeichen.

Eine Menschen-Attrappe warnt vor der Weiterfahrt

Wir halten sofort, steigen aus, so ruhig es geht, knallen die Autotüren nicht zu und halten die Arme weit vom Körper ab, um klarzumachen, dass wir nichts in den Händen halten. Links von der Piste erblicke ich eine menschliche Gestalt, die erste seit Wochen, abgesehen von meinen Gefährten. Doch sie bewegt sich nicht. Und bei genauem Hinsehen erkenne ich: Es ist eine Attrappe.

Vor uns, auf der Kante des Plateaus und in den Felsspalten, kaum wahrnehmbar, huschende Bewegungen. Gewehrläufe blitzen auf. Wir wissen, wen wir da vor uns haben. Es sind Krieger der Frolinat, der „Front de Libération Nationale du Tchad". Und es sind Tubu, Angehörige des Volkes, das dieses Gebirge bewohnt und beherrscht.

Nach etwa zehn Minuten löst sich eine mit einer Kalaschnikow, einem sowjetischen Schnellfeuergewehr, bewaffnete Gestalt aus der Gruppe und kommt auf uns zu. Auch ich gehe ein paar Schritte vor, blicke in ein schwarzes Gesicht und ergreife eine Hand, die sich von einem rauen Stein nur durch ihre menschliche Wärme unterscheidet.

Wir sind auf eine solche Begegnung vorbereitet. Ich zeige dem Krieger ein Foto, auf dem Adoum Togoi, der Oberbefehlshaber der Frolinat, in einem deutschen Krankenhausbett zu sehen ist. Bei Kämpfen in N'Djamena, der Hauptstadt des Tschad, hat er ein Bein verloren. Die mit ihm verbündeten Libyer haben ihn dann nach Deutschland geschafft, wo ihm nach mehreren Operationen eine Prothese angepasst worden ist. Die Krieger wissen auch durch eine Mitteilung aus der 1000 Kilometer entfernten Hauptstadt, wer wir sind und dass wir, selten in dieser Gegend, in friedlicher Absicht kommen. Wir dürfen, vorbei an der Menschen-Attrappe, bis zum Unterschlupf der Krieger fahren. Mit Hilfe der Attrappe werden Freund und Feind unterschieden: Feinde würden sofort das Feuer auf sie eröffnen.

Die Wände des Unterschlupfs sind bedeckt mit Felsmalereien. Neben sehr alten Gravuren, die vor Jahrhunderten und Jahrtausenden entstanden sein mögen, finden sich ganz frische Bilder, ausgeführt mit feuerroter Ölfarbe, Comic Strips des Bür-

gerkrieges: Bombergeschwader, Kampfhubschrauber und Menschen, die sich, am Boden liegend und auf Kamelen reitend, beschießen.

Die Krieger erklären uns den schwierigen Weg nach Zouar. Die Piste verläuft in einem Enneri, einem der Flusstäler im Tibesti. Diese führen nur selten oberirdisch Wasser, sind aber reich an Grundwasser, in dem Akazien wurzeln, dicht wie ein Wald.

Das war jedenfalls früher so. Jetzt fahren wir durch einen Wald von Baumleichen; das tote Holz ist von Termiten zerfressen. Im Tibesti, das früher eine relativ grüne Insel inmitten der zentralen Sahara war, hat es seit fast zehn Jahren nicht mehr geregnet.

Die Fahrt durch das Enneri wird zum Staubbad für unsere Fahrzeuge und uns. Auf langen Strecken scheint der mehlfeine Staub bodenlos zu sein. Die Autos tauchen in ihn ein wie in eine Flüssigkeit: Er quillt

Tausende von Kilometern legte die GEO-Expedition kreuz und quer durch das meist weglose Tibesti-Gebirge zurück. Durch Bruch und Windschliff messerscharfe Gesteinstrümmer zerschnitten die Reifen

Über Funk versucht ein »Combattant« Kontakt zum Hauptquartier der Frolinat in N'Djamena herzustellen. Die Wände eines Unterschlupfs sind bedeckt mit Darstellungen des Bürgerkriegs

als dichte Masse gegen die Windschutzscheibe und kriecht an Heck- und Seitenscheiben empor, so dass es im Innern der Fahrzeuge dunkel wird. Sie scheinen qualmend zu verbrennen.

Nach einigen Stunden erreichen wir Zouar, eine sterbende Siedlung inmitten eines sterbenden Enneri. Der Schrott von Armeen, die in den letzten hundert Jahren versucht haben, dieses Gebirge zu durchqueren oder zu erobern, bedeckt Quadratkilometer große Flächen. Aber Türken, Italiener, die Kamelreitertruppen der fanatischen islamischen Sekte der Senussi, Franzosen, schwarzafrikanische Truppen aus dem Süden und zuletzt die Libyer – sie alle haben die natürliche Bastion Tibesti nicht erobern können. Stellenweise bedecken mehr Splitter krepierter Granaten den Boden als Steine. Inmitten des leeren Raumes der zentralen Sahara die Überreste und Spuren militärischer Aktivitäten – für mich der Beweis, dass die Menschen an einer Geisteskrankheit leiden, deren Symptom es ist, die eigene Art zu bekämpfen.*

Zentrum des Ortes ist ein großes verlassenes Fort aus der Zeit der französischen Kolonialherrschaft. Im Jahre 1960 entließen die Franzosen die Bevölkerung des Tschad in die Unabhängigkeit. Sie hatten ein Staatsgebilde geschaffen, das von Anfang an nicht lebensfähig war.

Die Grenzen des Landes umschließen zwei extrem gegensätzliche Regionen. Im Norden liegt der trockene, unfruchtbare Raum der Sahara mit vorwiegend nomadischer Bevölkerung, die stark vom Islam beeinflusst ist. Im tropischen Süden erstreckt sich fruchtbares Land, besiedelt von einer vergleichsweise reichen schwarzafrikanischen Bevölkerung, die animistischen und christlichen Religionen anhängt. Es war unvermeidlich, dass sich nach der Unabhängigkeit das neue politische und ökonomische Zentrum des jungen Staates im Süden herausbildete, während der Norden vernachlässigt wurde. Fast alle Beamten und Politiker stammten aus dem Süden. Sie versuchten, ihre Vorstellungen vom Einheitsstaat auch dem Norden aufzuzwingen.

Die Rebellion der freiheitsliebenden, wehrhaften Tubu im Norden war die Folge. Und

* Tragischerweise sind kriegerische Aggressionen eine der Hauptantriebe von Evolution und Differenzierung

Starke wechselnde Winde am Grunde einer Schlucht haben diesen schlangenförmigen meterhohen Dünenkamm aus grobkörnigem Sand aufgeworfen was als Kampf um mehr Autonomie, um völlige Unabhängigkeit begonnen hatte, endete mit dem Machtanspruch der Tubu auf das ganze Land. Sie konnten ihn – mit der Waffenhilfe der Libyer – sogar verwirklichen, nachdem die Franzosen ihre massive militärische Unterstützung der Zentralregierung in N'Djamena eingestellt hatten. Frieden brachte diese Machtergreifung dem Lande nicht. Denn nun entzweiten sich die Rebellen selber und setzen bis zum heutigen Tage den blutigen Bürgerkrieg fort.

Die Sonne steht schon tief, als wir endlich aufgefordert werden, in das Hauptquartier der Frolinat von Zouar zu kommen. Es ist ein düsterer, kasemattenähnlicher Bau mit meterdicken Mauern, geschützt von einem Maschinengewehrposten.

Drinnen empfangen uns abenteuerlich anmutende „Combattants". Die Blicke der Männer sind reserviert, ja misstrauisch. Denn ins Tibesti sind die Fremden fast immer nur als Feinde gekommen.

Der Blechtisch, an dem die Krieger sitzen, die Blechstühle, die uns hingestellt werden, die Gewehrläufe, alles ist so abgegriffen, dass es wie verchromt aussieht. Hier ist es so trocken, dass nichts mehr rostet. An der Wand hängt ein Bild des Präsidenten Goukouni Weddeye. Die Männer sind stolz: Zum ersten Mal ist einer der Ihren Präsident des ganzen Landes geworden. Ich überreiche eine Art Beglaubigungsschreiben, einen Brief des tschadischen Innenministers. Die „Combattants" werden mit diesem Schreiben unterrichtet, dass wir – als die ersten Weißen seit vielen Jahren – den Norden des Tschad bereisen dürfen.

In Zouar wollen wir uns mit dem Geographen Jürgen Germer, dem GEO-Film-Kameramann Gerd Scholz und dessen Assistenten Heinz Höhne treffen. Die drei wollen aus N'Djamena mit Mietfahrzeugen anreisen. Jürgen Germer verdanken wir, dass wir überhaupt hier sein können. Ohne ihn wäre es zu dieser Expedition nie gekommen. Denn Jürgen Germer ist nicht nur einer der besten Kenner des Tibesti, sondern auch einer der ganz wenigen weißen Freunde und Vertrauten der Tubu. Viele seiner alten Freunde aus der Anfangszeit der Frolinat-Bewegung stellen heute die Regierungsmannschaft in der Hauptstadt N'Djamena. Von ihnen hat Jürgen Germer uns alle Sondergenehmigungen besorgt.

Nach unserer 3000 Kilometer langen Fahrt durch die Wüste kommt mir die Verabredung mit unseren drei Kollegen hier im wohl abgelegensten Winkel Afrikas mittlerweile absurd vor. Doch nach vier Tagen erscheinen im Süden zwei Staubwolken. Zwei mit Kisten, Säcken und Treibstofffässern beladene Fahrzeuge stoppen an den Mauern des ehemaligen französischen Forts. Unsere Freunde steigen aus.

600 Liter Diesel fließen in unsere Tanks und Kanister. Während die angemieteten Fahrzeuge nach N'Djamena zurückkehren, brechen wir in das Gebirge auf.

Tagelang holpern wir über sich von Horizont zu Horizont erstreckende Lavawüsten. Vulkanruinen ragen empor. Alles ist von der Sonne ausgeglüht und verbrannt. Nur in Einbrüchen der Lavadecken, die vor den glutheißen Stürmen des Tages und den eisigen Winden der Nacht schützen, krallen sich ab und zu einzelne dornenstarrende Akazien ins Gestein. Irgendwo in der Ferne gehen drei Tubufrauen in Gewändern von unglaublich schöner Farbe durch den Gesteinsschutt.

Sie gehen schnell, aber nicht hastig. Ab und zu bücken sie sich, um etwas aufzulesen. Auf der Suche nach den essbaren Samen von Wildgräsern legen diese Frauen 50 bis 60 Kilometer am Tag zurück, auf einem Untergrund, der uns fast unbegehbar erscheint.

Die Tubu sind widerstandsfähiger, genügsamer und ausdauernder als alle Bewohner der Sahara. Das ist ein Ergebnis Jahrtausende währender unbarmherziger Selektion. Stets genötigt, mit fast nichts zu überleben, haben die Tubu einen radikalen Pragmatismus entwickelt, dem die Natur nichts mehr anzuhaben vermag. Nie habe ich in menschlichen Gesichtern mehr Überlebenskraft gesehen als in denen der Tubu. Dieses Volk existiert in vollständiger Übereinstimmung mit der Natur. Tobt ein Staubsturm, so sagen sie, einer von ihnen habe ihn entfacht, um ungesehen fliehen oder um sich an ein feindliches Lager heranschleichen und es überfallen zu können.

Man sagt, ein Tubu könne drei Tage lang von einer einzigen Dattel existieren. Am ersten Tag isst er die Haut, am zweiten das Fleisch und am dritten den Kern. Ich habe den Frauen oft zugesehen, wie sie Dattelkerne mit einem Stein zu Mehl zerschlagen.

Über die Herkunft der Tubu, die trotz der schwarzen Hautfarbe kaum negroide Züge aufweisen, gibt es viele Theorien. Im 100 000 Quadratkilometer großen Tibesti leben heute nicht mehr als 3000. Eine festgefügte Stammesorganisation gibt es bei den Tubu nicht. Diese Volksgruppe besteht aus zahlreichen, wiederum sehr auf ihre Individualität und Unabhängigkeit bedachten Clans. Betrachtet man das gesamte Siedlungsgebiet, das sie in Oasen bewohnen oder als Nomaden durchstreifen, so geht es weit über das eigentliche Tibesti-Gebirge hinaus und umfasst mindestens zwei Millionen Quadratkilometer Wüste.

Einige Ethnologen sehen in den Tubu Überreste der Urbevölkerung Afrikas, die in endlosen Kämpfen um Ackerland und Weidegründe auf den seit Jahrtausenden unaufhörlich austrocknenden afrikanischen Kontinent ins Tibesti-Gebirge abgedrängt worden sind. Die meisten Ethnologen wundern sich, dass es dieses Volk überhaupt noch gibt. Nach den Gesetzen der Logik hätte es längst aufgerieben und vernichtet sein müssen. Wie die kleine Gemeinschaft es schaffte, ihren zahlreichen Feinden zu widerstehen, hat am treffendsten der französische Ethnologe Jean Chapelle beschrieben: „Die Tubu haben dank ihres primitiven Sinnes für Unabhängigkeit und des anarchischen Charakters ihrer Clans überlebt und ihre Freiheit bewahrt. Sie fühlen sich nicht berührt durch den Tod oder die Bestrafung eines Oberhaupts, durch den Verlust einiger Krieger oder durch die Zerstörung einiger Zelte. Diejenigen, die dem Desaster entgangen sind, fliehen, zerstreuen sich und bilden für den Gegner sozusagen ein Vakuum … Um sie zu unterwerfen, müsste man nacheinander jedes Zelt zerreißen und jeden Tubu einzeln bezwingen. Wenn sie geschlagen oder verstreut sind, überleben sie genauso wie eine Tierart – trotz der Fallen, die man stellt, und trotz der Jagd, die man auf sie macht.“

Das einzige, wovor ein Tubu wirklich Angst hat, ist der Muschi, der Teufel. Ich habe erlebt, wie schwer bewaffneten Kriegern die Angst in die Augen stieg, als sie hörten, dass wir an einem Ort übernachtet hatten, an dem der Muschi haust.

Die Piste, die in mehr als 2000 Metern Höhe verläuft, scheint plötzlich ins Bodenlose zu stürzen. Wir stoppen am Rande des Trou au Natron – des „Natronloches“, eines tausend Meter tiefen Vulkankraters mit einem Durchmesser von sieben Kilometern. Auf seinem Grund schimmern silberfarben Natronsümpfe, aus denen sich etwa hundert Meter hohe junge Vulkankegel erheben.

Auf der Piste, die haarscharf am Kraterabgrund vorbeiführt, ist mit zerfetzten Reifen ein Lastwagen liegen geblieben. Er ist mit Dattelsäcken überladen, außerdem sind

auf ihm etwa 60 Männer, Frauen und Kinder gereist. Da es keine Ersatzreifen für den Laster gibt, campiert die Tubu-Gruppe seit über einer Woche hier in der Lavawüste. Für Frauen und Kinder ist unter dem Laster ein provisorisches Zelt aus Decken und Matten errichtet worden, das in den eisigen Nächten wenigstens etwas Schutz bietet. Inzwischen sind die Wasservorräte erschöpft, viele der Tubu sind krank.

Kaum haben wir mit unseren neuen, perfekt ausgerüsteten Fahrzeugen angehalten, da fordern die Männer uns rigoros auf, neue

Reifen für ihren Lkw aufzutreiben und die Frauen und Kinder nach Zouar zu bringen. Neue Reifen jedoch lassen sich wahrscheinlich in einem Umkreis von tausend Kilometern nicht besorgen. Aber Tubu zögern nicht, ihren Forderungen drastisch Nachdruck zu verleihen. Blitzschnell ziehen die Männer unter Mänteln und Decken Kalaschnikows hervor. Demonstrativ klinken sie die Magazine aus, damit wir sehen können, dass die Gewehre auch geladen sind.

Jürgen Germer zeigt sich nicht sehr beeindruckt. Während er zu verhandeln beginnt, versuchen wir, die gefährliche Situation dadurch zu entspannen, dass wir den Tubu 60 Liter Wasser geben und die Kranken, so gut es geht, aus unserer Expeditionsapotheke versorgen.

Wir bieten auch an, aus der 80 Kilometer entfernt gelegenen Oase Bardaï Hilfe zu holen. Da die Männer offenbar wissen, dass es in Bardaï keine Reifen gibt, weil sie von dort herkommen, akzeptieren sie dieses Angebot nicht. Aber die Gewehre legen sie Gott sei Dank erst einmal wieder beiseite. Die Verhandlungen mit den Wortführern ziehen sich den ganzen Tag hin – ohne Ergebnis, bis zum Einbruch der Nacht.

Wir müssen in der Nähe der Tubu campieren. Irgendwann in der Nacht weckt mich das Licht einer Lampe. In ihrem Schein nehme ich zwei Gestalten wahr und sehe ein Schnellfeuergewehr blitzen. Zum Glück ist es niemand von den Wegelagerern, sondern es ist ein Tubu-Ehepaar, das gerade angekommen ist und am selben Ort wie wir übernachten will. Am linken Unterarm und an der Hand der Frau klafft eine schlimme Wunde, die wir mit unseren Mitteln nicht behandeln können. Wir finden heraus, dass das Paar in den Kraterschlund hinabsteigen will. Die Frau will dort ihr Leiden durch Bäder in den vulkanischen Quellen heilen.

Am nächsten Morgen steigen die beiden einen Schwindel erregenden Saumpfad zum fernen Kratergrund hinab. Der Mann trägt Decken, Proviant und natürlich seine „Klasch“, wie die Tubu ihre Kalaschnikow nennen. Die Frau hat sich einen Ledersack mit 20 Liter Wasser auf den Rücken gebunden.

Erst nach zwei Tagen befreit uns ein glücklicher Zufall aus der heiklen Situation, in die wir durch die Tubu-Gruppe geraten sind. Aus Bardaï kommt – ein seltenes Ereignis – ein unbeladener Lastwagen. Er nimmt die Frauen und Kinder mit nach Zouar, und auf dem Rückweg will der Fahrer neue Reifen mitbringen.

Wir dürfen weiterfahren nach Bardaï. Kurz vor der Oase begegnen uns mehrere schwer beladene Kamelkarawanen und große Ziegenherden. Sie ziehen ins Hochland. Ihre lebensfeindliche Heimat zwingt die Tubu zu größter Anpassung. Sie können ihre Lebensweise nach Bedingungen, die ihnen von der Natur auferlegt werden, rasch ändern. Dann werden Oasenbauern zu Nomaden und Nomaden zu Oasenbauern. Viele Tubu leben als Halbnomaden. Dadurch können sie jede Lebensnische im Gebirge optimal nutzen. Die variable Lebensweise bietet die einzige Chance zu überleben.

Dem deutschen Ethnologen Andreas Kronenberg verdanken wir die Erforschung der Zusammenhänge. Die Familien der Halbnomaden teilen die Betreuung der Herden und Gärten untereinander auf. Ein Teil verlässt die Oasen und zieht mit den Herden auf die Hochflächen, um dort Weidegründe zu suchen. Sie bleiben jedoch mit ihren Familien in den Oasen in ständigem Kontakt. Sie schicken Butter, Milch und Häute, während sie umgekehrt mit Datteln, Hirse und Gemüse versorgt werden. Auch die Ziegen werden ständig ausgetauscht. In den Oasen bleiben einige Ziegen zur Milchversorgung der Kinder zurück. Da es dort jedoch keine ausreichenden Weiden gibt, werden die Tiere regelmäßig auf die Hochweiden geschickt und durch gut genährte ersetzt.

In der Oase Bardaï sehen wir zum ersten Mal die charakteristischen Kuppeldachhäuser. Über einer Steinmauer von etwa einem Meter Höhe wölbt sich ein freitragendes Gerüst aus gebogenen Palmzweig-Rippen, das außerhalb der Mauer auf dem

Boden verankert ist. Bedeckt ist die ganze Konstruktion mit Schilfrohr, das die Frauen an den Quellen der Oasen schneiden.

Bardaï macht trotz seiner prächtigen Kuppeldachbauten einen verlassenen Eindruck. Viele Tubu sind jetzt im November nach der Dattelernte auf die Hochflächen gezogen. Aber auch der lange Bürgerkrieg hat seinen Tribut gefordert. Außerdem sind viele junge Männer nach Süden, in die Hauptstadt abgewandert.

Im Zentrum der Oase liegt ein auffallend gut erhaltenes, weißes, von Arkaden umgebenes Gebäude. Es ist die heute verlassene deutsche Forschungsstation. Sie wurde 1964 von dem Berliner Geographen Professor Jürgen Hövermann gegründet – eine Pionierleistung, vergleichbar nur der Errichtung der ersten deutschen Forschungsstation in der Antarktis. Auf der Station wurde überaus erfolgreich gearbeitet, bis sie dann durch den mehr und mehr um sich greifenden Bürgerkrieg 1968 aufgegeben werden musste. Hier hat auch Jürgen Germer zusammen mit dem Stationsleiter Horst Hagedorn gearbeitet und Freundschaft mit den Tubu geschlossen.

Östlich von Bardaï stoßen wir in eine Region des Gebirges vor, die vor uns außer von den Einheimischen nur von einer Hand voll Forschern betreten worden ist. Wir passieren die kleine Oase Zoui. Überall sind hier die Menschen dabei, neue Kuppeldachhäuser zu errichten. Der Ort ist vor nicht langer Zeit von Soldaten aus dem Süd-Tschad niedergebrannt worden. Viele Bewohner sind dabei umgekommen.

Am anderen Tag erreichen wir schließlich die Oase Ouonofou. Das kilometerlange Palmenband mit seinen Dörfern auf dem Grunde eines Cañons ist Keimzelle und Hochburg der Befreiungsbewegung der Tubu. Normalerweise ist diese Oase für Weiße tabu. Gleichwohl geriet sie in die Schlagzeilen der Weltpresse, weil 1974 die französische Archäologin Françoise Claustre hierher verschleppt und als Geisel fast drei Jahre lang gefangen gehalten wurde.

Es wäre einfach, diese Tat pauschal den Tubu anzulasten. Die Entführung der französischen Forscherin war die Tat des in Frankreich ausgebildeten Hissène Habré,

Gefährliche Begegnung im Hochgebirge

Eine Küche zwischen zerfetzten Reifen

Die Kalaschnikow ist immer griffbereit

der derzeit gegen die Tubu-Gruppe um den Präsidenten Goukouni Weddeye kämpft. Ebenso wenig wie den libyschen Truppen dürfen wir denen Habrés begegnen.

Wenige Stunden vor uns ist ein „Forgeron", ein Schmied, nach Ouonofou gekommen und hat Neuigkeiten aus Bardaï mitgebracht. Jetzt sitzt er auf dem Dorfplatz, schlägt seine Trommel und trägt, wie es seit Urzeiten Aufgabe der Schmiede ist, die Nachrichten als Ballade vor.

Die Schmiede gehören einer besonderen Kaste an. Sie sind geachtet und gefürchtet zugleich – geachtet, weil sie mit Feuer und Eisen umgehen können und gefürchtet, weil sie – so die Überzeugung der Tubu – mit Geistern in Verbindung stehen, um ihr Handwerk ausüben zu können. Ehe die Tubu zu Gewehren kamen, stellten die Schmiede ihnen Speerspitzen und Wurfmesser her – vor allem aber den Dolch, den jeder Tubu mit einer Lederschlaufe am Oberarm trägt.

Wir haben Glück. Anderntags dürfen wir an einem großen Fest teilnehmen. Aus allen Himmelsrichtungen tragen Frauen mit farbigen Tüchern verhüllte Schüsseln in einen Palmenhain. Bald darauf erscheinen die Armen. Jeder von ihnen darf sich eine Schüssel auswählen, ohne den Inhalt zu kennen.

Diese fantasievolle Speiselotterie für die Armen zeigt den hoch entwickelten Gemeinsinn der Tubu. Wie aber ist es hier in Ouonofou im Gegensatz zu anderen Oasen der Sahara zu einem solchen sozialen Ungleichgewicht zwischen Arm und Reich überhaupt gekommen? Die Tubu erzählen uns, dass die zunehmende Trockenheit viele Menschen zwingt, ihre Siedlungen in den Enneri aufzugeben und nach Ouonofou zu ziehen. Denn die Grundwasserquellen, denen die Oase ihre Fruchtbarkeit verdankt, scheinen unerschöpflich zu sein.

Zwei Tubu-Jungen in Generalsuniform mit ihrer Schwester

Nachdem wir drei Tage lang die Gastfreundschaft der Tubu genossen haben, fahren wir durch ein chaotisches Bergland, bis wir die Kuppelhäuser der Oase Yebbi Souma wie Atommeiler in der Steinwüste auftauchen sehen. Doch wir wollen weiter zur Oase Yebbi Bou.

Sie ist so entlegen, dass die Kunde von unserer inzwischen wochenlangen Anwesenheit im Gebirge noch nicht bis zu ihren Bewohnern vorgedrungen ist. Jedenfalls stecken die Krieger, die sie bewachen, bei unserer Annäherung sicherheitshalber erst einmal Gewehrgranaten auf den Lauf ihrer Schnellfeuergewehre. Wieder helfen langsames Fahren, rechtzeitiges Anhalten, vorsichtiges Aussteigen, die Sprachkenntnis Germers und das Bild des Oberbefehlshabers Adoum Togoi im deutschen Krankenhausbett.

Yebbi Bou liegt für mich am Rande der Welt. Östlich davon erstreckt sich ein scheinbar grenzenloser Raum. Erst kürzlich sind hier mit Hilfe von Satellitenkameras bis dahin noch unbekannte Sandwüsten und Hochplateaus entdeckt worden.

Auf einem Kamelpfad fahren wir über diesen Rand der Welt hinaus. Wir nutzen dabei die Tatsache, dass die Tubu viele uralte Karawanenwege zu Fahrwegen ausgebaut haben, um militärische Operationen zu unternehmen.

Unser Ziel ist die 300 Kilometer entfernte Oase Gouro am Fuß des Gebirges. Wir fahren eine 600 Meter hohe Geröllhalde hinab, die sich von einem Plateau in ein Labyrinth gewaltiger Cañons unter uns ergießt. Sie ist so steil, dass die schweren Fahrzeuge stellenweise selbst mit voll abgebremsten Reifen weiterrutschen. Ein einziger Fahrfehler, und wir würden uns überschlagen. Diese Ostflanke des Gebirges in umgekehrter Richtung bezwingen zu wollen, wäre Wahnsinn. Die Reifen würden in dem losen Geröll nicht fassen. Wir würden in der Falle stecken, wenn der Grund der unbekannten Schluchten vor uns etwa durch herabgestürzte Felsen blockiert wäre.

Dort, wo ich nach dem Studium des wenigen, das über die Oase Gouro bekannt

Nur wenige Oasen gibt es im Tibesti. Aber auch deren Bewohner leben nicht ganzjährig dort, sondern müssen mit ihren Herden dem Regen folgen. Die Tubu bauen Kuppelhäuser aus Palmblattrippen auf Fundamenten aus Stein. Der Tubu-Veteran hat sich aus einer Patronenhülse eine Pfeife gemacht war, ein paar vertrocknete Palmen und wenige elende Hütten erwartet habe, dehnt sich unübersehbar ein Wald aus etwa 6000 Dattelpalmen, dazwischen Gärten, Häuser und Mattenzelte. Die entlegene Oase verdankt ihre Existenz dem reichen Grundwasseraustritt am Fuße des Gebirges.

Nach anfänglich starkem Misstrauen der militärischen Befehlshaber schlägt uns aber dann auch hier, wie in allen anderen Oasen, herzliche Gastfreundschaft entgegen. Ziegen werden geschlachtet, und Frauen backen uns Brot und Kuchen.

Unser Aufenthalt ist viel zu kurz. Doch zwei Namen treiben uns voran: Ounianga Kebir und Ounianga Serir. Mit einer Warnung vor versprengten libyschen Kampftruppen entlassen uns die Bewohner von Gouro wieder in die Wüste.

Nach hundert Kilometern Fahrt erreichen wir den Absturz einer schroffen Geländestufe. Das Sandstrahlgebläse des Wüstenwindes hat tiefe Kerben und Schluchten in die Kante gefräst. Diese Windkanäle offenbaren ein Farben- und Formenspiel, wie ich es zuvor nie gesehen habe. Zwischen hochglanzpolierten Felswänden, die sich aus blauen, gelben und roten Schichten aufbauen, stehen einzelne Gesteinsrippen wie marmorne Skulpturen. Sie haben durch den Windschliff ein aerodynamisches Profil bekommen und bieten dem Sand fast keine Angriffsmöglichkeiten mehr.

Unterhalb der zerfressenen Steilstufe bietet sich unseren Augen eine Szenerie, die auf diesem Planeten kaum ihresgleichen hat. Inmitten einer Extremwüste, in der es, wenn überhaupt, nur wenige Male im Jahrhundert regnet, blicken wir auf ein tiefblaues, vom Wind aufgewühltes Meer. Zwischen Palmen rauscht die Brandung, und Gischt treibt in die Wüste. Durch die Windkanäle in der Steilstufe hat der Passat kilometerlange Sandzungen in den See vorgeschoben.

Die Fläche des Sees von Ounianga Kebir misst etwa zehn Quadratkilometer, die des benachbarten Ounianga Serir gar 20 Quadratkilometer. Obwohl von der Oberfläche der Seen jährlich eine Wasserschicht von mindestens sechs Metern verdunstet, was etwa 60 Millionen Kubikmetern entspricht,

Ein alter Mann wandert im Sandsturm über den Friedhof am Rande der Oase Faya

Die Tubu-Frauen verschleiern sich allein zum Schutz gegen den Staub. Aus während langer Dürrezeit abgestorbenen Akazien bauen die Tubu einfache Knüppelhäuser. Im Umland der Tibesti errichten die Nomaden feste Hausskelette. Wenn sie zum nächsten Weideplatz ziehen, nehmen sie einfach die Dachhaut mit und setzen sie auf das dort schon vorhandene Gerüst

bleibt ihr Wasserstand unverändert. Das Wasser quillt ständig aus mächtigen Sandsteinplateaus nach, die wie eine natürliche unterirdische Fernwasserleitung vielleicht auch mit dem Tibesti-Gebirge verbunden sind. Und woher stammt das Wasser, da es doch im Gebirge seit fast zehn Jahren nicht mehr geregnet hat?

Auch dafür haben die Geologen eine Erklärung: Die Speichergesteine, die auch Zehntausende von Quadratkilometern der östlichen Sahara bedecken, sind im wesentlichen schon in weit zurückliegenden, feuchteren Klimaphasen gefüllt worden. Von der Oberfläche der Seen verdunstet heute also Wasser, das vor Jahrtausenden als Regen über dem Gebirge niederfiel. Und die gegenwärtige Trockenheit im Gebirge wird sich am Wasserspiegel der Seen erst in ferner Zukunft bemerkbar machen.

Die ständige enorme Verdunstung hat dazu geführt, dass sich die Salze, die vom Wasser aus den Speichergesteinen ausgespült werden, in den Seen angereichert haben, so sehr, dass darin keine höheren Lebensformen existieren können.

Unsere Rückreise gleicht fast einer Flucht. Über einen französischen Kurzwellensender und über einen Funkkontakt, den die Frolinat-Soldaten von Ounianga mit der großen Oase Faya hergestellt hatten, erfahren wir, dass nach dem Abzug der libyschen Armee Hissène Habré mit seinen Kriegern vorrückt. Von Basen im Sudan mit Unterstützung des sudanesischen Präsidenten Numeiri operierend, haben sie die Stadt Abeché im Osten des Tschad erobert und sind bereits bis zur Oase Oum Chalouba vorgedrungen; die aber liegt nur wenige hundert Kilometer entfernt, besorgniserregend nahe also.

Glücklicherweise gelingt es uns, in Ounianga noch ein paar hundert Liter Treibstoff aufzutreiben, den die Libyer zurückgelassen haben – gerade genug, um den fast 900 Kilometer entfernten Stützpunkt Zouar zu erreichen. Dort würden wir sicher sein. Man hatte uns versichert, dass inzwischen alle Libyer das Land verlassen hätten. Mehr noch: Kurz vor dem Brunnen Sherda gebe es einen Militärposten der Frolinat. Und das sind ja unsere Freunde. So bin ich ganz ruhig, als wir nach tagelanger Fahrt in der Nähe des Brunnens von schwer bewaffneten Soldaten gestoppt werden: Sie haben sich an einem strategisch wichtigen Pass zwischen hohen Sanddünen und Felsen mit Maschinengewehren, Geschützen und einer Raketenwerferbatterie verschanzt. Wie immer überreiche ich Fotos und Schriftdokumente.

Aber seltsam, die Gesichter der Soldaten erhellen sich nicht, als sie auf den Fotos den Oberbefehlshaber der Frolinat erkennen. In den Gesichtern erkenne ich plötzlich Unsicherheit und Angst. Erst jetzt bemerke ich auch, dass die Männer auffallend hellhäutig sind und arabisch sprechen. Mir wird klar, dass wir vor Libyern stehen. Selbst schon Gejagte, decken sie hier den Rückzug versprengter Einheiten, und wir kommen aus der Richtung, aus der sie auch ihre Feinde erwarten. Ich weiß bis heute nicht, weshalb sie uns laufen ließen.

Durch einen unerforschten Schlupfwinkel im Nordwesten sind wir in den Tschad gekommen. Durch einen anderen Schlupfwinkel im südlichen Tschigaï-Plateau verlassen wir das Land wieder. Während die Kulisse des Tibesti hinter uns am Horizont versinkt, überqueren wir die Grenze zur Republik Niger.

Es war meine gefährlichste Sahara-Expedition. Wenn ich geahnt hätte, dass der Bürgerkrieg im Tschad sich auf unser Expeditionsgebiet ausweitet, hätte ich diese Reise nie angetreten. Jetzt, nach zwei Monaten und vielen tausend Kilometern, weiß ich, dass auf Jahre hinaus kein Fremder mehr ins Tibesti-Gebirge reisen kann.

Wir haben auf unserer Expedition erfahren, wie die Tubu überleben. Sie haben sich der abweisenden Natur ihrer Heimat völlig angepasst. Sie haben sich ihr unterworfen, ohne von ihr bezwungen zu sein. In der Einheit mit der Natur zu leben bedeutet letztlich frei zu sein.

Der Dichter Albert Camus, der in Nordafrika geboren wurde, hat einmal gesagt, es sei die Tragik des Menschen, dass er nicht zu Stein werden könne und damit unverletzbar werde. Das Wort „Tubu" bedeutet „Felsenmensch". □

Heinrich Barth war der bedeutendste Afrikaforscher. Er war Augenzeuge und Chronist eines Afrika, bevor die weiße

EINE AFRIKANISCHE REISE

lonisten kamen; und seine akribischen Aufzeichnungen ermöglichen den Vergleich mit der gegenwärtigen Situatio

3. 11. 1984 bis 9. 2. 1985

Die Spuren kommen unter einem lang gestreckten Sandrücken zutage und laufen in Schlangenlinien nach Norden zur winzigen Oase Zoo Baba. Deren Palmen und Akazien leuchten am Horizont mitten im gewaltigen Sandmeer des Erg von Bilma im Süden der Sahara, als wären sie synthetische Objekte.

Nach drei Monaten und fast 20 000 Kilometern Fahrt durch unwirtliche Sand-, Stein- und Gebirgswüsten, durch Savanne, Dornbusch- und Flusslabyrinthe liegen die Spuren des Afrikaforschers Heinrich Barth nun zum ersten Male sinnfällig vor mir. Hier im Süden der Sahara reihen sich deutlich Fußabdrücke von Kamelen und Menschen zu einer endlosen Kette. In diesem schmalen Spurenbündel war Barth, so kann ich seinen akribisch geführten Tagebüchern entnehmen, nach langem Nachtmarsch am Morgen des 9. Juni 1855 vor seinem schwer beladenen Kamel „in einem entsetzlich ermüdeten und erschöpften Zustande“ dahingeschritten.

Dass die Spuren, in denen Heinrich Barth mit einer Sklavenkarawane ging, sich erhalten haben, liegt an einer Besonderheit der hier vom Sand entblößten Wüste: Der Boden verwittert tiefgründig und zerfällt zu Staub. Während der Wind das feine Material wegbläst, fügen sich die freigewehten Steine schließlich lückenlos zusammen. Tritt man auf dieses natürliche Gesteinspflaster, so drückt man es leicht in die Staubschicht darunter, und es entsteht eine Hohlform, die erst in Jahrhunderten von den Kräften der Erosion ausgelöscht wird.*

Die unauslöschlich in den Boden eingeprägten Spuren sind Teil der Bornu-Straße, des legendären Karawanenweges, der einst die Mittelmeerländer mit den zentralafrikanischen Königreichen Kanem und Bornu verband. Hunderttausende Schwarzafrikaner, geraubt von arabischen Menschenjägern, aber auch verkauft von Fürsten ihrer eigenen Völker, wurden

* Inzwischen haben wir Karawanenspuren entdeckt, die sich über Jahrtausende erhalten haben. Kapitel 8

Heinrich Barth: »Wir sahen uns gezwungen, die Gesellschaft schonungsloser Sklavenjäger zu suchen, welche nur darauf bedacht waren, sich mit dem Raube zu bereichern«

Auf der Bornu-Straße. Streckenweise ist der alte Handelsweg vom Mittelmeer nach Zentralafrika heute noch deutlich zu sehen

In Deutschland kennt ihn kaum noch jemand. Doch in Afrika ist der Mann, der einer der wenigen Fremden war, die damals eine Reise durch den unbekannten Kontinent überlebten, in guter Erinnerung geblieben – wie kaum ein anderer Afrika-Forscher. Ob Sultane, Regierungsbeamte oder Dorfschullehrer, sie alle wissen heute noch von Abd el-Kerim zu erzählen, vom »Diener des Allerhöchsten«, wie sein arabischer Name lautete

auf dieser „Straße der Qualen" nach Norden in die Sklaverei getrieben.

Aneinandergekettet, dabei oft schwere Handelswaren auf den Köpfen tragend, nach wochenlangen Märschen zu Tode erschöpft, mussten die Unglücklichen in der zentralen Sahara Strecken von mehr als 200 Kilometern zwischen den spärlichen Brunnen zurücklegen. Dutzende parallel laufender Furchen, wie von den Zinken eines Riesenrechens gezogen, eben jene Spuren, in denen ich stand, schlängeln sich über die sandfreien Kies- und Steinflächen.

Eine der Wasserstellen, Bir Meschru, ist als „Brunnen der Gebeine" in die Saharageschichte eingegangen. Barth schrieb darüber in sein Tagebuch: „So brachen wir denn am Nachmittag wieder auf und erreichten nach einem höchst mühsamen und beschwerlichen Marsche von mehr als 18 Meilen ... den Brunnen Meschru. Dieser ist allgemein berüchtigt wegen der großen Menge von Gebeinen unglücklicher Sklaven, mit denen er umgeben ist, aber obgleich diese menschlichen Überreste ohne Unterlass von dem Sturm, der über die Wüste peitscht, in den Brunnen getrieben werden, gilt doch das Wasser allgemein für ausgezeichnet."

Inzwischen sind die letzten Überreste der Gebeine zu Staub zerfallen und verweht.

Als Barth hier die Eindrücke seiner Schritte hinterließ, war er bereits über fünf Jahre unterwegs gewesen. Mit der Pedanterie eines Buchhalters und dem kritischen Verstand des Wissenschaftlers hatte er lückenlos aufgezeichnet, was er gesehen und ergründet hatte. Mit heute kaum mehr vorstellbarer Energie und Zähigkeit, Geduld und Gründlichkeit – die jeweiligen Landessprachen erlernte er unterwegs – behauptete sich Barth in einer fremdartigen, oft feindseligen Umwelt. Er machte seine Aufzeichnungen in Deutsch, Englisch und Arabisch. Am Ende seiner Reise beherrschte er sieben afrikanische Sprachen.

Heinrich Barth war nicht bloß ein Flussquellen- oder Eldorado-Sucher wie viele Forscher seiner Zeit. Er war Geograph, Kartograph, Ethnologe, Historiker, Naturforscher und Linguist. Wie vor ihm Alexander von Humboldt die Südamerikas, versuchte er die Natur Afrikas in allen ihren Bestandteilen als Einheit zu begreifen. Er beschrieb und skizzierte die 15 500 Kilometer lange Route seiner Reise so exakt, dass nach seiner Rückkehr der Kartograph August Petermann die ersten Karten von Regionen anfertigen konnte, die bis dahin für die Wissenschaft „terra incognita" gewesen waren. Palastanlagen und den Baustil von Dörfern und Hütten beschrieb er ebenso genau wie soziale Verhältnisse und politische Zusammenhänge.

Er war Augenzeuge und Chronist eines Afrika, bevor die Weißen kamen: In Gando fand er ein Exemplar des Tariq es-Sudan, eine berühmte Geschichtsquelle arabischer Herkunft. Er revidierte die alten europäischen Vorstellungen von den traditionslosen und jeder Kultur baren Wilden inmitten eines „Dunklen Kontinents".

Auch menschlich erhob er sich über die meisten europäischen Afrika-Reisenden seiner Zeit. Ein Henry Morton Stanley, dem man zu Recht nachsagte, er schlafe „auf blutigen Kissen", hat seine eingeborenen Führer und Informanten geradezu verschlissen. Barth hingegen hat den großen Beitrag seiner zahlreichen afrikanischen Begleiter zum Gelingen seiner Expedition immer wieder gebührend herausgestellt. Sein tiefes Einfühlungsvermögen in fremdartige Kulturen und Mentalitäten eröffnete ihm – zusammen mit seinem Sprachtalent – wohl als erstem Europäer die „afrikanische Seele".

Seine Hinterlassenschaft hat nicht ihresgleichen. Allein sein afrikanisches Werk,

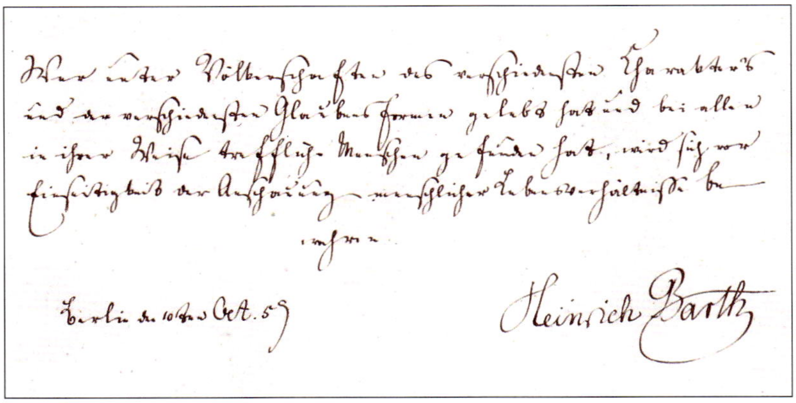

Wer unter Völkerschaften des verschiedensten Charakters und der verschiedensten Glaubensformen gelebt hat und bei allen in ihrer Weise treffliche Menschen gefunden hat, wird sich vor Einseitigkeit der Anschauung menschlicher Lebensverhältnisse bewahren.

Berlin den 10ten Oct. 59

Heinrich Barth

»» Wer unter Völkerschaften des verschiedensten Charakters und der verschiedensten Glaubensformen gelebt und bei allen in ihrer Weise treffliche Menschen gefunden hat, wird sich vor Einseitigkeit der Anschauung menschlicher Lebensverhältnisse bewahren ««

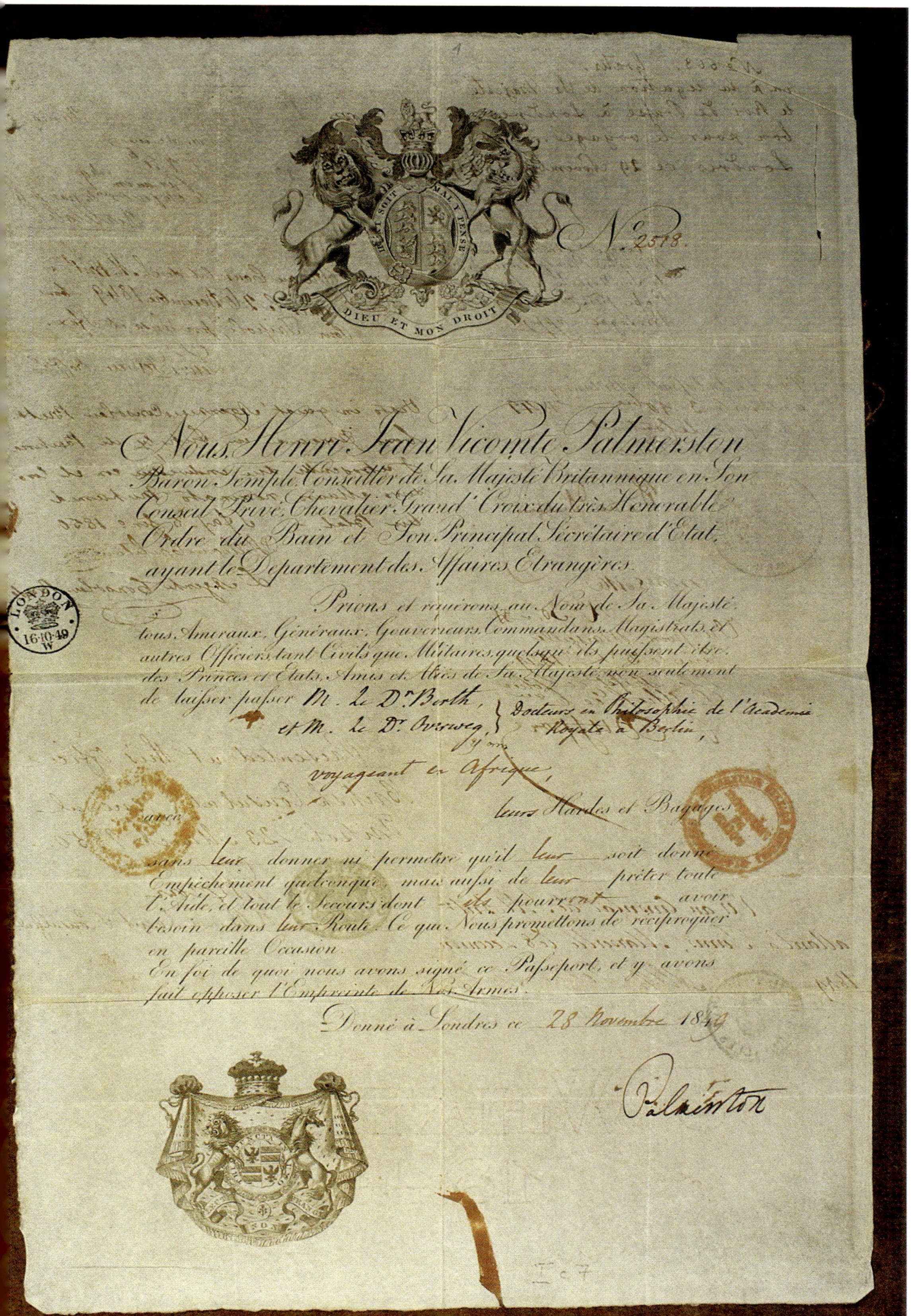
DIEU ET MON DROIT

N° 2518.

Nous Henri Jean Vicomte Palmerston
Baron Temple Conseiller de Sa Majesté Britannique en Son Conseil Privé, Chevalier Grand Croix du très Honorable Ordre du Bain et Son Principal Secrétaire d'Etat, ayant le Département des Affaires Etrangères.

LONDON 16·10·49 W

Prions et requérons au Nom de Sa Majesté tous Amiraux, Généraux, Gouverneurs, Commandans, Magistrats, et autres Officiers tant Civils que Militaires, quelsqu'ils puissent être, des Princes et Etats, Amis et Alliés de Sa Majesté, non seulement de laisser passer M. le Dr. Barth, et M. le Dr. Overweg, Docteurs en Philosophie de l'Academie Royale à Berlin, voyageant en Afrique, leurs Hardes et Bagages sans leur donner ni permettre qu'il leur soit donné Empêchement quelconque, mais aussi de leur prêter toute l'Aide, et tout le Secours dont ils pourront avoir besoin dans leur Route. Ce que Nous promettons de réciproquer en pareille Occasion.
En foi de quoi nous avons signé ce Passeport, et y avons fait apposer l'Empreinte de Nos Armes.

Donné à Londres ce 28 Novembre 1849

Palmerston

Ein britischer, vom Außenministerium Lord Palmerstons in französischer Sprache ausgestellter Pass eröffnete Heinrich Barth afrikanische Königreiche, die noch nie ein Europäer betreten hatte unter dem korrekt schlichten Titel „Reisen und Entdeckungen in Nord- und Zentral-Afrika in den Jahren 1849–1855", erschienen 1857 und 1858, umfasst 3564 Seiten. Hinzu kommt noch eine umfassende Sammlung der Vokabularien von neun afrikanischen Völkern. Heinrich Barth war der mit Abstand bedeutendste Afrikaforscher des 19. Jahrhunderts, den die Afrikaner vielerorts noch heute als Abd el-Kerim, als „Diener des Allerhöchsten", in lebendiger Erinnerung verehren – aber der in seiner Heimat am wenigsten gewürdigte.

Eine Erklärung dafür mag sein, dass er seine Forschungsreise nicht unter deutscher Flagge angetreten hatte, sondern unter britischer. Die Regierung bereitete in London im Jahre 1849 eine große Expedition nach Zentralafrika vor. Als Leiter bestimmte das Außenministerium den Afrika-erfahrenen schottischen Missionar James Richardson, der vor allem auch den Sklavenhandel bekämpfen wollte.

Englands Blick war auf Afrika gefallen, nachdem es seine Besitzungen in Nordamerika, die 1776 ihre Unabhängigkeit erklärten, verloren hatte. 1788 hatte man in London die „Association for Promoting the Discovery of the Interior Parts of Africa" gegründet. Bis dahin war das Innere des Schwarzen Erdteils für die Europäer nicht sonderlich verlockend gewesen. Sie begnügten sich mit Niederlassungen an den Küsten; und während Alexander von Humboldt von 1799 bis 1804 seine große Forschungsreise quer durch das von Spanien schon halbwegs erschlossene Südamerika unternehmen konnte, waren aus dem Inneren Afrikas nur wenige Europäer lebend zurückgekehrt.

Die Schlucht aus der gleichen Perspektive fotografiert, aus der Heinrich Barth seine Skizzen angefertigt hatte. Selbst die Akazie könnte noch die gleiche sein

1796 erreichte der Schotte Mungo Park vom Westen her den Niger; neun Jahre später kehrte er an der Spitze einer wohlausgerüsteten Truppe von 45 Weißen an den mächtigen Strom zurück, entschlossen, ihn bis zur Mündung zu erforschen. Keiner von ihnen wurde je wieder gesehen.

Schon 1798 hatte im Auftrag jener britischen Gesellschaft der Deutsche Friedrich Hornemann, von Kairo kommend, den zentralsaharischen Handelsknotenpunkt Mourzouk erreicht. Nachdem er von dort weitergezogen war, um zum Niger vorzustoßen, verlor sich auch seine Spur inmitten des riesigen Kontinents.

Dann, im Jahre 1830, griffen die Franzosen nach Afrika; unter dem Vorwand, die Piraten in den Schlupfwinkeln an der wildzerklüfteten Küste zu bekämpfen, besetzten sie Algerien. Der französische Vormarsch in Nordafrika wurde von den Engländern argwöhnisch beobachtet. Und vor diesem historischen Hintergrund muss man das Engagement der englischen Regierung für Richardsons Expedition sehen.

Deren ganz konkretes Ziel war, mit dem mächtigen Herrscher des Bornu-Reiches am Tschadsee und anderen afrikanischen Fürsten Verträge zu schließen, die dem Handel nützen sollten. Dem Expeditionsleiter lag freilich sehr an der Wissenschaftlichkeit des Unternehmens. Er beriet sich mit dem deutschen Kartografen August Petermann, der damals als Astronom an der Londoner Sternwarte arbeitete und die Chance erkannte, Vermessungsdaten aus dem Inneren Afrikas zur Anfertigung von Landkarten noch unbekannter Gebiete zu erhalten.

Petermann bat den preußischen Gesandten Freiherr von Bunsen, sich bei der englischen Regierung für die Teilnahme auch deutscher Forscher an der Expedition einzusetzen. Das wurde erstaunlich schnell zugesagt: Bunsen wandte sich an Barths Lehrmeister in Berlin, den Begründer der modernen Geographie, Carl Ritter. Der

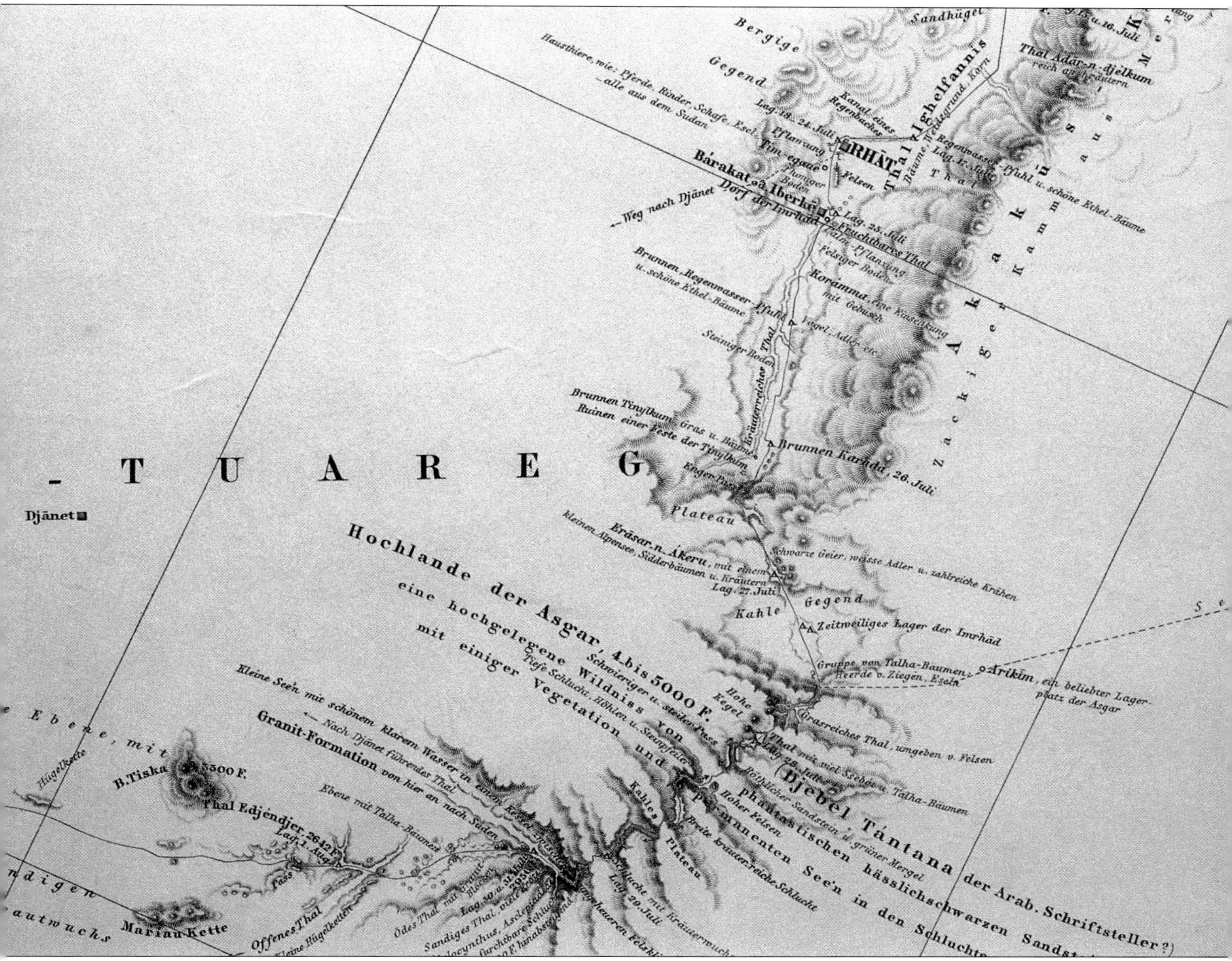

»Ich setzte mich bei einer zwischen den Felsen hervorschießenden Akazie nieder und zeichnete eine Ansicht«

Das Tor zur zentralen Sahara. Nach Barths Skizze entstand die etwas romantisierende Abbildung des Tals Egeri. Die Karte des Gebirges auf der heutigen Grenze zwischen Libyen und Algerien wurde nach Barths Vermessungen von August Petermann angefertigt, dem damals führenden deutschen Kartographen. Samt Anmerkungen aus seinem Tagebuch veröffentlichte Barth sie in seinem Reisebericht brauchte nicht lange zu suchen. Der 28-jährige Heinrich Barth sagte zu.

Mit ihm wurde ein zweiter Hamburger unter Vertrag genommen, der von der Berliner Geographischen Gesellschaft geförderte Dr. Adolf Overweg. Er sollte, Richardsons und Barths Fähigkeiten ergänzend, die astronomischen, meteorologischen und geologischen Beobachtungen übernehmen. Der preußische Kultusminister erteilte Heinrich Barth den erbetenen „wenigstens zweijährigen Urlaub". Die englische Regierung, wohl wissend um den Wert der beiden Experten, kam den Deutschen weit entgegen, indem sie ihren Expeditionsleiter Richardson anwies, nur in Übereinstimmung mit den „Prussian gentlemen" zu handeln. Die britische Admiralität stellte ein für den Transport auf Kamelen zerlegtes Boot aus Mahagoni zur Verfügung, mit dem der Tschadsee befahren werden sollte.

Im November 1849 reisten Barth und Overweg von London nach Paris, um Instrumente einzukaufen, dann weiter über Marseille und Tunis nach Tripolis, wo sie sich mit Richardson trafen. Fast ein halbes Jahr seit der Abreise aus London war verstrichen, als die „Zentral African Expedition" endlich mit einer Karawane zur südlibyschen Landschaft Fezzan und darüber hinaus in das unbekannte Innere des Dunklen Kontinents aufbrechen konnte. Es war der 25. März 1850.

Unsere GEO-Expedition ist im November 1984 aufgebrochen, den Spuren Hein-

Auf 22 000 Kilometern, zurückgelegt in dreieinhalb Monaten, folgte die GEO-Expedition auf dem Höhepunkt der Sahel-Dürrekatastrophe den Spuren Heinrich Barths durch sechs afrikanische Staaten. Ihr Führer war Barths dreieinhalbtausend Seiten umfassendes Tagebuch rich Barths zu folgen. Wir brauchen zwar keine Überfälle räuberischer Wüstennomaden oder die Willkür despotischer Stammesfürsten mehr zu fürchten; auf andere Art aber hat eine solche Expedition es mit kaum minderen Schwierigkeiten zu tun als eine zu Barths Zeiten. So ist es beispielsweise unmöglich, von Libyen, der alten Bornu-Straße folgend, in die Republik Niger zu reisen, oder von der Oase Ghat ins heutige Algerien, wie Barth es getan hatte. Ein Netz imaginärer und doch unüberschreitbarer Grenzlinien, noch von den Kolonialmächten gezogen, zerlegt alte, organisch gewachsene afrikanische Strukturen in ein geometrisches Muster. Jeder Staat hat Angst vor dem anderen. Obwohl oft völlig menschenleer, sind manche Räume in der inneren Sahara unbetretbare militärische Sperrzonen. Und am Tschadsee tobt seit Jahrzehnten ein Bürgerkrieg.

Wir reisen in zwei perfekten Geländewagen; andererseits hatte Barth mit seinen Kamelen keine Treibstoff-Versorgungsprobleme. Vertrauen in das Gelingen unseres Unternehmens hat uns in erster Linie die eigene langjährige Erfahrung gegeben. Auch meine beiden Begleiter, der wie ich aus Hamburg stammende Uwe Karstens und der Schweizer Urs Böhlen, stehen mir darin nicht nach.

Und den ersten Etappen der Afrika-Reise Barths sind wir schon 1978 gefolgt, als wir hingerissen vor einer Freilandgalerie am Rande der Mourzouk-Sandsee im südwestlichen Libyen standen: Elefanten und Giraffen neben Hirten mit ihren prächtigen Rinderherden sind dort in die Felswände graviert. Heinrich Barth hatte darin zu Recht ein bedeutendes Zeugnis für die Geschichte, aber auch für die dramatischen klimatischen Veränderungen in Afrika innerhalb von nur wenigen Jahrhunderten gesehen. Alle jene Tiere können dort heutzutage nicht mehr existieren.

1976 bereisten wir die Südostecke Algeriens. Dort war Barth im August 1850 zwischen Tiska und Mariaou, zwei der höchsten granitenen Inselberge der Sahara, in die großen „Spiegelebenen" eingedrungen und hatte notiert: „Hier war es uns vergönnt, uns in Ermangelung anmutigerer Wirklichkeit an den prachtvollen Trugbildern von Seelaken und frischen Weidegründen, welche die Luftspiegelung vor uns entwickelte, zu ergötzen."

Hier draußen am einsamen Brunnen Afalésseles war es das erste Mal, dass mir der große Afrikaforscher gegenwärtig erschien. Tauchte er nicht dort im Nordosten zwischen den heißen, wallenden Luftmassen, auf seinem Kamele reitend, an der Spitze der kleinen Schar auf? Nein, es war nur ein kleiner Stein, der, durch Luftspiegelungen ins Ungeheure vergrößert, die Gestalt und auch die Bewegung eines Reiters angenommen hatte.

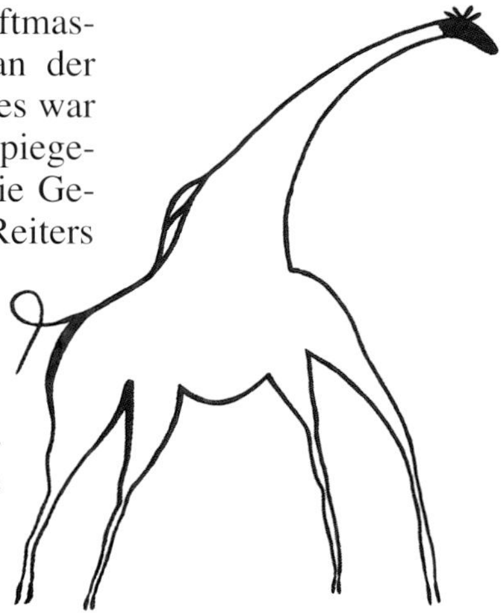

Und am Brunnen Afalésseles haben wir nun auf unserer dritten Expedition, unserer längsten, die Spuren Heinrich Barths wieder aufnehmen wollen. Von hier war seine Route durch die östlichen Ausläufer des zentralsaharischen Hochgebirges Ahaggar verlaufen. Hier hatte der gesteinskundige Adolf Overweg seine geologischen Untersuchungen und Beobachtungen angestellt, mit denen er zum Begründer der Sahara-Geomorphologie geworden ist.

Wir haben uns auf der Präfektur in der Oase Ouargla bemüht, eine Reisegenehmigung für diese abgelegene Region zu bekommen. Vergebens: Man zeigte höchstes Interesse und sagte uns mit der den Arabern eigenen Höflichkeit nicht einfach nein; die schriftliche Erlaubnis aber, die wir hätten vorzeigen müssen, wenn wir dort im Grenzbereich zu Niger einer Militärpatrouille begegnet wären, gab man uns nicht. So ist uns nichts anderes übrig geblieben, als das Ahaggar über die Oase Tamanrasset westlich zu umfahren und uns danach wieder dem Südabschnitt dieser Barthschen Etappe im Bereich des Brunnens Asiu zu nähern, so weit es das Gelände zulässt.

Dort treffen wir auf eine Landschaft von wilder Dramatik, ein labyrinthisches System von über 100 Meter hohen Sandsteinmauern und -türmen. Sie vermitteln den Eindruck zerbombter Ruinenstädte. Zwischen den toten Plätzen und den mit Schutt angefüllten Straßen wogen hohe Sanddünen. Diese Landschaftsformen sind Überreste ausgedehnter Sandsteinplateaus, die einst das Ahaggar umschlossen hatten.

Die Trockenheit hier im Herzen der großen Wüste ist so groß, dass mir sogar die Steine mit eigentümlichen metallischen Krusten, die sie wie eine aufgeplatzte Haut umgeben, wie mumifiziert erscheinen. Aus dieser extremen Wüstenregion hat uns Barth eine für die klimatische Entwicklung faszinierende Beobachtung hinterlassen:

„Der Charakter der Landschaft war unverändert, das Wetter aber so neblig, dass die Höhen in einiger Entfernung dem Blicke gänzlich entzogen wurden. Der Himmel war dick mit Wolken überzogen, und am Nachmittag brach ein heftiger Wind los, welchem um 2.00 Uhr schwerer Regen mit vereinzeltem fernen Donner folgte. Die Atmosphäre war dabei außerordentlich drückend. Dieses natürliche Anzeichen jedoch, dass wir in die tropische Region eingetreten seien, war gerade in Bezug auf die Örtlichkeit sehr interessant. Um 3.00 Uhr nämlich erreichten wir die Marárraba, die Hälfte“ (nämlich des Weges von Rhat nach Aïr).

So weit in die zentrale Sahara hinein gelangten also vor nur 135 Jahren noch die sommerlichen Gewitter aus dem tropischen Süden.

Am Brunnen von Asiu wurde damals Barth, Overweg und Richardson bewusst, wie die Stammesverbände der Tuareg sich die schier endlosen Fels- und Sandwüsten untereinander aufgeteilt hatten. Die Wasserstelle Asiu bestand aus mehreren Brunnen. Zwischen ihnen verlief eine unmarkierte Grenze, die sich die kleine Karawane anschickte zu überschreiten. Die südlichen Brunnen lagen bereits auf dem Territorium der Kel-owi-Tuareg, die nördlichen noch im Gebiet der Asgar-Tuareg, die als besonders kriegerisch und räuberisch galten. Erst nach langwierigen Verhandlungen mit ihren Stammesfürsten und Tributzahlung hatten die Forscher das Durchzugsrecht erhalten. Begleitet wurden sie von Tinylkum-Tuareg und mehreren Kel-owi, die im Fezzan Geschäfte getätigt hatten und auf derselben Route in ihre Heimat weit im Süden zurückkehren wollten.

Während Richardson sich mit dem Überschreiten der Grenze und dem Erreichen des Kel-owi-Territoriums in Sicherheit wähnte, traute Barth dem Frieden nicht. Und dann schlug ein Nachzügler der Karawane Alarm. Drei fremde, schwer bewaffnete Tuareg auf schnellen Reitkamelen waren gesichtet worden: „Ein jeder“ in der Karawane der Forscher „griff nach seiner Waffe, gleichviel ob Flinte, Speer, Schwert oder Bogen, und wer immer zu Kamel saß, sprang, wenn es ein Lasttier war, augenblicklich von seinem Tiere herunter. Ein kampflustiger Geist schien sich der Karawane bemächtigt zu haben, und ich bin überzeugt, dass, wenn wir in diesem Augenblick angegriffen worden wären, alle tapfer gefochten hätten.“

Barth konnte in Erfahrung bringen, dass es sich bei den Reitern um Kel-fade handelte, die wie die Kel-owi das Aïr-Gebirge im Süden bewohnten. Die äußerst verwickelten Macht- und Territorialstrukturen der Tuareg waren sehr schwer durchschaubar. Barth besaß aber schon durch die Erfahrungen auf seiner Mittelmeerreise und durch seine Sprachkenntnisse einen erstaunlichen Einblick in die Mentalität dieser Afrikaner. Das belegt ein einzigartiges, in jener Stunde der Gefahr niedergeschriebenes verhaltenspsychologisches Textdokument:

„Offener Angriff indes ist nicht die Taktik einer Freibeuterschar in der Wüste; sie nistet sich bei einer Karawane ein und zeigt sich anfänglich ruhig und friedfertig, bis sie die geringe Einigkeit, welche in einer solchen, aus den heterogensten Elementen gebildeten Truppe zu finden ist, untergraben und sich aller günstigen Verhältnisse bemächtigt hat – erst dann zeigt sie sich allmählich in ihrem wahren Charakter und erreicht auch gewöhnlich ihren Zweck.“

„Ein Bild solcher Mannigfaltigkeit, wie wir es zu sehen nicht erwartet hatten. Es war die großartigste Ansicht einer wildzerrissenen Natur"

Während Heinrich Barth am Plateau von Tagrina beim Anblick der Landschaft ins Schwärmen geriet, wurde seine Karawane zum ersten Mal von erpresserischen Tuareg belagert

Noch am selben Tag sollte sich die Vorahnung bestätigen. Als die Dunkelheit über dem Rastplatz der Karawane hereinbrach, erschienen die drei Reiter. Und obwohl jedes Mitglied der Karawane gut bewaffnet war und die Gefahr kannte, wurden die drei Fremden nicht abgewiesen. Die Europäer konnten nicht verhindern, dass sie sogar bewirtet wurden. Barth beobachtete:

„Alles war in der größten Aufregung; Hand anlegen zur rechten Zeit wollte keiner, aber bereit zum Kampfe war jeder, und während ein jeder behauptete, dass von diesen Fremden nichts zu befürchten sei, zitterte er vor Furcht."

Kampfbereit wachend verbrachte man eine schlaflose Nacht. Am Morgen entfernten sich die drei ungebetenen Gäste. Sie schlossen sich mit neun anderen Reitern zusammen, die sich während der Nacht jenseits einer Felserhebung gehalten hatten. Am Abend nisteten sich wieder drei Kundschafter im Lager der Karawane ein, was die nächste durchwachte, zermürbende Nacht bedeutete. Und nun begann die Taktik der Freibeuter zu greifen. Barth notierte in sein Tagebuch:

„In sehr unruhiger Stimmung brachen wir auf; denn schon während des so stillen Nachtlagers hatten unsere Verfolger große Vorteile erkämpft. Das religiöse Element trat scharf in den Vordergrund, und so mussten notwendig die drei Christen, als einzeln dastehend, verlassen und schutzlos dem Rest der Karawane gegenüberstehen. In aller Frühe nämlich wurden alle guten Gläubigen zu einem feierlichen Gebete zusammengerufen, und indem wir uns natürlich ausschlossen, ward die Bande, die jeden an uns knüpfte, gelockert."

Die Freibeuter machten ihren nächsten geschickten Schachzug. Unverhohlen erklärten sie den Afrikanern, es sei ihre Absicht, die drei Christen zu töten. Doch noch hielt die Koalition der Europäer mit den Kel-owi. Dann wurde die Nachricht verbreitet, ein Angriff von 50 bis 65 berittenen Kriegern stehe bevor. Die Karawane fand zur Nacht vor einer Felswand Rückendeckung.

Die drei Forscher standen zusammen mit den befreundeten Tuareg. Die Planken des Mahagonibootes dienten als Schanze. Das vom klaren Wüstenhimmel ungehindert einstrahlende Mondlicht tauchte die Szenerie in ein gespenstisches Licht. Auch jetzt schrieb Barth jedes Detail des Geschehens hastig in sein Notizbuch. Während der ganzen Nacht ritt dann tatsächlich ein Trupp Tuareg nervenzerrüttende Scheinangriffe, wohl darauf achtend, in sicherer Entfernung der Reichweite der Flinten zu bleiben. Auch am folgenden Tag erschienen die Krieger und forderten: „Liefert die Christen aus!"

Die Karawane kam nicht mehr voran. Mit den überlegenen Waffen hätte man sein Leben zwar wirksam verteidigen können; aber es hätte die Überzahl der Feinde nicht daran gehindert, einen Großteil des Gepäcks zu erbeuten. Zermürbt von fast einwöchiger Bedrohung und den schlaflosen Nächten, mussten die Forscher einem Vorschlag ihrer einheimischen Begleiter zustimmen, „mittels eines Teiles unserer Güter ein friedliches Abkommen zustande zu bringen.

Endlich schien alles abgemacht zu sein. Außer ihrer reichen Beute ward die Raubhorde auch noch wohlbeköstigt."

Doch die Karawane konnte jetzt zunächst in Frieden ihres Weges ziehen. Als Garant dieser Abmachung begleitete sie ein Merabet, eine hochgestellte, verehrte religiöse Persönlichkeit. Trotzdem kam es zu einer weiteren gefährlichen Situation: Mehrere Merabetin hatten von den Fremden unter Androhung von Gewalt ultimativ verlangt, zum wahren Glauben, zum Islam, überzutreten, sich dann aber mit materieller Beute begnügt. Den Europäern war bewusst geworden, dass die Tuareg Fremde nicht angriffen, um zu plündern und zu morden. Ihre ganze, äußerst raffiniert aufgebaute Taktik zielte darauf ab, den Karawanenhandel nicht zu unterbrechen, sondern Tribut zu erpressen, den sie zum Überleben in ihrem wüsten Lebensraum benötigten.

Ende August, bei glühender Hitze, ritten die Forscher in die Täler des nördlichen Aïr ein – eines saharischen Hochgebirges, das für Europäer noch etwas völlig Neues war.

❛❛Als aber Dunkelheit sich über das Tal ausbreitete,
erschienen wohlbewaffnete raublustige Gestalten hoch zu Meheri❜❜

Die einst als räuberische Wegelagerer
gefürchteten Tuareg zeigen ihre Lanzen und Lederschilde heutzutage nur
noch auf festlichen Reiterspielen

Ein Targi rastet
im Schatten einer
Akazie am Rande des
Aïr-Gebirges

Am Plateau von Tagrina. Die vielfältigen Formen des Sandsteins, im Süden Algeriens, entstanden in vielen Millionen Jahren im Wechsel der Klimate. Cañons, von Flusssystemen ausgewaschen, zergliederten das Plateau. Hitze und Kälte sprengten den Stein. Das Sandstrahlgebläse des Wüstenwindes schliff die bis zu 200 Meter hohen Felsen ab

Die Tuareg-Mädchen, deren Ahnen als »Freibeuter« gerühmt wurden, hüten vom ersten Lichtschimmer des Tages bis zum letzten ein paar Ziegen. Die Masken aus roter Henna-Paste sind Schmuck und Sonnenschutz zugleich

Obwohl wir nördlich der heute zugewehten Brunnen von Asiu den Spuren Heinrich Barths fast zum Greifen nahe sind, müssen wir zunächst einen Umweg von über 1000 Kilometer fahren, bevor wir im Aïr wieder auf seine Route kommen.

Das Gebirge liegt in der Republik Niger. Seit einigen Jahren ist in dem ebenso riesigen wie faszinierenden Land den Fremden jedes Abweichen von der Straße, die von Norden nach Niamey, der Hauptstadt des Landes, führt, strikt verboten. Ausnahmen von dieser Regel erteilt in seltenen Fällen nur die allerhöchste Instanz, und das ist der Präsident des Landes, General Seyni Kountché.

Unterstützt von der deutschen Botschaft und durch Fürsprache eines einflussreichen nigrischen Freundes, Sidi Koutoubi, ist es mir zwar gelungen, den Präsidenten für unser Unternehmen einzunehmen und die Genehmigungen zu erhalten, den Barthschen Strecken zu folgen. Aber wir können nicht auf dem alten Karawanenweg in Algerien aus- und in Niger einreisen. Wir müssen erst einmal Assamakka, den einzigen Grenzübergang des Landes im Norden, passieren und uns danach bei den Behörden in dem Ort Arlit melden. Dies bedingt einen gewaltigen Umweg.

Am bisher heißesten Tag der Reise, über 40 Grad im Schatten, nähern wir uns Mitte November Arlit. Aus den Luftspiegelungen taucht am Horizont ein großer Tafelberg auf; er scheint in der Luft zu schweben. Über ihm steht eine hohe, dunkle Wolke, die einzige weit und breit. In ihrer Form erinnert sie an einen Atompilz. Der Tafelberg erweist sich als Abraumhalde einer Uranerzmine; der „Atompilz“ darüber ist der Staub, den eine Sprengung gerade hochgeschleudert hat.

Noch vor wenigen Jahren nicht viel mehr als eine Brunnenstelle, an der durchziehende Tuareg ihre Kamele und Ziegen tränkten, war Arlit nach der Entdeckung des begehrten Metalls schnell zu einer Industrie-Oase ausgewuchert. Zunächst hatte der Uran-Fund für das Land eine gigantische Illusion von Fortschritt heraufbeschworen. Heute lässt sich das zu Pulver gemahlene gelbe Erz kaum noch gewinnbringend absetzen.

Der Unterpräfekt, der hier residiert und dem wir unsere Genehmigungen vorzuweisen hätten, ist verreist. Sein Sekretär, der unter unseren Papieren den Stempel des Innenministers gesehen hat, der zugleich Präsident des Landes ist, schickt uns erst einmal nach Agadez.

Hin und zurück sind das noch einmal rund 500 Kilometer. Zurück in Arlit mit Zetteln und Stempeln der Agadezer Präfektur, müssen wir jetzt noch den vorgeschriebenen, aber auch erforderlichen Führer, einen „Guide“, finden, der in der Lage ist, uns durch das Gebirgslabyrinth des Aïr zu leiten.

Agali Marone ist ein hoch gewachsener, kräftiger Targi (das Wort ist Einzahl von Tuareg). Er versichert, dass er alles und jeden in seiner Gebirgsheimat kenne. Seine Decken, Töpfe, Kannen und die mit Hirse, Zucker und getrocknetem Fleisch schwer gefüllten Säcke müssen nun auch noch in unsere Wagen, die ohnehin schon mit 400 Liter Dieseltreibstoff, fast 200 Liter Wasser und zentnerweise Ausrüstung und Proviant schwer überladen sind. Aber im Verlauf der Reise haben wir ganz einfach vergessen, dass plötzlich irgend etwas brechen, reißen oder versagen könnte. Und trotz schwerster monatelanger Belastungen ist nicht der geringste Defekt aufgetreten.

Wilder als das auf rund 2000 Meter aufsteigende Aïr kann wohl kein Gebirge sein. Es ist auf ungewöhnliche Weise entstanden. Als die Kräfte von Verwitterung und Abtragung mächtige Sedimentgesteine der obersten Erdkruste abgelöst hatten, sind darin steckende, gewaltige Granitintrusionen sichtbar geworden, und überall haben vulkanische Aktivitäten ihre Spuren hinterlassen. Silbergraue, von Wind und Wetter im Laufe von Jahrmillionen zu bizarren Skulpturen modellierte Granitmassen stehen zusammen mit schroffen schwarzen Zinnen freigelegter Vulkanschlote. Die ganze Landschaft ist, vergleichbar den Linien einer Hand, kreuz und quer von tiefen Tälern, Koris genannt, zerschnitten – geschaffen von fließendem Wasser, hauptsächlich während feuchterer Perioden der Erdgeschichte, entlang von Bruchstrukturen der Erdkruste.

Obwohl wir durch ein Wüstengebirge fahren, sieht man überall deutlich, dass dieses Bergland seine Formen dem Wechselspiel zwischen den Kräften aus dem Erdinnern und sintflutartigen Überschwemmungen verdankt. Heinrich Barth hatte hier die Gewalt des Wassers noch erfahren müssen. Am 1. September 1850 verwandelten „ungeheure Regengüsse“ das breite Tal, das sich an der Westflanke des Adrar Tamgak entlangzieht und in dem die Expedition lagerte, in kurzer Zeit in das breite Bett eines reißenden Stromes:

„Da wir eben erst der Gefahr, welche uns von dem Fanatismus und der Raubgier der Menschen drohte, glücklich entgangen waren, war es wahrlich eine schwere Prüfung, nun gegen ein Element kämpfen zu müssen, dessen Macht in dieser Übergangszone wir weit entfernt gewesen waren, richtig zu würdigen oder anzuerkennen.“

Die Karawane fand sich unversehens von Fluten umschlossen auf einer kleinen Insel, die immer kleiner wurde. Viele Kamele wurden fortgetrieben. Aber die Sintflut brachte auch Rettung vor einer anderen Gefahr: Das Unwetter zerstreute eine bedrohliche Ansammlung von „Kriegsvolk“, das es auf das Eigentum der Reisenden abgesehen hatte.

In eben jenes Tal mit der kleinen Ansiedlung Iferouane fahren wir gegen Abend des gleichen Tages ein, an dem wir in Arlit aufgebrochen sind. Es ist oberirdisch vollkommen trocken; aber mächtige Akazien, deren Kronen vor der gewaltigen Kulisse des Tamgak-Massivs im Abendlicht wie von grünem Samt schimmern, sind Beweis, dass das mit Sand und Geröll tiefgründig aufgefüllte Flussbett im Untergrund noch Wasser führt.

Während die Sonne immer tiefer unter der Horizontlinie versinkt und die farbig angestrahlten Spitzen der Berge langsam verglühen, steigt über dem östlichen Gebirge das gewaltige Rund des Erdschattens in den Himmel empor – ein Phänomen, das ich nur in der Wüste beobachtet habe. Schnell bricht die Nacht herein. Vereinzelt flackern im Tal kleine Feuer auf und verraten den Lagerplatz von Nomaden. Ziegenherden, die bis zum letzten Lichtschimmer nach letzten Gräsern gesucht haben, wer-

„Unser Asyl auf der kleinen Insel wurde von allen Seiten von der zerstörenden Wut eines tobenden angeschwollenen Flusses angegriffen“

Im Oasen-Tal von Iferouane. Barth hatte in dieser Gegend fürchten müssen, dass seine Kamele im reißenden Fluss ertrinken könnten. Heute herrscht Trockenheit. Die Akazien überleben, weil sie im Grundwasser bis zu 40 Meter Tiefe wurzeln. Die Tuareg, die einst die körperliche Arbeit von Sklaven verrichten ließen, schaufeln Bewässerungsgräben – in denen viel Wasser versickert, bevor es die Felder erreicht

In der Gebirgsoase Tintellust. Während sich die Männer auf oft monatelange Karawanenreise begeben, bleiben die Frauen mit ihren Kindern in den Oasen des Aïr zurück den in ihre Krale getrieben. Von überall her kann man das Stampfen der langen, schweren Stößel in den Hirsemörsern hören – wie Trommeln, die den Lebensrhythmus eines ganzen Kontinents bestimmen.

Zwei Stunden nach dem frühen Anbruch der Nacht höre ich von weit her, außerhalb des Koris, einen eigentümlichen Gesang, der von wilden Trommeln begleitet wird. Ein sich ständig wiederholendes rhythmisches Motiv übt – wie Licht auf eine Motte – eine magische Anziehung auf mich aus. Ich gehe darauf zu. Das Licht der Sterne weist mir in der noch mondlosen Nacht den Weg. Ich höre Trommeln, Schreie ganz in meiner Nähe, spüre, wie der Boden vom Stampfen der Füße vibriert, dann erst erkenne ich die Ansammlung dunkler Gestalten als Silhouette gegen den Sternenhimmel. Ganz langsam nimmt die Formation für mich Gestalt an. Singende und ihre Handtrommeln schlagende Tuaregfrauen bilden einen Halbkreis. In ihrer Trance bemerken die Frauen nicht, wie ich mich still neben sie stelle. Ich spüre, wie sich der Rhythmus auf mich überträgt. Zuschauer sind auch zwei ungewöhnlich große Männer. An ihren weißschwarzen Gewändern und ihrer unnachahmlichen Haltung erkenne ich, dass sie Mitglieder der Adelskaste ihres Stammes sind. Auf den silbrig schimmernden Knäufen ihrer langen Schwerter spiegelt sich das Licht der Sterne.

Die trockene Luft über dem Wüstengebirge ist so ungetrübt, dass man die Sternbilder im Osten aus dem Horizont herauswachsen und im Westen versinken sieht. So vermittelt der Himmel den Eindruck eines gewaltigen illuminierten Doms. Vor den Frauen, in einer wegen der Dunkelheit schwer zu schätzenden Entfernung von vielleicht zehn Metern, noch unsichtbar für mich, höre ich die Männer wie die Teufel tanzen. Ganz unvermutet stürzt einer, wilde Schreie ausstoßend und eine Lanze über seinem Kopf schwingend, in den Halbkreis der Frauen. Nach kurzem, ekstatischem Tanz springt er in die Nacht zurück, und ein anderer springt vor. Es sieht aus wie Kriegs- und Hochzeitstanz zugleich.

Am nächsten Morgen wandere ich durch das Tal, das von Motorknattern erfüllt ist. An einem Brunnen, vor einigen Jahren von Deutschen als Entwicklungshilfe gebaut,

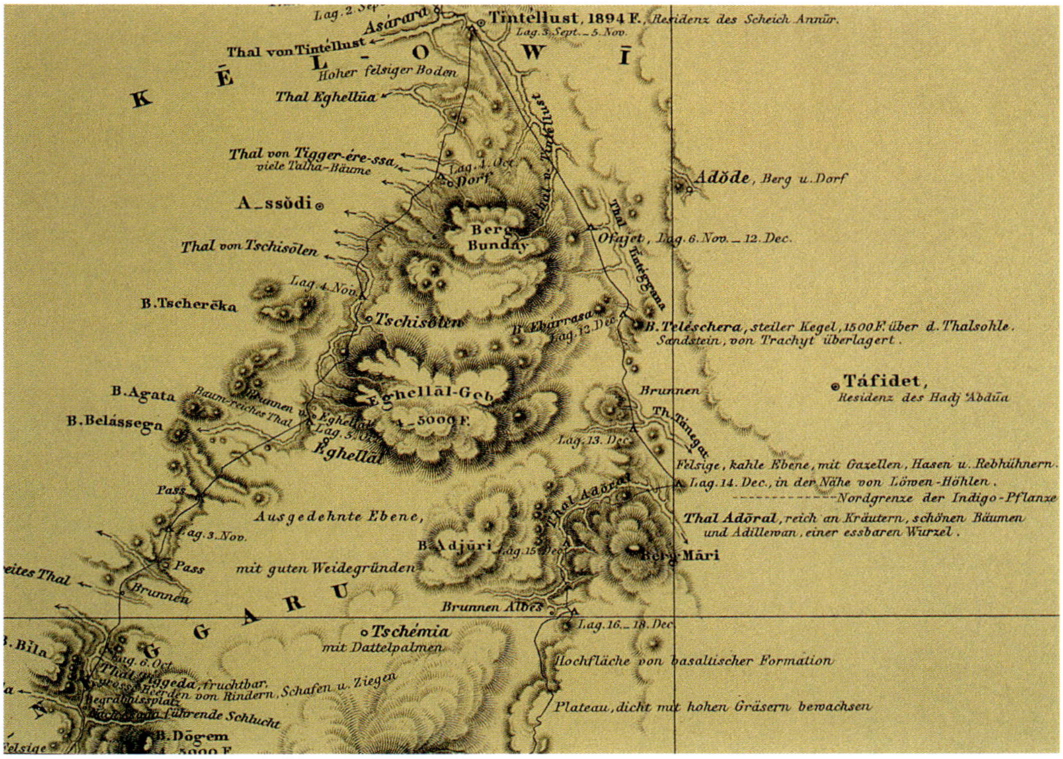

„Wiederholt wurden wir versichert, dass wir nun sicher sein könnten, die Wohnstätte des großen Mannes von Tintellust zu erreichen"

Egalah-Massiv im Aïr-Gebirge. »Residenz des Scheichs«, »Löwen-Höhlen«, »schöne Bäume«, so sind Barths Erkundungen auch in dieser Karte zu seinem Reise-Werk dokumentiert inmitten einer auffallend großen, noch unbebauten Feldfläche, hat sich eine beträchtliche Menschenmenge versammelt. Eine Motorpumpe fördert einen dicken Wasserstrahl in die Bewässerungsgräben. Aber das Wasser erreicht die Anbaufläche nicht. Während es vorn im Sand versickert, versiegt hinten der Nachschub. Die Kapazität des Brunnens ist nach wenigen Minuten erschöpft.

Dutzende von Tuareg starren in den schwarzen Schacht, wo in 30 Metern Tiefe die Feuchtigkeit glitzert. Nach einer halben Stunde endet ein erneuter Versuch mit gleichem Ergebnis: Die Leistung der Pumpe und die darauf zugeschnittene Größe des zu bewässernden Feldes stehen in krassem Missverhältnis zum Wassernachfluss im Untergrund. Ein alter Brunnen hingegen, aus dem das Leben spendende Nass in traditioneller Weise von einem Kamel in einem Ledersack emporgezogen wird, leistet, was man ihm abfordert; allerdings hat hier natürlich auch das Feld die angemessene Größe.

Auch in Tintellust haben die Deutschen mehrere Brunnen gebaut und sie sorgfältig mit Betonringen ausgekleidet – sie sind sämtlich trocken. Wasser liefern nur noch zwei alte Brunnen. Die Tuareg haben hier kleine Felder angelegt, winzige Oasen inmitten ausgeglühter, übersandeter Gesteinstrümmer. Doch die Hirse steht in voller Frucht, und die Früchte kletternder Kürbisgewächse hängen, durch kleine geflochtene Netze gehalten, schwer in den Akazien. In einem Garten wächst sogar ein prächtiger Orangenbaum. Stolz zeigt mir sein Besitzer jede einzelne der Früchte.

Von einer kleinen einsamen Schule flattert die nigrische Flagge. Es ist der Stolz des armen Landes, selbst den Kindern der unsteten Nomaden, die hier für eine Weile ansässig sind, Lesen und Schreiben beizubringen. Der Lehrer ahnt, was uns Deutsche hierher verschlagen hat. Er kennt mehr Details über Barths Reise als ich und zeigt hinüber zu den „Hügeln der Christen“, wo die Expedition einst – gegenüber der Residenz des Häuptlings Annur – gelagert hatte.

Die bescheidenen Steinhäuser sind längst zerfallen und von Sand bedeckt. Der alte Brunnen, vor langer Zeit ausgetrocknet, ist mit Dornengestrüpp bedeckt, wohl um zu verhindern, dass Ziegen hineinstürzen. Zwischen den Ruinen wachsen viele, frühlingsgrün leuchtende Bäumchen, die einen Brechreiz auslösenden Geruch verströmen. Ihren überaus giftigen Blättern, die selbst von den alles verschlingenden Ziegen verschmäht werden, verdanken sie ihr Überleben.

Der gebildete und tolerante Häuptling Annur stellte Barth, Overweg und Richardson unter seinen Schutz. Doch weil er alt und krank daniederlag, reichte seine Macht nicht mehr weit über seine Residenz hinaus, und das hat die Expedition auch mehr als einmal zu spüren bekommen.

In Tintellust fand Barth Zeit und Ruhe, sich umfangreichen völkerkundlichen Studien hinzugeben. In kurzer Zeit seine Sprachkenntnisse verbessernd, erfragte er von Annur die Geschichte des Landes und des Volkes. Er zeichnete das Siedlungsmuster der vielfältigen Stammesgruppen im Aïr auf, ergründete ihren politischen Einfluss, ihre Wirtschaftsstrukturen, und er rekonstruierte die Geschichte der berberischen, hellhäutigen Tuareg, wie sie als Eroberer von Norden in das Bergland kamen und sich später zum Teil mit der einheimischen schwarzafrikanischen Bevölkerung vermischten.

Als Barth Tintellust Anfang September 1850 erreichte, herrschte Regenzeit mit fast täglichen schweren Wolkenbrüchen. Bis dahin hatten die Europäer keinerlei Vorstellungen vom Wettergeschehen im Innern Afrikas. Barth betrieb hier als erster sorgfältige meteorologische Studien und fertigte darüber Tabellen und Berichte an:

„Fast regelmäßig kam der Regen am Nachmittag, zur Zeit, wenn die Luft den höchsten Wärmegrad erreicht hatte, das heißt zwischen 2.00 und 3.00 Uhr, und der Sturm, der die Regenwolken herbeitrieb, blies fast immer aus West oder Südwest, während sonst Ostwind durchaus vorherrschend war.“ Er schloss aus dem Beobachteten: „Es ist also klar, dass das Regengewölk in diesem weit vorgeschobenen Sporne des Sudan am großen westlichen Flusse, dem so genannten Niger, aufsteigt und sich so über diesen nördlichen Gürtel der tropischen Region verbreitet."

„Sudan" bezeichnet für die Afrikaner noch heute das Land entlang des gesamten Südrands der Sahara, und Bilad es-Sudan heißt nichts anderes als „Land der Schwarzen".

Barth hat berichtet, wie die wasserdampfschwangere Luft in der Regenzeit zusammen mit der großen Hitze in den engen Tälern und auf dem an mineralischen Nährstoffen reichen Granit- und Basaltsand „einen großen Reichtum von Pflanzenwuchs erzeugt". Er spricht in seinem auch an ökologischen Informationen unerschöpflichen Werk sogar von Orchideen, die in den Bäumen nisten, und vermittelt das Bild einer paradiesischen, tropischlebensvollen Landschaft:

„Die ganze Natur atmete neues Leben, und die Tierwelt entwickelte ihre geselligen Eigenschaften in der ganzen Kraft neu erwachender Triebe. Die dichtkronigen Bäume schwirrten von dem fröhlichen Gezwitscher der Ammern und Finken und dem Gegirre der Turtel- und der kleinen Ägyptischen Taube, während der Wiedehopf in fröhlichen Sprüngen auf dem Boden umherspielte. Affen stiegen, sooft sie sich unbemerkt zu sein glaubten, von den Vorhöhen des Tunan in die kleine Einsenkung hinter unserem Gezelte hinunter, um einen Trunk Wasser zu erlangen; Hyänen und Schakale ließen sich regelmäßig in ihren nächtlichen Wanderungen rund um unser Lager hören, während dann und wann der ferne Ruf eines Löwen erschallte."

Nach einem Monat Aufenthalt brach Barth wieder auf, um einen „Ausflug", wie er es nannte, zur alten Handelsstadt Agadez am Südrand des Aïr zu machen. Dort wollte er dem regierenden Sultan des Landes seine Aufwartung machen. Seine beiden Gefährten Richardson und Overweg blieben in Tintellust, wohin Barth zurückkehren wollte.

Während wir den Spuren auch dieses Ausfluges folgen, offenbaren sich uns die dramatischen klimatischen Veränderungen, die sich hier seither vollzogen haben. Das grüne Tal von Iferouane ist offensichtlich eine Ausnahme; denn jetzt fahren wir tagelang am Grunde der Koris durch sterbende Wälder, dort, wo Barth vor einem guten Jahrhundert noch unter einer „wogenden Masse von Laubwerk" gezogen war und von vielen Akazien berichtete, „alle in höchst üppigem Wuchse und von Schlingpflanzen in den schönsten Gewinden umschlungen und durchflochten, so dass die ganze Masse der Vegetation zu einer dichten Decke verbunden wurde".

Von unserem Führer erfahren wir, dass es hier seit 15 Jahren nur noch sehr selten und sehr wenig geregnet hat. Die großen Regenzeiten sind ausgeblieben. Der Grundwasserspiegel in den Koris ist bis zu 40 Meter abgesunken, so schnell, dass selbst die Wurzeln der kräftigsten Akazien, die es immerhin auf eine Tiefe von 80 Metern bringen, nicht hinterherwachsen können.

Die meisten der jahrhundertalten Bäume sind verdurstet. Ohne ihre Blätter stehen viele als dornenstarrende Monster vor den von vulkanischer Hitze verbrannten und von den Kräften der Verwitterung zerborstenen dunklen Gesteinswänden, eine wahrhaft höllische Szenerie. Wie es nach der Philosophie Platons die ewige Idee des Baumes gibt, ist für mich hier die Idee eines Antibaumes symbolisiert. Von Termiten zerfressen, brechen die Baumleichen nach kurzer Zeit zusammen. Ihre zerschmetterten Körper bilden – wie die Skelette von Kamelen zwischen ihnen – in der Sonne bleichende Haufen.

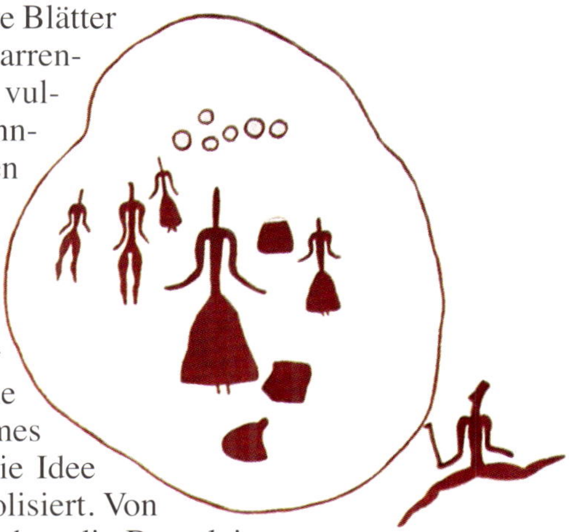

In einigen Kronen noch stehender abgestorbener Bäume gibt es riesige, kugelförmige grüne Nester: Es sind die Blätter dicker Lianen, der Schlinggewächse, von denen Barth berichtete. Erstaunlicherweise widerstanden sie also der Dürre am längsten.

Sie müssen enorm tief hinabreichende Wurzeln haben. Brechen ihre Wirtsbäume zusammen, so wachsen die Lianen auf dem Grund weiter. Jetzt sind sie ja nicht mehr darauf angewiesen, sich einen Platz an der Sonne in den Kronen anderer Bäume zu erobern. Junge Bäume haben bei den heutigen Niederschlagsverhältnissen keine Chancen mehr nachzuwachsen; und die unterbrochene Generationsfolge der Bäume ist Beweis dafür, dass es sich hier nicht nur um das Ausbleiben einiger Regenzeiten, sondern um eine seit längerem wirkende und schwerwiegende Klimaänderung handelt.

Anhand Barths genauer meteorologischer und vegetationskundlicher Beobachtungen und Aufzeichnungen lässt sich der Zeitraum dieser Veränderungen historisch belegen. In nur etwas mehr als 100 Jahren ist das alles passiert, in einer Zeitspanne, die sich, in erdgeschichtlichem Zeitmaß betrachtet, mit dem Ausschalten einer Glühbirne vergleichen lässt. Bodenvegetation gibt es in den Koris praktisch nicht mehr. Das wiederum führt dazu, dass die Nomaden, bevor sie mit ansehen, wie ihre Herden verhungern, die noch lebenden Bäume köpfen, damit ihre Tiere an das Laub gelangen.

Nach fast zwei Wochen unseres Aufenthalts im Aïr sind wir gerade in ein neues Kori eingefahren und haben unter einer weit ausladenden, aber schon schütteren Schirmakazie unser Nachtlager aufgeschlagen, als unser Führer uns eröffnet, dass wir hier auf keinen Fall die Nacht verbringen dürfen. Er drückt sich eine Weile um eine Begründung herum, bis er mit der Sprache herausrückt: Ein Marabut, einer der heiligen Männer, die als Einsiedler im Aïr leben, habe ihm erklärt, dass die Fremden in dem Kori, in dem seine Heimstatt und seine Moschee liegen, auf keinen Fall schlafen oder weiterreisen dürfen. Dagegen hat auch der Hinweis unseres Führers, dass wir uns auf den Spuren von Abd el-Kerim befänden, nichts bewirkt.

Wir respektieren das natürlich und ziehen einfach in ein Nachbarkori einige Kilometer weiter. Aber: Das Anwesen des heiligen Mannes liegt in eben jenem Kori, das von Osten die einzige Zufahrt zur Oase Timia bildet, unserem nächsten Etappenziel, von der wir uns nach beschwerlicher Geländefahrt nur noch etwa zehn Kilometer entfernt wähnen. Unser Führer meint, dass er sterben werde, wenn er das Verbot des Marabut missachte und versichert, einen anderen Weg zu kennen, der nur wenig weiter sei. Es wird ein Umweg von 220 Kilometern zermürbender Irrfahrt. Erschöpft und mit dem letzten Tropfen Treibstoff erreichen wir Timia.

Diese Oase, an der Barth westlich vorbeizog, ist einer der wenigen Orte im Aïr, an dem eine große Zahl von Dattelpalmen wächst. Die deutschen Entwicklungshelfer, auch hier tätig, sind bescheiden geworden: Man ist jetzt hauptsächlich damit beschäftigt, die Ränder der Anbauflächen mit Steinwällen und Draht zu sichern; denn aufgrund der langen Dürrezeit drohen ver-

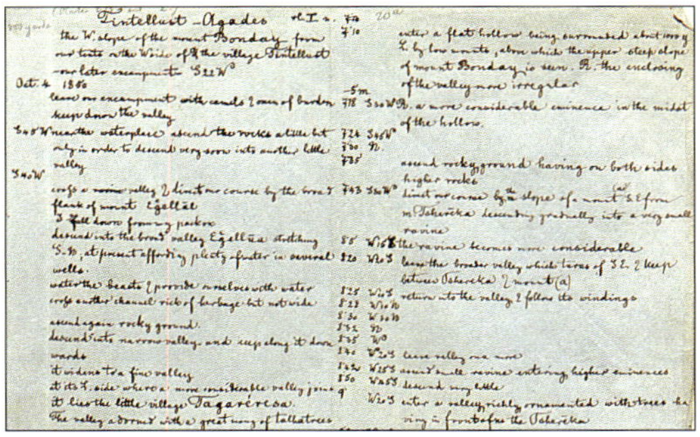
Tintellust – Agades

»Wir betraten ein Tal mit üppigen Bäumen, die mit Gewinden von Schmarotzerpflanzen aufs anmutigste verbunden waren«

Wo Barth in seinem englisch geschriebenen Tagebuch begeistert über die Vegetation berichtete, verwandelt sich der Untergrund der einst dicht bewachsenen Akazien-Savanne jetzt zu Sanddünen. In der Baumleiche lebt noch ein tropisches Lianengeflecht. Dessen Wurzeln haben vielleicht fossiles, in längst vergangenen Regenzeiten angesammeltes Wasser in der Tiefe erreicht

Es war überaus interessant, jeden Tag das schnelle Wachstum der kleinen frischen Blätter und junger Schösslinge zu beobachten

Am Aïr-Gebirge im Niger. Wo Barth noch vom »Dichterwerden des schattigen Blätterwerkes« schrieb, sterben die Akazien ab, bis sie in Dornen erstarren heerende Schäden: Eine große Flut, wenn sie einmal kommen sollte, würde mit dem Gesteinsschutt, den sie mitbringt, die Dattelpalmkulturen und Felder zerstören.

Von Timia bis ins Tal von Auderas, von dessen Ansicht Barth in seinem Reisewerk ein schönes Aquarell hinterlassen hat, sind es knapp zwei Tage Fahrt. Wieder müssen wir einen Umweg fahren; die direkte Route, die Barth gewählt hatte, ist selbst für Geländefahrzeuge nicht befahrbar. In Auderas zeigen wir einigen dort ansässigen Tuareg eine Kopie des Aquarells. Sie wissen nicht nur, dass der Deutsche vor langer Zeit hier gewesen ist, sie identifizieren auch einen markanten, bizarren Baum auf dem Bild, nach dem wir suchen. Wir erfahren, dass er die „Dorfeiche" am Rande eines Festplatzes gewesen war und noch bis vor wenigen Jahren dort gestanden hat; und wir finden abermals bestätigt, wie genau die Illustrationen nach den Barthschen Skizzen sind.

In Agadez eröffnet uns die Berufung auf unseren berühmten und verehrten Landsmann eine ungeahnte Möglichkeit. Da der Sultan verreist ist, empfängt uns sein Stellvertreter. Er erkundigt sich eingehend nach unserem Unternehmen und gestattet uns, die alte Moschee der Stadt, in der Barth architektonische Studien betrieben hat, zu betreten. Begleitet vom Sohn des Sultans, der

In Timia haben sich Frauen zu einer Teezeremonie zusammengefunden und rezitieren Texte aus dem Koran, die auf Holztafeln gemalt sind

sich als Anhänger des Popstars Michael Jackson erweist, gehen wir in den massiven, im Inneren düsteren Bau und dürfen uns dem ganz kleinen Kreis von Fremden zugehörig fühlen, denen das jemals erlaubt worden ist.

Das Innere der Moschee besteht aus niedrigen, engen Schiffen, die von Pfeilern mit beachtlichem Durchmesser getragen werden. „Von hier aus steigt der Turm auf, sich allmählich verjüngend, hat aber in der Mitte der ganzen Höhe eine Anschwellung oder Entasis, ganz wie das schöne Meisterwerk der Natur, die große Fächerpalme Zentral-Afrikas.“ An anderer Stelle wird dieser Turm der Moschee, von dem zu Barths Zeiten nicht nur zum Gebet gerufen wurde, sondern der auch als Wachturm diente, von ihm als „barbarisch rohe, aber höchst eigentümliche Architektur“ bezeichnet. „Der ganze Turm ist, wie die meisten Häuser in Agadez, ganz aus Lehm erbaut, und um einem so hohen Bau aus solchem Material hinreichende Stärke zu verleihen, hat man die vier Wände desselben durch dreizehn Schichten kreuzweise gelegter Bretter aus Dumpalme verbunden; diese ragen an jeder Seite drei bis vier Fuß hervor.“

Mich fasziniert die archaische Architektur des Turmes: eine primitive, gleichzeitig vitale Weise, den Himmel zu erobern. Dieses nach Angaben Barths 1844 erbaute, für das erdbezogene Schwarzafrika ganz ungewöhnliche Bauwerk, dokumentiert das Zurückdrängen schwarzafrikanischer, animistischer Religionen durch den Islam.

Barth gelang es, den Sultan Abd el-Kadiri für sich und seine Sache einzunehmen. Wieder erwies sich sein Sprachtalent als ausschlaggebend. Dass die „frommen Wanderer“, die Barthsche Expeditionsgruppe, innerhalb seines Machtbereichs von „gesetzlosen Stämmen“ erpresst wurden, empfand der Sultan auch als Angriff auf die eigene Ehre. Es war für ihn Anlass, seine Macht in einer Strafexpedition zu demonstrieren.

Nach einem Monat kehrte Barth nach Tintellust zurück, von wo er – wieder vereint mit seinen Gefährten und versehen mit Schutzbriefen des Sultans – nach Süden in

»Mit einem gewissen Gefühl nationalen Stolzes zeigten mir meine Gefährten in der Ferne die hohen Mesalladjeh, den Ruhm von Agadez«

Agadez im Niger. Der Sultan in dem Ort am Südrand der Sahara weiß heute noch vom Besuch des »berühmten Deutschen«. Den Deutschen, die von GEO kamen, erlaubte er, was bislang nur sehr wenigen Europäern gestattet war: den aus Lehm erbauten Turm der Moschee zu besteigen. Die archaische Architektur dieser Mesalladjeh hatte auch Barth fasziniert

den „Bilad es-Sudan“ zog, in das Land der Schwarzen. In dem kleinen Ort Taghelel erreichte die „Zentral African Mission“ Anfang Januar 1851 nach langer Reise durch das Meer der Wüste den „Sahel“, das „Ufer“. Hier trennten sich die Europäer voneinander. Barth setzte seine Reise allein fort, um möglichst rasch die große Stadt Kano im heutigen Nigeria zu erreichen. In Kukaua, der Hauptstadt des Reiches Bornu am Tschadsee, wollte man sich wieder zusammenfinden.

Wir aber kehren nicht nach Tintellust zurück, sondern brechen von Agadez nach Süden auf, um in Niamey, der Hauptstadt des Landes, zu erkunden, wie wir selbst nach Kano weiterreisen können. In Niamey erfahren wir, dass entgegen unseren Hoffnungen Nigeria seine Grenzübergänge nach wie vor gesperrt hat. Ich entschließe mich, nicht gleich zum Tschadsee zu ziehen, wie es Barth nach seinem Aufenthalt in Kano getan hatte, sondern zunächst seinen Spuren weit nach Westen an den „Silbernen Strom“, den Niger, und ins legendäre Timbuktu zu folgen. Wenn wir von dort zurückkehren, haben wir, so meine Überlegung, eine zweite Chance, auch noch nach Nigeria zu gelangen.

In der Stadt Zinder ließ der dortige Sultan für die Landsleute Heinrich Barths seine Leibgarde aufreiten. Sie trug mit Kapok gefüllte Wattepanzer, ebenso wie das vieltausendköpfige Heer, welches den Forscher auf einem Zug nach Süden begleitet hatte

Im Juni 1853 erreichte Heinrich Barth gegenüber der kleinen Stadt Sai den Fluss und ließ sich übersetzen. „So war endlich der berühmte Strom erreicht, der den Europäern seit der Eröffnung der afrikanischen Geographie und Forschung mystisch vor Augen und Sinnen schwebende Niger.“

Wir besuchen den Ort 50 Kilometer südlich von Niamey. Warm und ruhig strömt das mit ockergelbem Sediment beladene Wasser dahin. Hoch auf dem steilen Flussufer liegt eine neue Großbaustelle. Eine islamische Universität entsteht hier, Geschenk der Saudis – mit Ölmillionen finanziert.

Barth war damals seit der Abreise der Expedition aus Tripolis schon mehr als drei Jahre unterwegs. James Richardson hatte er nicht mehr wiedergesehen. Der Engländer war, nachdem die Gruppe sich in Taghelel getrennt hatte, auf dem Wege nach Kukaua den Strapazen der Reise erlegen. In Kukaua am Tschadsee war Barth wieder mit seinem Gefährten Adolf Overweg zusammengetroffen, und es gelang ihm, eine der großen Aufgaben der Expedition zu realisieren. Mit dem Herrscher des Bornu-Reiches, dem Scheich Omar, handelte er „im Auftrag Seiner britischen Majestät“ einen Handelsvertrag aus.

Von Kukaua aus unternahm Barth mehrere monatelange Forschungsreisen. Eine davon führte ihn nördlich um den Tschadsee herum in das benachbarte Kanem. Auf anderen Reisen gelangte er weit nach Süden bis in das heutige Nigeria, nach Kamerun und in den Südwesten des Tschad.

Auf einer dieser Reisen begleitete er das mehrere tausend Mann starke Reiterheer des Bornu-Herrschers auf einem Kriegszug gegen ein benachbartes Fürstentum. Die Pferde trugen dicke Panzerdecken aus Kapokwatte, die sie gegen Hiebe, Pfeile und Speere schützten; die Reiter waren mit Mänteln aus dem gleichen Material, mit

Kettenhemden, Eisenhelmen und langen Lanzen gewappnet. Sie erschienen Barth wie die mittelalterlichen Ritter. Er wurde Augenzeuge, wie auf diesem Kriegszug 3000 Menschen als Sklaven erbeutet wurden, und erfuhr, dass Menschen das bedeutendste Handelsgut des Bornu-Reiches waren.

Barth und Overweg setzten sich mutig bei dem Vezier, dem engsten Berater des mächtigen Scheichs, auf dessen Gunst sie angewiesen waren, für das Vermächtnis des verstorbenen Richardson ein, den Sklavenhandel zu bekämpfen:

„Herr Dr. Overweg betonte in einer begeisterten Rede die Abschaffung des Sklavenhandels, wogegen der Vezier geltend machte, dass ihm die Sklaven die Mittel an die Hand gäben, Feuerwaffen zu kaufen. Da hatte er gerade den Nagel auf den Kopf getroffen; denn eben die Begierde nach den Feuerwaffen der Europäer hat den Sklavenhandel an der ganzen Westküste hervorgerufen. Aber wozu wollen diese Leute Gewehre haben? Nicht um sich damit eine überwiegende Herrschaft zu verschaffen, sondern besonders eben deshalb, um wieder Sklaven einzufangen und mit einem guten Vorrat dieser schmählichen Handelsware sich diejenigen Luxusartikel europäischer Zivilisation zu verschaffen, mit welchen sie bekannt geworden sind."

Mit einer Karawane, die über die Bornu-Straße zog, erhielt Barth die lang ersehnte Post aus der Heimat. Darunter war eine Depesche des britischen Außenministeriums, der er entnehmen konnte, dass seine Nachricht, in der er den Tod Richardsons nach England gemeldet hatte, angekommen war. Nun vertraute man Barth die Expeditionsleitung an. Der preußische Gesandte in London, von Bunsen, teilte ihm mit, er halte es für möglich, dass die Expedition die noch unbekannte Äquatorialregion durchquere, um dann in Ostafrika die Handelsniederlassung Mombassa am Indischen Ozean zu erreichen.

Barth selbst hatte früher auch schon einmal an dieses Ziel gedacht; aber Exkursionen von Kukaua aus nach Süden hatten ihn inzwischen überzeugt, dass ein solches Unternehmen nicht möglich sei. Daher entschloss er sich einem anderen Vorschlag zu folgen, nämlich nach Westen vorzudringen und zu versuchen, Timbuktu zu erreichen.

Bevor sie aufbrechen konnten, erlag Overweg einer Krankheit, die er sich anscheinend beim Erforschen des Tschadsees mit dem Mahagoniboot zugezogen hatte. Barth schrieb im Oktober 1852 an Bunsen: „Anstatt mich durch den Tod meines Reisegefährten niedergebeugt zu fühlen, fühle ich meine ganze Kraft verdoppelt. Im Bewusstsein, dass

Die Leibgardisten der nigrischen Sultane sind traditionell bis heute in rote Burnusse gehüllt

nun ferner hier nichts geschieht, was ich nicht tue, fühle ich eine Riesenkraft in mir, allen Ansprüchen zu genügen. Mein erstes Ziel wird die Erreichung Timbuktus sein."

Von Niamey fahren wir, dem Verlauf des Niger folgend, stromauf nach Nordwesten. Auf diesem Wege war Barth im Verlauf seiner länger als zwei Jahre dauernden Exkursion nach Westen an die Ufer des Tschadsees nach Kukaua zurückgekehrt. Der „Nil der Schwarzen", wie der Niger auch genannt wird, bietet uns nach einmonatiger Wüstenfahrt einen herrlichen Anblick. Der kilometerbreite, vielfältig verzweigte Fluss strömt wie geschmolzenes Silber durch die staubtrockene Baum- und Dornbuschsavanne.

Wie der Nil, so ist auch der Niger hier ein Fremdlingsfluss. Sein Einzugsgebiet liegt weit im Süden in tropischen Breiten. Jetzt im Dezember führt er hier noch Hochwasser, das diesen Namen jedoch seit 1978 nicht mehr so recht verdient. In sieben Jahren ist der Pegel des höchsten Wasserstandes bei Bamako von 6,5 auf 3,5 Meter gesunken. Fast täglich fällt jetzt der Wasserspiegel um einige Zentimeter, und aus dem Strom tauchen flache Inseln und ausgedehnte Marschen auf, bedeckt mit einer neuen Schicht fruchtbaren Schlamms, die von Jahr zu Jahr dünner wird. Vielerorts sind die Menschen damit beschäftigt, ihre Felder mit Reis, Tomaten und Kürbissen zu bebauen. Gelegentlich sehen wir kleine Gruppen prächtiger Mangobäume. Mit ihren dichten, halbkugelförmigen Kronen wirken sie wie Bäumchen einer Spielzeuglandschaft.

❝Die Affenbrotbäume waren gerade in voller Blüte und die weißen glockenähnlichen Blumen hingen von den kolossalen Zweigen herab❞

Im Sahel in Mali. Der Affenbrotbaum, der Baobab, ist ein Wahrzeichen des tropischen Afrika. Er kann tonnenweise Wasser speichern und jahrelange Trockenzeiten überstehen. Im Sahel aber verdurstet auch er. Die Affenbrotbäume in diesem einst blühenden Landstrich sterben aufrecht – bis sie zusammenbrechen und buchstäblich zu Staub zerfallen. Und den Staub verweht der Wind

Bei Gao in Mali überqueren wir den Fluss auf einer Pontonfähre. Sie ist ein Geschenk der Bundesrepublik. Am Steuerturm flattert denn auch ein Wimpel mit dem Aufdruck „I Love Bonn". Der Preis für die Überfahrt muss in Geld und Naturalien ausgehandelt werden. Wir einigen uns auf umgerechnet 50 Mark pro Fahrzeug, 20 Liter Dieseltreibstoff aus unseren Beständen, mit dem die Fähre angetrieben wird, und je zehn Aspirin. Am anderen Ufer muss ich noch einmal so viele Tabletten herausrücken.

An diesem Tag ändert sich das Wetter: Die Sonne, deren Gleißen uns seit der Ankunft in Afrika geblendet hat, steht nun wie ein bleicher Mond am Himmel. Gewaltige, in die Atmosphäre gehobene Staubmassen haben ihr Licht gebrochen. Es ist wie bei Novembernebel in meiner norddeutschen Heimat, nur ungeheuer trocken. Blattlose Kolosse von Baobabbäumen, grau und starr, wirken wie aus Zement gegossen inmitten eines durch jahrzehntelange Trockenheit gestorbenen Landes.

Die einzige Farbe bildet das lackschwarze, schnurgerade Band der neuen, im Bau befindlichen Asphaltstraße. Da die Schifffahrt auf dem Niger wegen des ständig sinkenden Wasserspiegels weitgehend zum Erliegen gekommen ist, soll sie den Verkehr zwischen Bamako, der Hauptstadt des Landes, und Gao übernehmen. Das Geld zu ihrem Bau haben auch hier die Saudis gegeben.

Der Inselbergarchipel von Hombori, den Barth tagelang als markante Landmarke gesehen hatte, bleibt uns im Staubnebel verborgen, bis wir unmittelbar davor stehen. Eine matte Morgensonne taucht die ungeheuren Felsklippen, die wie Säulen vier- bis fünfhundert Meter in den Himmel emporragen, für einen Moment in ein zartes rosa Licht und lässt sie so inmitten aller Grautöne sichtbar werden. Hier, wo Barth prächtige, von Mauern und Türmen bewehrte Dörfer gesehen hatte, finde ich lediglich noch ein paar elende, dünnwandige Strohhütten, die ihren Bewohnern noch nicht einmal Schutz vor dem Staubwind bieten.

Unaufgefordert stellen sich die Menschen in ihrer Festtagskleidung, die sie rasch übergeworfen haben, als sie den Besuch der Fremden bemerken, zu einem Gruppenfoto auf; Feste werden hier schon lange nicht mehr gefeiert. Sie erzählen mir, dass nun schon seit sechs Jahren kein Tropfen Regen gefallen sei. Auch die Versuche, kleine Hirsefelder aus Brunnen zu bewässern, sind gescheitert. Sandstürme, die immer häufiger aus dem Norden der großen Wüste herüberwehen, haben die jungen Pflanzen zerfetzt und verbrannt. Die hohen Holzmörser, in denen die Frauen jeden Tag das Hirsekorn zerstampft haben, sind die Nahrung von Termiten geworden. Eine einst prächtige Bauernkultur ist ein Opfer der Wüste. Die Menschen sind zu Empfängern von Hilfsgütern aus Europa und Amerika degradiert.

Kurz hinter dem kleinen Dorf endet die Asphaltstraße. Die Landschaft wirkt auf mich wie ein Albtraum vom Ende der Erde. In dem alles beherrschenden Grau ist nicht die geringste Spur von Grün mehr zu erkennen. Tagelang, viele hundert Kilometer, fahren wir von nun an durch einen Friedhof verdursteter Wälder. Der mehlfeine Staub kriecht wie eine zähplastische Masse an den Scheiben der Autos entlang, als wolle er die Insassen darin ersticken. Ihm bleibt nichts verschlossen. Er dringt in die Lungen und in die Seele.

Die Überreste bereits zusammengebrochener Bäume zerfallen oft, wenn man sie berührt, wie die Asche einer Zigarette. Vom Leben eines einst mächtigen Baobab zeugt nur noch eine meterhohe Staubpyramide. Staub zu Staub. Nicht weit von hier hatte Barth noch an einem rauschenden Waldbach gerastet.

Gelegentlich sehen wir kleine Menschengruppen vom Volk der Tuareg, Fulbe oder Songhay mit ihrer geringen Habe über die Piste hasten, auf der Flucht vor der Wüste. Ihre Wanderung endet irgendwann in einem Flüchtlingscamp.

Der Vormarsch der Sahara ist nicht aufzuhalten. Untersuchungen haben zweifelsfrei belegt, dass die größte Wüste der Erde sich seit Jahrtausenden ausdehnt – seit dem Ende der letzten Eiszeitphase, die Nordafrika vorübergehend eine feuchte Klimaperiode gebracht hatte. Das war zunächst ein sehr langsamer Prozess, der von den Menschen innerhalb einer Generation wohl gar nicht wahrgenommen wurde. Doch seit 1968, als die tropischen Regenzeiten im Sahel ausblieben, rückt die Wüste immer schneller vor. Die Sahara hat sich in den vergangenen 50 Jahren auf ihrer gesamten 6000 Kilometer langen Südfront fast 200 Kilometer nach Süden vorgearbeitet. Tag für Tag frisst sie gegenwärtig 100 Quadratkilometer Acker und Weideland.*

Aber die Natur ist Einheit; und die Menschen in ihr leisten der unabänderlichen Klimaverschlechterung Vorschub. Erst der Bevölkerungsdruck mit den hohen Wachstumsraten, hervorgerufen durch den Triumphzug europäischer Medizin, löste Zwänge aus, die zur Degradierung des Naturpotenzials im Sahel führten.

»Nahe beim Dorf befindet sich ein ausgedehnter Teich, aus dem die Eingeborenen ihren Wasserbedarf holen. Die malerischen burgartig gestalteten Berge Homboris bilden den Hintergrund«

Die Illustration des Hombori-Bergarchipels in Mali in Barths Reise-Werk wurde nach seinen genauen Skizzen angefertigt

* Seit etwa sechs Jahren ist das Klima entlang dem Südrand der Sahara wieder regenreicher geworden. Kapitel 7

Der Hombori-Bergarchipel heute. Der Teich ist längst verschwunden. Auch die Mauern und Türme stehen nicht mehr. Die Berge sind heute monatelang von Staubnebeln verhüllt. Die Menschen sind verarmt

Die Landnutzungsmethoden in den Steppen und Savannen des Sahel waren durch einen hohen Anpassungsgrad und eine große Flexibilität an das jeweilige Naturpotenzial gekennzeichnet. Die Menschen lebten, je nachdem wie die Bedingungen ausfielen, als Ackerbauern oder Nomaden oder als beides zugleich. Dieselben Regenfälle, die irgendwo im Sahel sporadisch eine Weide entstehen ließen, füllten auch die flachgründigen, von den Hirten ausgehobenen Tränken. Niederschlag, Arbeitskraft der Menschen und die Kopfzahl der Herden standen somit in einer festen, unauflöslichen ökologischen Beziehung zueinander. Die nomadische Weidewirtschaft gewährte durch ihre erzwungenen Wanderungen mit den Herden der Bodenvegetation eine ausreichende Regenerationszeit.

Eines Tages nutzten doppelt so viele Menschen den Sahel. Sie weideten doppelt so viel Vieh, bebauten doppelt so viel Land und brauchten doppelt so viel Holz. Das aber verkraftete die labile Ökologie dieses Grenzraums nicht.

Dann kam die Entwicklungshilfe. Der Weg vom traditionellen Grabstock, der den Boden nur punktuell, nur dort aufbrach, wo ein Saatkorn in die Erde gelegt wurde, zum importierten Scheibenpflug war folgenschwer. In den langen Trockenzeiten zwischen den Regenperioden konnte der heiße Atem der nahen Wüste die ohnehin schon dünne Bodenkruste großflächig austrocknen und abtragen.

Wir halten vor dem grauen Betonring eines ganz augenscheinlich neu erbauten Brunnens. Aber so weit das Auge reicht, ist hier nicht die geringste Spur von Leben auszumachen. In der Mumie eines Rindes erzeugt das Spiel des Windes dünne helle Töne. Ich beuge mich über den Rand des Brunnens und sehe in dem mit Betonringen ausgekleideten Schacht das Wasser blinken. Die Tiefe lässt sich nicht abschätzen. Ich lasse einen Stein hinabfallen und blicke auf die Uhr. Als er erst nach drei Sekunden mit einem dumpfen Knall aufschlägt, weiß ich, der Brunnen ist fast 50 Meter tief.

Als die Regenfälle im Sahel ausblieben, wurden auch mit Mitteln der Entwicklungshilfe neue Brunnen gebaut, bis tief hinab in fossile Grundwasservorkommen, von denen die Nomaden mit ihren Herden nun nicht mehr weichen wollten. Überweidung der Umgebung war die Folge. Getränkt wurde nun mit dem Regenwasser längst vergangener feuchter Klimaphasen, geweidet in einer Wüstensteppe. Das konnte nicht lange gut gehen. Die Entwicklungshilfe wurde so zu einer neuen Geißel.

Mit Hilfsgütern schwer beladene Lastzüge entfachen vor uns wahre Staubstürme auf der Piste. Einmal treffen wir auf einen Konvoi von 15 Lastern, jeder beladen mit 30 Tonnen Getreide und Reis aus der EG (*der heutigen EU* Red.). Holländer begleiten die Ware. Sie sagen mir, dass sie die Verteilung der Hilfsgüter in Stichproben bis in die Kochtöpfe verfolgen.

Aber so gut die Hilfe gemeint sein mag, sie hat auch eine neue, tragische Komponente: Sie untergräbt die natürliche Widerstandskraft der Bevölkerung gegen die Katastrophe, die Fähigkeit der Selbstheilung. Die Hilfslieferungen führen schnell zu einem Preisverfall einheimischer Produkte und damit zum Verfall der aus den Naturbedingungen des Landes entstandenen Wirtschaftsstrukturen. Schon hat sich ein großer Teil der Bevölkerung in Mali, wo hauptsächlich Hirse und Erdnüsse angebaut werden, auf Weizenbrot umgestellt, und von einem Minister des Landes stammt der Ausspruch: „Unser größter Reichtum ist unsere Armut."

Man kann die Auswirkungen dieser Hilfe fast auf die Formel bringen: Jedes geschenkte Weizenkorn beschleunigt den Vormarsch abertausender Sandkörner. Aber Formeln sind als Maßstab für Menschliches immer ungeeignet. Und steht Kritik im Überfluss lebenden Europäern überhaupt zu? Im Kampf gegen die Wüste erleben viele Afrikaner das Fegefeuer schon auf Erden. Mit der Hacke den steinharten Boden aufbrechen, Wasser aus tiefen Brunnen heraufschleppen für Pflanzen, die der nächste Sandsturm ohnehin wieder zerfetzt? Dagegen ist die Schüssel mit geschenktem Reis das Paradies.

Und die Wüste siegt im Sahel in jedem Falle, das haben die Menschen dort längst eingesehen. Zunächst haben die Wissenschaftler, die sich mit dem Problem der Verwüstung beschäftigen, kalt darauf hingewiesen, dass die Sahara im von der Dürre gegeißelten Sahel nur altes Territorium zurückerobert, das sie bereits früher während langer erdgeschichtlicher Perioden besessen hatte. Der Untergrund der Sahelzone besteht, so stellte sich nämlich heraus, aus alten Wüstendünen, die bis vor kurzem von den Überresten der eiszeitlichen Vegetationsphase bewachsen und festgelegt waren. Doch inzwischen greift die Wüste weit über diese Zone hinaus und bildet in tropischen Breiten Westafrikas sich schnell ausdehnende Metastasen.

Inmitten der sterbenden Savannenwälder Malis kommt mir der Verdacht, dass die erschreckende, Grenzen sprengende Beschleunigung der Verwüstung nicht nur der Sahara und den Menschen des Sahel angelastet werden kann: In Westafrika sind in den vergangenen zwei Jahrzehnten die tropischen Regenwälder weitgehend zerstört worden. Wie überall in den Tropen, so ist auch hier die vielfältigste Lebensgemeinschaft der Erde zur Beute des Kommerz geworden. Europäische Firmen haben den Wald niedergemacht, um seine wenigen Edelhölzer auszubeuten; und dort, wo zu den Zeiten Heinrich Barths der sommerliche Monsun alljährlich regenschwangere Wolken vom Golf von Guinea über Westafrika hinweg oft bis tief in die Sahara transportierte, regnet es seit Jahrzehnten immer seltener. Auf den ersten Blick mag es purer Zufall sein, dass das Vordringen der Wüste mit der Zerstörung des Regenwaldgürtels zeitlich parallel verläuft, nicht aber auf den zweiten.

Botaniker und Klimatologen haben kürzlich eine spektakuläre Entdeckung gemacht: Das atmosphärische Geschehen über großen zusammenhängenden Urwaldregionen – wie dem Amazonas oder dem Kongobecken – bildet einen fast geschlossenen Kreislauf. 75 Prozent der gesamten Wassermenge befinden sich ständig im Umlauf. Nachdem dieses Wasser verdunstet ist, bildet es über dem Wald neue Regenwolken. So mächtig die Flüsse auch sind, die die großen Urwaldregionen entwässern, sie transportieren nur 25 Prozent der Wassermenge, die im Umlauf ist, zurück in die Ozeane. Der tropische Regenwald produziert das Klima, das seinen geschlossenen Nährstoffkreislauf und damit seine Existenz überhaupt ermöglicht, also selber. Diese Erkenntnis bietet eine ganz neue Erklärungsmöglichkeit für den Vormarsch der Wüste nach Zentral- und Westafrika.

Wahrscheinlich hat der atmosphärische Kreislauf Westafrikas ähnlich dem Amazoniens funktioniert: Die Wolken zogen mit ihrer Wasserfracht vom tropischen Atlantik nach Norden. Über dem Land kondensierte der Wasserdampf, versorgte als Regen den Wald und verdunstete wieder. Wie eine ge-

»Der Scheich unterzeichnete den Vertrag und machte uns dabei Hoffnung, dass der Sklavenhandel allmählich abgeschafft werden könne«

»Auf ewig« sollte der Handelsvertrag gelten, den Barth im Auftrage der britischen Regierung mit dem Herrscher des Bornu-Reiches am Tschadsee abschloss. Das Dokument wird auch als »das erste Entwicklungshilfe-Abkommen« interpretiert

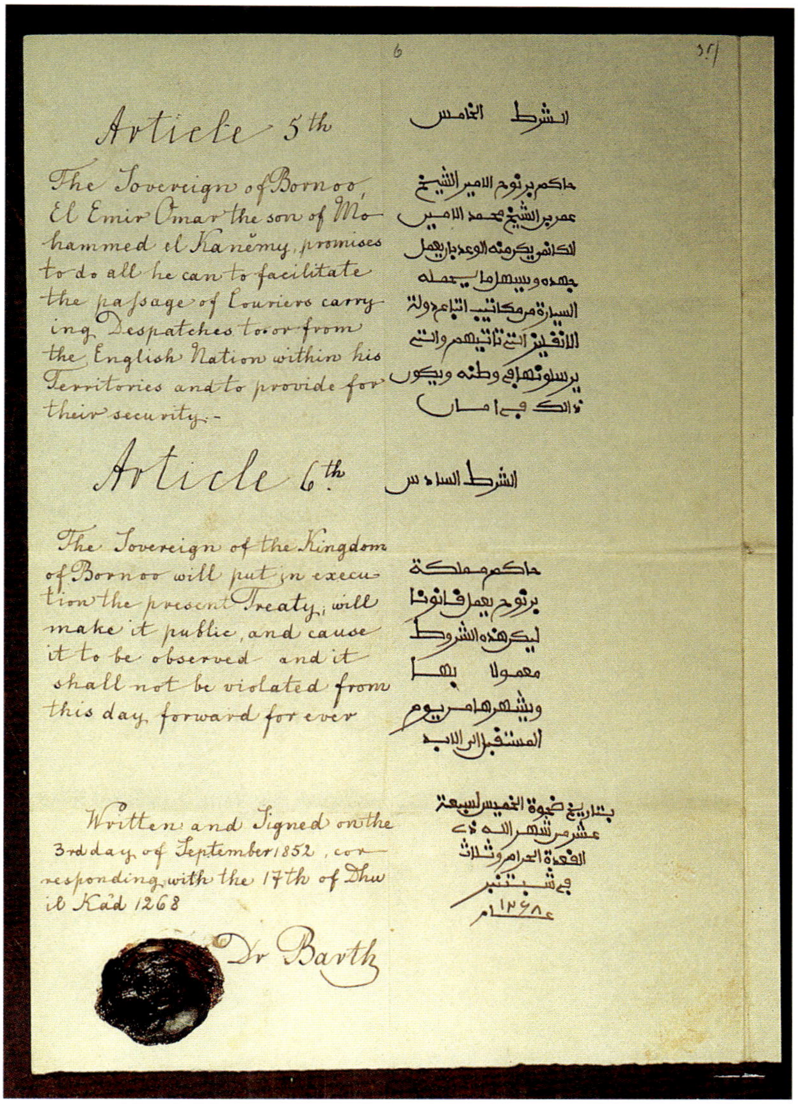
Article 5th الشرط الخامس

The Sovereign of Bornoo, El Emir Omar the son of Mohammed el Kanemy, promises to do all he can to facilitate the passage of Couriers carrying Despatches to or from the English Nation within his Territories and to provide for their security.-

Article 6th الشرط السادس

The Sovereign of the Kingdom of Bornoo will put in execution the present Treaty, will make it public, and cause it to be observed and it shall not be violated from this day forward for ever

Written and Signed on the 3rd day of September 1852, corresponding with the 17th of Dhu il Kad 1268

Dr Barth

waltige, sich wieder und wieder drehende Walze bewegte sich so der Wasserkreislauf weit nach Norden. Doch seit die Regenwälder weitgehend verschwunden sind, ist dieser Kreislauf, von dem auch der Südrand der Sahara profitiert hat, mehr und mehr zum Erliegen gekommen.

In Mopti am Niger erfahren wir, dass die direkte Piste nach Timbuktu unterbrochen ist. Die Fähre über den Fluss, 200 Kilometer weiter nördlich bei dem Ort Niafounke, hat ihren Dienst wegen des niedrigen Wasserstandes eingestellt. Auf einer Flussstrecke von fast 1500 Kilometern gibt es jetzt für Fahrzeuge nur noch eine einzige Möglichkeit überzusetzen, und die soll bei dem Ort Gourma-Rharous liegen.

Wir müssen, um Timbuktu erreichen zu können, abermals einen großen, schwierigen Umweg machen, der aber immerhin den Vorteil bietet, dass wir die Barthsche Route wieder kreuzen. Der selten befahrene, einsame Weg führt 400 Kilometer am Ostrand eines der größten Sumpfgebiete der Erde, dem Nigerbecken, entlang.

Infolge des geringen Gefälles bildet der Niger, der im Futa Djalon, einem Bergland in Guinea, nicht weit von der Atlantikküste entfernt entspringt, zusammen mit dem Bani ein riesiges, 40 000 Quadratkilometer bedeckendes Binnendelta, ein labyrinthisches System von Nebenwassern und großen Seen. Noch im Tertiär mündete der mächtige Strom in ein großes Binnenmeer westlich von Timbuktu. Als dieses Meer schließlich durch Erosion eines Nebentales, des Tilemsi-Flusssystems, angezapft wurde, verschaffte sich der Niger auf einem gewaltigen Umweg einen Abfluss in den Atlantik. So entstand der wohl merkwürdigste Verlauf eines Flusses.

Unser Umweg wird zur Irrfahrt. Die Dieselmotoren der Wagen sind mit über 100 PS gerade stark genug, uns durch die wieder aktivierten Sanddünen des Sahel zu bringen. Abgestorbene Akazien stehen auf ihren Wurzeln wie auf Stelzen. Der Boden ist einfach unter ihnen weggewandert.

Im Staubnebel, der von Tag zu Tag dichter zu werden scheint, verlieren wir bald die Orientierung. Unerwartet tauchen schemenhaft die Quadrate von Häusern und die

»Die zweite Wiederkehr des Erlösers aus aller irdischen Not, von der diese Gegenden in so bedeutendem Maße heimgesucht sind, erwartet man mit Inbrunst«

Am Ende des Weges steht für die Nomaden immer häufiger ein Flüchtlingscamp. Die neue Unterkunft ist ein Zelt, das nicht das ihre ist. Man versucht, es mit Resten der alten, oft prächtigen Habe auszuschmücken

Türme einer aus Lehm erbauten, festungsähnlichen Moschee vor uns auf.

Wir können den Ort auf unserer Karte nicht ausfindig machen und entdecken ihn dann auf einem anderen Plan, in dessen Bereich wir gar nicht haben vordringen wollen. Wir haben uns verfahren. Alles ist grau, die Wände der Häuser, die Geier auf den Türmen der Moschee, selbst die Menschen, die uns aus Häusern und Gassen zu Hunderten entgegenquellen. Hierher kommt sonst nie ein Fremder. Ich fühle mich wie Gulliver ins Land Liliput versetzt, die Bevölkerung scheint fast nur aus Kindern zu bestehen, oft mit den Gesichtern alter Leute, gezeichnet vom Kampf ums Überleben, staubverkrustet.

Ohne Felder, ohne Arbeit, relativ gut versorgt durch Hilfssendungen, vermehren sich die Menschen inmitten einer Umwelt, die eine trostlose Ödnis geworden ist. Am Rande des Dorfes steht wie zum Hohn ein kleiner Hain noch lebender Mangobäume. Ihre Wurzeln müssen einen Tiefenrekord aufstellen. Auf den Blättern lastet dick der Staub, als wäre sackweise Zement über sie geschüttet worden.

Im Sahel.
Not herrschte hier schon immer, aber nicht solche: Eine Familie vom Nomadenvolk der Fulbe flieht vor der herandrängenden Wüste. Die riesigen Lastwagen mit Getreide-Hilfslieferungen aus der EG, der heutigen EU, wirbeln Staubstürme auf den Pisten auf

Freundlich führen uns die Menschen auf den richtigen Weg, hinaus in den trockenen Nebel. Keine Spur mehr von den großen Elefantenherden, die hier noch vor zehn Jahren gelebt haben sollen. Auch keine Spur mehr von Sumpf oder gar von großen Seen. Ihr Grund ist zu feinem grauen Staub zerfallen, der sich unabsehbar dahinzieht. Klotzige Schädel von Flusspferden glotzen mich aus riesigen Augenhöhlen an.

Inmitten des Seebeckens Niangay sehe ich farbige Wimpel flattern. Ich fahre darauf zu, und sie erweisen sich als Stoff- und Plastikfetzen, als Vogelscheuchen, die ein paar Kürbispflanzen schützen sollen. Unter einem zwischen vier Pfählen aufgespannten Sackleinen, das ein wenig Schutz vor den Strahlen der Sonne bieten könnte, falls der Staubnebel eines Tages einmal weichen sollte, kauern sechs ausgemergelte Gestalten, drei Kinder, ihre Eltern und eine greise Großmutter. Es sind die einzigen Menschen weit und breit. Alles, was sie noch besitzen, sind eine Hacke, ein Schöpfgefäß für Wasser und ein halbes Dutzend kleiner Kürbispflanzen, die aus einem engen, tiefen Brunnen bewässert werden.

An anderer Stelle des ausgedörrten Niger-Binnendeltas haben wir gesehen, wie diese Brunnen gebaut werden. Weil der Durchmesser der Schächte möglichst klein zu halten ist, denn man muss tief hinab, wird die Arbeit von Kindern verrichtet. Während ein Junge sich tief unten durch die harten Lehm- und Tonschichten hackt, zieht ein anderer den Abraum in einer Blechdose nach oben. Sie verrichten ihre schwere Arbeit mit einer gespenstischen Präzision, wie lebende Bohrer, die absolut runde Schächte hinterlassen.

Behutsam hebt der Mann einen der Kürbisse aus dem Staub und hält ihn uns stumm entgegen. Diese Menschen sind nicht geflohen. Sie halten aus. Ich schaue sie an und werde das Gefühl nicht los, sie könnten jeden Augenblick ebenfalls zu Staub zerfallen. Wir tun das gleiche wie Millionen unserer Landsleute. In verlegener Hilflosigkeit drücken wir diesen Menschen Hemden, Hosen, Reis, Tomatenmark und mit Erdbeermarmelade gefüllte Kekse in die Hand. Dann fahren wir weiter. Im Rückspiegel sehe ich, wie uns die kleine Menschengruppe hinterherblickt, bis der Staubnebel ihre Gestalten verschluckt.

Ich denke an Heinrich Barth. Genau hier an den Ufern des einstigen Sees hatte er auf dem Wege von Hombori nach Timbuktu Station gemacht: „Wir wurden gastfreundlich behandelt und im Überfluss bewirtet, denn außer zwei ungeheuren Schüsseln oder flachen Trögen voll Reis und Fleisch, in einer Masse Butter schwimmend, welche für uns zubereitet wurden, schlachtete man für uns noch ein ganzes Rind. Die Stätte war sehr anmutig, und ich spazierte lange auf den Sanddünen umher, die mit einer reichlichen Menge Akazien geschmückt waren und eine interessante Fernsicht über den See eröffneten."

Auf seinem Weg von Sai über Hombori zum Nigerbecken durchzog Barth in den Monaten Juli und August aber auch Flecken großer Dürre. Auch auf dem Höhepunkt der großen Regenzeit fielen damals die Niederschläge also nur sporadisch und nur in einigen Gebieten. Der Sahel ist immer ein labiler Klimabereich gewesen. Die Menschen in den Dörfern, in denen der Regen ausgeblieben war, baten den Forscher um Fürsprache bei Allah. Längst war Barth der Ruf, Abd el-Kerim, Diener des Allerhöchsten zu sein, vorausgeeilt:

„Auf meiner ganzen Reise, seitdem ich Sai hinter mir gelassen, war ich wiederholt nach dem Erscheinen des Méhedi befragt

„Sie bewiesen uns viel Gastlichkeit und sandten uns zwei zubereitete Schafe und große Schüsseln mit Reis, der in einem Überschuss von Butter gekocht war"

Am See Niangay im Binnendelta des Niger. Der See existiert nur noch auf Landkarten. Die einst fruchtbare aquatische Landschaft – mit Reisfeldern, Flusspferden, Wasservögeln – ist fast ohne Leben. Genau an der Stelle, an der Barth das See-Ufer erreicht hatte, traf die GEO-Expedition eine der ganz wenigen Familien, die bislang nicht vor der Dürre geflohen waren

»Da schloss ich denn das arabische Gebet in ihrer eigenen Sprache mit der Formel: »Allah hokki ndian« – Gott möge Wasser geben«

Im Binnendelta des Niger. Es ist ausgetrocknet. Das Graben der Brunnen ist Kinderarbeit; denn man hält den Schacht, der sehr tief – hier schon fünf bis sechs Meter – getrieben wird, um so wenig Aushub wie möglich zu haben, so eng, dass nur ein Kind hineinpasst. Nachdem seit 1968 Regenfälle immer häufiger ausgeblieben sind, ist die Trinkwasserversorgung hier das Problem aller Probleme

worden; denn diese zweite Wiederkehr des Messiah, dieses Erlösers aus aller irdischer Not, von der diese Gegenden in so bedeutendem Maße heimgesucht sind, erwartete man mit Inbrunst, und besonders die armen Landleute sahen mit großen Augen auf mich, den aus dem Osten kommenden, sonderbaren, weißen Mann. Diese Tuareg aber konnten sich kaum enthalten, mich mit diesem ersehnten Propheten zu identifizieren."

Beim Ort Ssarayamo, an einem Nebenarm des Niger, bestieg Barth ein Boot zur Überfahrt nach Kabara, dem Hafen Timbuktus. Von jener Flussfahrt hinterließ er uns einen schwärmerischen Text, den einzigen dieser Art innerhalb der dreieinhalbtausend Seiten Sachlichkeit:

„Es war wirklich ein prächtiger Anblick; majestätisch lag der Spiegel des Flusses in der Abenddämmerung ausgebreitet, der Neumond uns gerade gegenüber, seinen schwachen Silberschein in schmalen Streifen über die Landschaft gießend, und dann und wann ein Wetterleuchten, durch den Horizont zuckend. Hoch erfreut über dies herrliche Schauspiel, saß ich auf dem gewölbten Mattendache unseres schwächlichen Fahrzeugs und schaute mit forschenden Augen über die gewaltige Wassermasse in nordöstlicher Richtung hinaus, wo das Ziel unserer Reise liegen sollte."

Timbuktu hatte den Europäern seit dem ausgehenden Mittelalter Anlass zu fantastischen Spekulationen gegeben. Die Stadt war einer der Forschungspole im unbekannten Inneren des dunklen Erdteils. Goldene Paläste und ein Zentrum afrikanischer Kultur wurden dort vermutet.

Nachdem um 1470 der Florentiner Händler Benedetto Dei als erster Europäer nach

»Eine ansehnliche Zahl großer Boote, die größten, die ich bis jetzt im Negerlande gesehen, alle mit Mattenkajüten, lag hoch auf dem Wasser«

Am Ufer des Niger. Mit solchen Booten, wie sie im Flusshafen der Stadt Mopti liegen, hat Barth den Niger befahren

Timbuktu gekommen sein soll, blieb die Stadt über Jahrhunderte für Christen unerreichbar. Erst 1826 gelangte der britische Major Alexander Gordon Laing, von den Arabern bewundernd „El Rais", der Anführer, genannt, in ihre Mauern; er wurde auf der Rückreise ermordet. Zwei Jahre darauf hatte der Franzose René Caillie von einer armseligen Ansammlung von Lehmbauten, vielen Ruinen und von einem permanenten Kleinkrieg der Stämme und einiger Familien in der Stadt um Macht und Einfluss zu berichten. 1853 betrat dann Heinrich Barth Timbuktu.

Wir erreichen die Stadt nach vier Tagen und 600 Kilometern Fahrt von Mopti aus und erlebten unsere Ankunft genauso, wie es Barth beschrieben hatte: „So näherten wir uns der Stadt; aber ihre dunklen, schmutzigen Tonmassen, die eben nicht von hellem Sonnenschein beleuchtet wurden – denn der Himmel war dick überzogen und die Atmosphäre mit Sand erfüllt –, waren kaum von dem Sande und dem rund umher aufgehäuften Schutte zu unterscheiden."

Ich empfinde die Stadt als ein Symbol für den klimatischen Niedergang eines ganzen Kontinents. In dem Maße, wie sich im Süden der Niger von der Stadt zurückzieht, dringt im Norden der Sand in sie ein, fegt durch Gassen und zerschmirgelt die grauen, toten Fassaden der alten Bürgerhäuser, von denen viele verlassen sind und langsam der Wüste anheim fallen. Selbst die Bäume im Innenhof der alten Sidi-Yahia-Moschee sind gestorben.

Barth, nach jahrelanger Wanderung erschöpft und oft von Fieberanfällen geschüttelt, hatte auf einen Ort gehofft, wo er in Ruhe und Sicherheit seine Studien betreiben konnte. Doch sein Erscheinen in Timbuktu heizte die Spannungen unter den vielfältigen Interessengruppen an und entfesselte lebensbedrohende Intrigen gegen ihn. Wieder erwiesen sich seine überragende Sprachkenntnis und sein Einfühlungsvermögen in afrikanische Mentalität und Kultur als seine „Schutzengel". Er konnte einen Gelehrten der Stadt, den angesehenen, aber nicht sehr mächtigen Scheich Achmed el-Bakay für sich und seine Sache einnehmen und erhielt von ihm eine sichere Unterkunft in einem seiner Häuser.

Kaum war die Anspannung gewichen, da zeigte sich, wie erschöpft Barth von all den körperlichen und seelischen Strapazen war. Er erlitt einen Zusammenbruch, von dem er sich aber schnell wieder erholte.

Hier vollbrachte er eine seiner großen wissenschaftlichen Leistungen. Lange Gespräche mit dem gelehrten Scheich und Studien in dessen Bibliothek ermöglichten es Barth, die Geschichte Timbuktus und damit die kulturelle Evolution großer Teile Nord- und Westafrikas zu rekonstruieren und sie Europa bewusst zu machen.

„Der Brunnen der Wächterin mit dem großen Nabel" – Tin Buktu – ist seit dem 12. Jahrhundert bekannt. Der Aufstieg jenes Rastplatzes der Tuareg, die mit ihren Herden zwischen der Wüste und dem Nigerfluss wanderten, begann Anfang des 14. Jahrhunderts unter Kankan Mussa, dem Herrscher des schwarzafrikanischen Großreiches Mali. Der Ort mit seiner verkehrsgünstigen Lage zu den Salzbergwerken von Teghaza wurde Drehscheibe des Handels; jedes Jahr, so berichtete der arabische Historiker Ibn Battuta, erreichten ihn 12 000 Kamele mit Stoffen, Salz und anderen Waren aus dem Norden. Goldstaub, Elfenbein, Leder und Sklaven kamen aus dem Sudan. Nach dem Machtverfall des Mali-Reiches seit etwa 1400 geriet Timbuktu immer mehr in die Abhängigkeit der Tuareg, die Tribut von der Stadt erpressten und sie 1435 besetzten. Die Konspiration der Ulema, der islamisch-geistigen Führer der Stadt, mit den Tuareg veranlasste Sonni

Mit der Ponton-Fähre überquert die GEO-Expedition den Bani, einen Niger-Nebenfluss. Auf weiten Strecken ist der Bootsverkehr auf dem Niger nicht mehr möglich. Der Wasserstand ist in wenigen Jahren drastisch gefallen

Ali, den Herrscher des nun aufstrebenden Songhay-Imperiums, zu einem Angriff.

Die Songhay sind ein schwarzafrikanisches Fischer- und Bauernvolk. Die Geschichte ihres Machtaufstiegs erfuhr Barth aus dem „Tariq es-Sudan", einem Werk des Historikers Abd er-Rahman as-Sadi, der 1596 in Timbuktu geboren wurde. Sonni Ali galt zeitlebens als erbitterter Gegner der islamisierten, hellhäutigen Tuareg und der Fulbe-Nomaden, die sich immer mehr nach Süden hin im Gebiet der dort sesshaften schwarzhäutigen Bauernbevölkerung ausbreiteten. Nach der Eroberung der Stadt ließ er ein Massaker unter den führenden klerikalen Familien Timbuktus anrichten.

Damit war der Konflikt zwischen den zugewanderten weißafrikanischen, berberischen Völkern, die die religiöse, geistige Elite stellten, und den alteingesessenen schwarzafrikanischen Völkern, die die politische Führung innehatten, offen ausgebrochen.

Nachfolger Alis wurde 1493 Askia Mohammed. Er war zuvor ein General Alis gewesen. Aber anders als dieser unterwarf sich der Muslim Mohammed ganz dem geistigen Führungsanspruch der Ulema. Unter seiner Regierung erlebten das Songhay-Imperium – dessen politisches Zentrum in Gao lag – und Timbuktu eine kulturelle Blütezeit. Die Gelehrten kehrten in die Stadt zurück. Eine Universität und Bibliothek entstand, an der auch die großen wissenschaftlichen und philosophischen Werke Europas ins Arabische übersetzt wurden. Timbuktu soll zu dieser Zeit 20 000 Studenten und 180 Koranschulen besessen haben. Alle Hochschullehrer hatten zugleich den Ruf großer Marabus. Wissenschaft und Religion galten wie in der europäischen Antike als Einheit.

Die Intrigen, die Barths Aufenthalt in Timbuktu auslöste, offenbarten ihm die Machtverhältnisse seiner Zeit. Es herrschte wieder nomadische Anarchie. Die Tuareg schnitten das Gras des Handelserwerbs kurz, sobald es sich wieder zeigte, und die Fulbe bedrängten die schwarzafrikanische, bäuerliche Bevölkerung. Gefahr drohte ihm vor allem von einem fanatischen Chris-

»Ich erfuhr, dass im Jahre 1640 eine große Überschwemmung einen ansehnlichen Teil der Stadt unter Wasser gesetzt habe«

Timbuktu ist längst zu einer elenden, armen Stadt verkommen. Auch der Garten der San-Kore-Moschee kann nicht mehr bewässert werden tenhasser, dem Fulbe-Scheich A'hmedu ben A'hmedu, der in Hamdallaye residierte, einem Ort, der auf Barths Karten 496 Kilometer südwestlich von Timbuktu eingetragen ist. Die Fulbe hatten Timbuktu und dessen Umland 1826 unterworfen. Seitdem mussten sie um den Besitz der wegen des noch immer einträglichen Salzhandels begehrten Stadt mit den Tuareg und ortsansässigen Machtgruppen kämpfen.

Barth notierte: „Das erste, was ich am Morgen des 8. September hörte, war, dass Hammadi, der Nebenbuhler und persönliche Feind El-Bakays, die Fulbe davon in Kenntnis gesetzt habe, dass ein Christ die Stadt betreten hätte, und infolgedessen hatte diese herrschende Klasse den Entschluss gefasst, mich zu töten." Er war drei Wochen in der Stadt, als eine schwer bewaffnete Abordnung des Fulbe-Oberhauptes eintraf und ultimativ die Auslieferung des „Christenhundes" verlangte. Die Lage wurde so bedrohlich, dass Barth zusammen mit El-Bakay zeitweilig aus der Stadt in die Wüste zu befreundeten Tuareg fliehen musste.

Schließlich, vielleicht weil jetzt auch El-Bakay eine Streitmacht hinter sich wusste, sublimierte sich der Konflikt in einem gelehrten Schriftwechsel zwischen ihm und A'hmedu ben A'hmedu, in dem Fragen von Religion und Macht mit philosophischer Subtilität erörtert wurden.

Nur Bruchstücke der alten Bibliothek Timbuktus haben die Jahrhunderte und die Termiten überlebt. Den spärlichen Rest retten die Saudis, indem sie der Stadt ein Insti-

„So brach endlich der Tag an, der mich nach monatelanger Anstrengung dem Hafen von Timbuktu zuführen sollte"

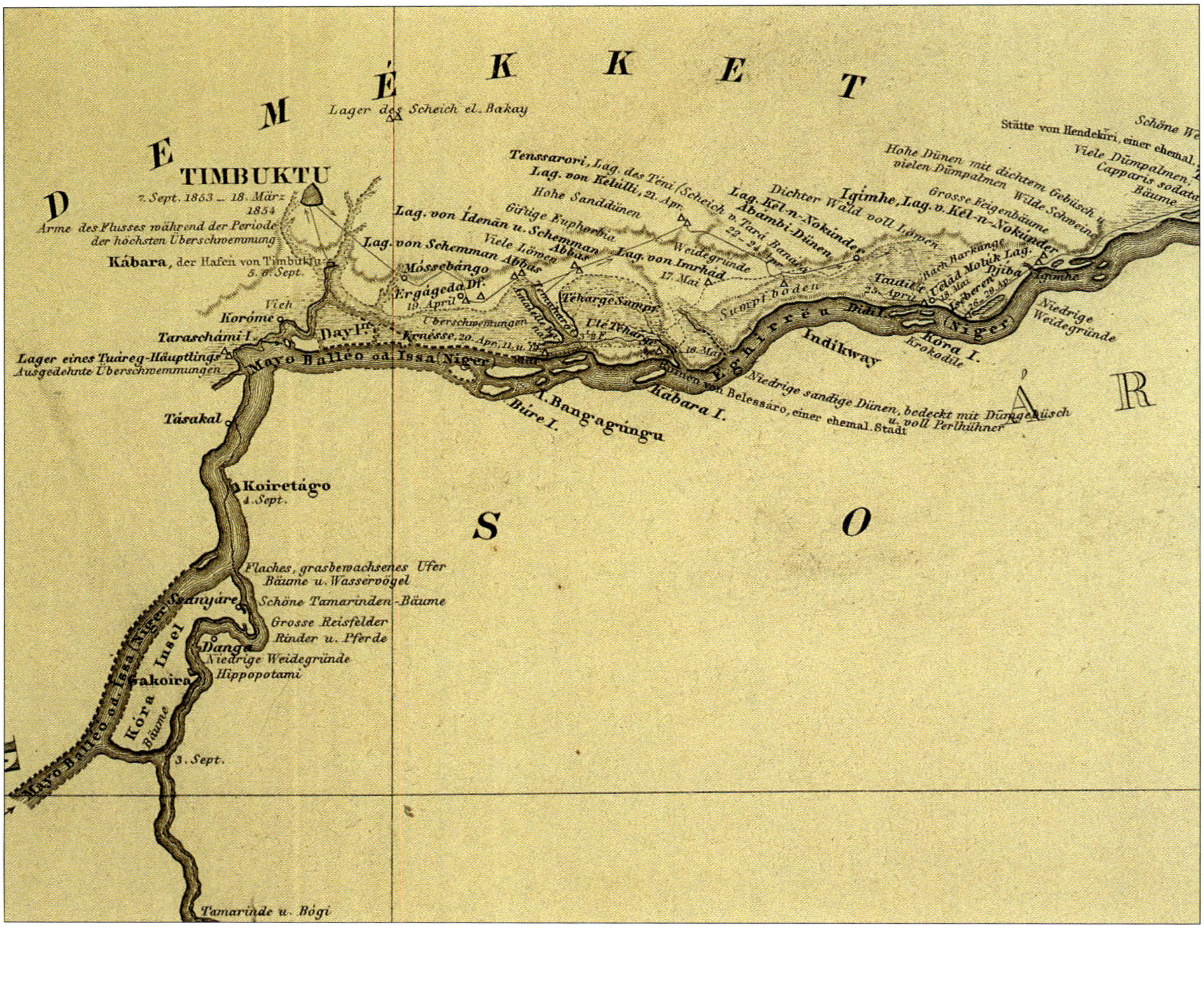

Timbuktu.
In der Karte zum Reise-Bericht Heinrich Barths ist eingetragen, wie lange der Forscher sich dort aufhielt, vom 7. September 1853 bis zum 18. März 1854

tut für Geschichtsforschung finanzieren. Dort treffen wir Ahmed Baba, einen afrikanischen Intellektuellen mit eindrucksvollen maurischen Gesichtszügen. Er ist ein Kenner Barths, weiß, welche Bedeutung sein Erbe für das heutige Afrika hat, und offenbart uns ein einzigartiges Dokument, einen Überrest jenes Schriftwechsels, einen achtseitigen Brief El-Bakays in Form eines blumenreichen Poems an seinen Widersacher A'hmedu, in dem er zur Toleranz gegenüber den Christen aufruft. Baba rechnet es zu den Meisterwerken arabischer Literatur.

Während Barth in Timbuktu weilte, trafen immer mehr beunruhigende Nachrichten über den Vormarsch der Franzosen in Algerien ein. Sie unternahmen einen Vormarsch auf die großen Oasen Ouargla, Metlili und El Golea. Es war, so fürchteten die Bewohner Timbuktus, nur noch eine Frage der Zeit, bis die verhassten Fremden vor ihrer Stadt standen. Das alles schürte natürlich neues Misstrauen gegen den Forscher. „Dies brachte auch den starken Verdacht gegen mich auf, indem die Leute nur zu leicht dazu verleitet wurden, zu glauben, dass mein Besuch ihres Landes mit dem Vordringen der Franzosen in Beziehung stände."

El-Bakay entwickelte den Plan, ein vereinigtes Tuareg-Heer aufzustellen und die Franzosen im fernen Ouargla anzugreifen. Barth, der die Überlegenheit der europäischen Waffen kannte, gelang es nur mit großer Mühe, seinem Beschützer dieses selbstmörderische Unternehmen auszureden. Selbstbewusst schrieb El-Bakay nun

»So erreichten wir das dem Scheich gehörende Haus, das mir zur Wohnung bestimmt war, und ich war froh«

Im festungsgleichen Haus, hinter meterdicken Mauern, steht im Innenhof sein heutiger Besitzer, ein malinesischer Kaufmann. Barth hat dort die Geschichte der Stadt studiert und die Sprachen der vielen in und um Timbuktu lebenden Völker in Wörterbüchern aufgezeichnet. Der Kronleuchter erinnert an den ehemaligen Reichtum der Stadt

„Ich wage zu hoffen, dass die Deutsche Morgenländische Gesellschaft meinen edlen und gelehrten Beschützer zum Ehrenmitgliede erhebt"

Im historischen Institut in Timbuktu. In einem von zwei Schränken mit den Überbleibseln der einst berühmten Bibliothek wird der Schriftwechsel aufbewahrt, den Barths Eintreffen in der Stadt ausgelöst hatte. Scheich Achmed el-Bakay rief zur Toleranz gegenüber dem Christen auf. Einen Auszug daraus hat der Historiker Achmed Baba für GEO ausgewählt

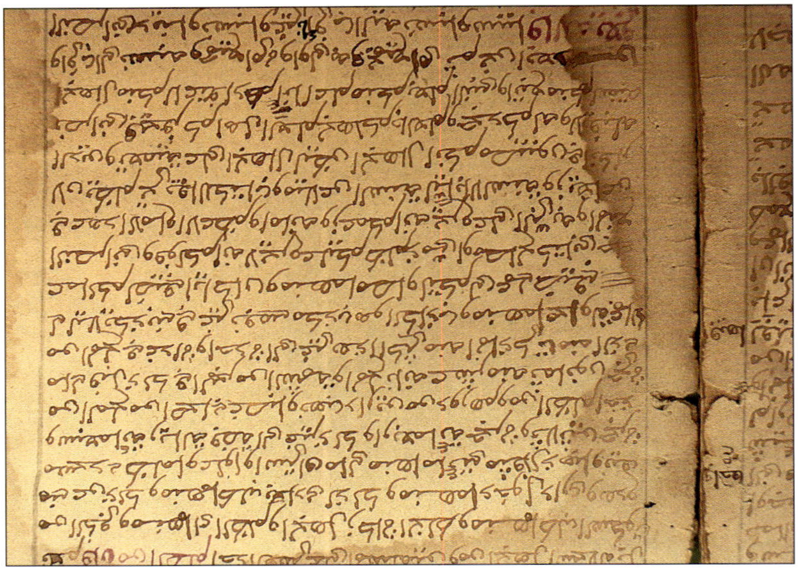

an die Franzosen; er verbot ihnen, weiter ins Innere Afrikas vorzudringen.

Als erster Europäer erlebte Heinrich Barth – sozusagen auf der anderen Seite der Front – die frühkolonialistische „Erschließung Afrikas" und die verzweifelte Ohnmacht der Betroffenen und hat darüber einzigartige historische Dokumente hinterlassen. Mit dem Vordringen der Europäer, das gleichgesetzt wurde mit dem Vordringen des Christentums, war der Islam herausgefordert, dessen Allgemeingültigkeit nicht als Religion, sondern auch als allgemeine Lebensnorm angefochten zu sein schien.

In Timbuktu erhielt Barth endlich wieder Post aus Europa. Sie war zwar länger als ein Jahr zunächst mit Karawanen auf der Bornu-Straße nach Kukaua und von dort mit Händlern nach Timbuktu unterwegs gewesen; aber die Tatsache, dass sie überhaupt ankam, ist schon erstaunlich. Ihm wurde mitgeteilt, dass zu seiner Verstärkung ein junger deutscher Gelehrter, Dr. Eduard Vogel, auf dem Wege nach Kukaua sei. Auch Barth schrieb später nach Hause und sandte dem britischen Außenministerium wieder einen umfangreichen Erkundungsbericht. Doch diese Sendung sollte länger als zwei Jahre unterwegs sein.

Längst hatte sich daheim das Gerücht verbreitet, auch Heinrich Barth sei ums Leben gekommen. In der deutschen Presse erschien sogar ein Nachruf. Als Barth auf der Reise davon erfuhr, schrieb er in sein Tagebuch: „Das muss ein gewaltiger Tod sein, der mich zu Boden zwingt."

Nach zwei Jahren kehrte er von Timbuktu an die Ufer des Tschadsees zurück, wo er mit Dr. Vogel zusammentraf. Nach kurzer fruchtbarer Zusammenarbeit trennten sich die Wege der beiden Forscher wieder. Vogel wurde, was Barth erst 1857 erfuhr, in Wara, nordöstlich des Tschadsees, ermordet. Barth zog allein mit einer Karawane auf der Bornu-Straße nach Tripolis. Am 6. September 1855 traf er als einziger europäischer Überlebender der sechs Jahre zuvor gestarteten „Zentral African Mission" wieder in London ein, am Ausgangspunkt seiner Reise.

Seine Heimreise glich nahezu einem Triumphzug. Endlich war der Verschollene aus einem Gebiet der Erde zurückgekehrt, in dem seit dem Gründungsjahr der „Association for Promoting the Discovery of the Interior Parts of Africa" 60 Europäer ihrem Forschungs- und Entdeckungseifer zum Opfer gefallen waren.

Aber der Rausch des Erfolgs sollte nicht lang währen. In der Heimat, deren Verhältnissen er völlig entfremdet war, fielen die Neider über ihn her. Sie bezweifelten seine Taten und Leistungen; und Barth, für den als Maß aller Handlungen allein der eigene Wille gegolten hatte, war kaum fähig, sich zu wehren. In Europa konnte es einfach niemand begreifen, was es bedeutete, 15 500 Kilometer auf sich allein gestellt durch unerforschte Regionen zu ziehen.

Während Barth noch auf der Bornu-Straße nach Norden zog, hatten Großbritannien und Frankreich begonnen, erste Interessengebiete abzustecken. Timbuktu wird später Beute der Franzosen. Barth erkannte, dass man ihn für machtpolitische Ziele benutzt und missbraucht hatte. Ungewollt war er zum Wegbereiter des Kolonialismus geworden.

Tief traf ihn auch die Ablehnung der Berliner Akademie der Wissenschaften, deren korrespondierendes Mitglied er war, ihn zum ordentlichen Mitglied zu ernennen. Er war für die philosophisch-historische Abteilung vorgeschlagen worden. Aber nun hieß es, dass er, der Sprachen und Geschichte unbekannter afrikanischer Völker erforscht und aufgezeichnet hatte, auf diesem Gebiet noch zu wenig geleistet habe. Erst 1863, acht Jahre nach seiner Rückkehr, erhielt er die erhoffte Professur für Geographie an der Universität Berlin.

Im Oktober 1865 erfuhr er vom Tode seines Freundes El-Bakay in Timbuktu. Wenig später, am 25. November desselben Jahres, ist Heinrich Barth, erst 44 Jahre alt, in Berlin gestorben. Die Folgen des Kolonialismus musste der große Freund Afrikas nicht mehr miterleben.

Wir folgen den Spuren Barths von Timbuktu zum Tschadsee, ohne indes nach Kano zu gelangen. Die Grenze nach Nigeria ist nach wie vor geschlossen. Vom Tschadsee, der bis auf eine winzige Pfütze im Süden ebenfalls der Trockenheit zum Opfer gefallen ist, treten wir die Rückreise an, und das bedeutet zunächst fast 1000 Kilometer schwierigste Geländefahrt durch das Sandmeer des Erg von Bilma. An seinem Südrand, genau auf der alten Bornu-Straße, liegt die kleine Nomadenschule südlich von Ngourti.

Ja, Heinrich Barth, den kenne er, versichert der Lehrer, und er weist nach Norden, so als sei der Forscher gerade erst vorbeigezogen. Seinen Schülern, die sich für uns zu einem Gruppenfoto aufstellen und für die wir wohl die ersten Europäer sind, die sie zu Gesicht bekommen, werde er nun von den Taten und Leistungen unseres Landsmannes berichten.

Während der achttägigen Fahrt durch die Wogen des Sandmeeres habe ich Gelegenheit, über das Vermächtnis Barths und den Kolonialismus nachzudenken. Afrika hatte in nur etwa einhundert Jahren einen beispiellosen klimatischen Niedergang erfahren. Doch ich halte es für ein weit verbreitetes Vorurteil, dass die Europäer Afrika im großen Ganzen einfach ausgebeutet haben. Zumindest in weiten Teilen der von Frankreich annektierten Regionen gab es nicht viel zu holen. Viel verhängnisvoller war die durch die Fremdherrschaft rasch voranschreitende Zerstörung alter wirtschaftlicher wie sozialer Strukturen, die den Möglichkeiten des Kontinents angepasst gewesen waren. Die massiven Eingriffe europäischer Medizin und später der Entwicklungshilfe sowie die Urwaldzerstörung brachten das ökologische Gefüge eines ganzen Kontinents ins Wanken und begünstigten die Ausdehnung der Wüste.

Aber nahmen die Europäer nicht andererseits in vielen Fällen die Geißel schwerer Krankheiten von den Menschen? Und haben sie nicht weitgehend eine andere uralte unmenschliche afrikanische Struktur beseitigt, die Sklavenhaltung? Kritiker werfen dennoch ein, alte Missstände seien nur durch neue ersetzt worden.

Aber: Sind die alten Strukturen in einer Welt, die mehr und mehr durch internationale Wirtschaftsverflechtungen beherrscht wird, zugunsten Afrikas zu rekonstruieren? Ich denke, Barths Vermächtnis muss für uns heute sein, den Afrikanern zurückzugeben, was ihnen seither verloren gegangen ist und was Heinrich Barth wie kein anderer überliefert und vor dem Vergessen bewahrt hat.

Seine Forschungen, besonders über die Geschichte Timbuktus, belegen vor allem, dass die Konfrontation zwischen „Weiß" und „Schwarz", zwischen Nord und Süd, schon lange vor der Kolonialzeit geherrscht hat – mitten im Kontinent, im Sahel, dort wo die berberischen Völker mit den alteingesessenen schwarzen Afrikanern zusammentrafen und zusammenlebten.

Auf den Spuren von Heinrich Barth begriff ich, wie sehr die Welt ein Komplex mit einander bedingenden Elementen ist und was der große Alexander von Humboldt meinte, als er über Heinrich Barth sagte: „Er schloss uns einen Weltteil auf." □

her des 19. Jahrhunderts war der Tschadsee die Mitte Afrikas, die es zu erreichen galt. Hier vermut

DAS TROCKENE MEER

n die Quellen des Nils. Bald jedoch erwies sich der See als versumpfter Überrest eines riesigen Binnenm

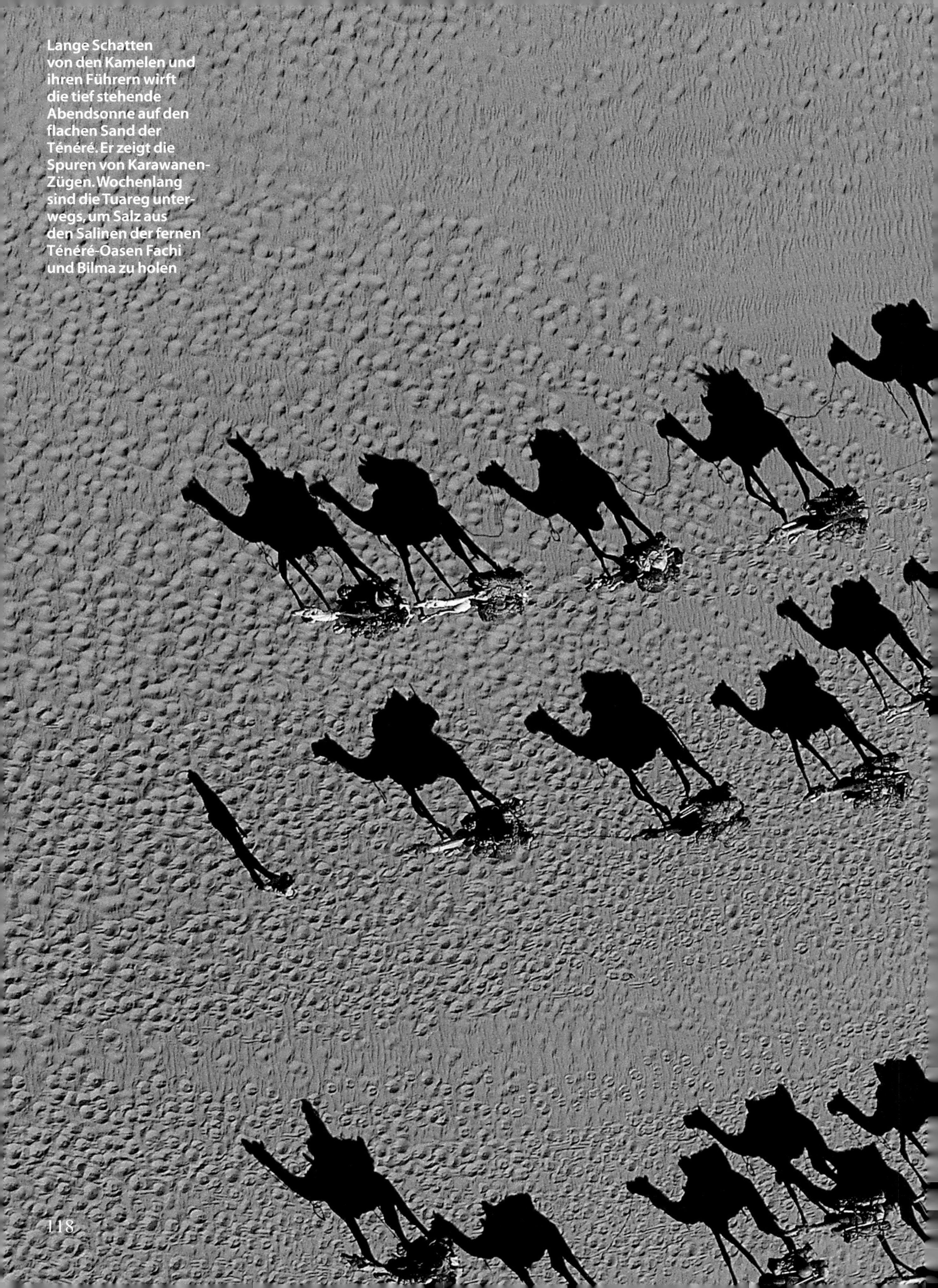

Lange Schatten von den Kamelen und ihren Führern wirft die tief stehende Abendsonne auf den flachen Sand der Ténéré. Er zeigt die Spuren von Karawanen-Zügen. Wochenlang sind die Tuareg unterwegs, um Salz aus den Salinen der fernen Ténéré-Oasen Fachi und Bilma zu holen

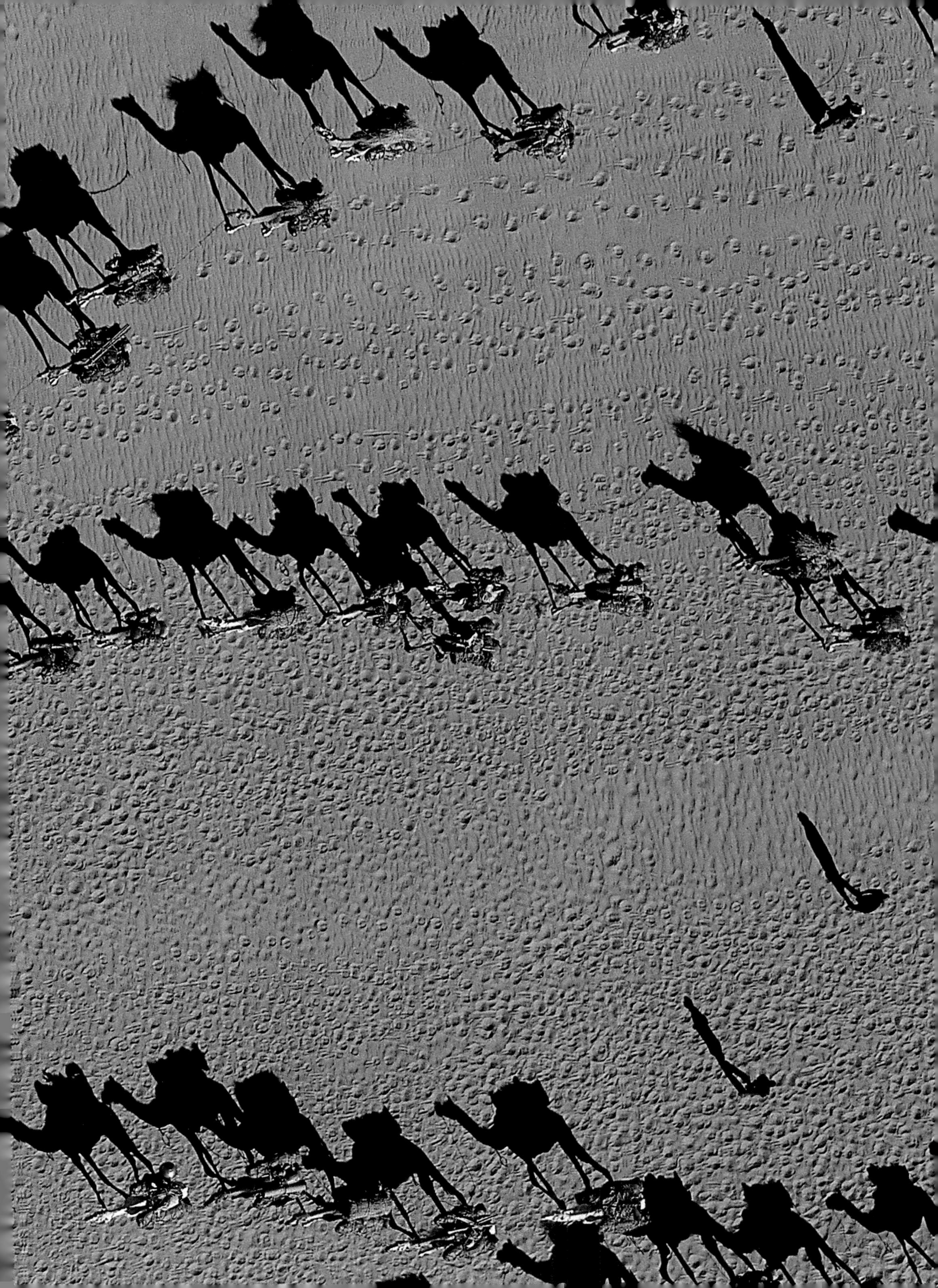

Als das Binnenmeer ausgetrocknet war, füllte sich das Becken mit Sand. Die Dünenketten des Erg von Bilma entstanden, als der beständig aus Nordosten wehende Passat seine Sandfracht im Windschatten von Inselbergen, aber auch von großen steinzeitlichen Grabanlagen (im Vordergrund) ablagerte. Und im Lee der ersten Düne bildet sich dann die nächste und so weiter. So wuchs eine Ordnung, die sich aus sich selbst erhält; Dünenketten, die sich über Hunderte von Kilometern erstrecken

Das ausgetrocknete Tschadmeer-Becken ist eine große Vogelfalle.
Mumien von Störchen, Pelikanen und zahlreichen anderen Wasservogelarten finden sich allenthalben.
Oft lassen sich die Spuren ihres Todeskampfes auf dem Sand nachvollziehen, wie bei dem Purpurreiher (großes Bild).
Nachdem er verdurstend gelandet war, kroch er auf Beinen und Flügeln weiter. Später hat ein
Wüstenfuchs den Kadaver geplündert und ihn dabei über den Boden geschleift

Der flache Rest
des oft in Staubwinde
gehüllten Binnenmeeres
ist noch immer ein
fischreiches Gewässer.
Die Fischer befahren
es mit aus Papyrus ge-
flochtenen Flößen

6. 1. 1985 bis 9. 2. 1985

Ein gewaltiger Schlag stoppt meinen Landcruiser. Unser einheimischer Guide, der zwischen mir und meinem Beifahrer Konrad Heinzelmann sitzt, knallt mit dem Kopf gegen die Windschutzscheibe. Dann ist es vollkommen still, der Motor läuft nicht mehr, und das kann in dieser Weltgegend den größten anzunehmenden Unfall bedeuten.

Während sich Konrad um den Guide bemüht, der aber sehr schnell bekundet, dass ihm nichts passiert sei, springe ich aus dem Auto hinaus in das gleißende weiße Licht, das alle Konturen und Formen zerstrahlt, und erkenne, dass ich gegen den steilen Leehang eines hohen Dünenrückens geprallt bin. Tief hatte sich das tonnenschwere, mit 200 Liter Wasser, 400 Liter Dieseltreibstoff, Proviant und sonstiger Expeditionsausrüstung überladene Fahrzeug in den Sandhang hineingebohrt, wie ein Schiff, das auf einer Klippe gestrandet war.

Ich halte Ausschau nach dem zweiten Fahrzeug mit meinen Gefährten Uwe Karstens, Urs Böhlen und Luzia Benz. Wie der Fliegende Holländer taucht es, verzerrt durch Luftspiegelungen und heiße wallende Luftschichten, als winziger Punkt fern im Süden auf. Die bloße Existenz des zweiten Autos bedeutet in dieser Landschaft, in der die Kraft der Beine nicht allzu weit trägt, eine Lebensversicherung.

Ich betätige den Anlasser. Der Motor springt an. Wie herrlich ist es, sein Geräusch zu hören. Ich lege den Rückwärtsgang ein und wühle mich langsam aus dem Sand heraus. Nichts ist gebrochen, abgeschert oder verbogen. Der schräge, nachgiebige Sandhang hatte den Landcruiser wie ein Polster aufgefangen. Der lang gestreckte Dünenrücken, in den ich hineingefahren war, war ein Vorbote des großen Erg von Bilma in der zentralen Südsahara. Er gehört zu den ausgedehntesten Sanddünenmeeren der Erde, und wir schickten uns an, ihn zu durchqueren.*

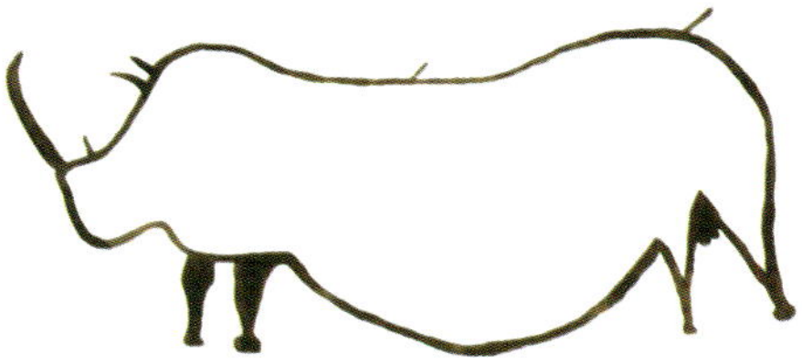

Am Abend desselben Tages fuhren wir in die kleine unbewohnte Oase Dibella ein. In einer von Nomaden ausgewühlten Grube, am Fuße einer Palmengruppe, sickerte Wasser aus dem sandigen Grund hervor. Bis zur Oase Zoo Baba, inmitten des Sandmeeres, mehrere Tagesreisen von hier entfernt, würde es kein Wasser mehr geben. Doch wir konnten auf die brackige Brühe verzichten.

Zwei Tagesreisen zuvor im Süden, hatten wir in dem kleinen Militärposten Ngourti alle verfügbaren Kanister mit dem reinsten und köstlichsten Wasser gefüllt, das ich in Afrika bis dahin getrunken hatte. Da wir ein Empfehlungsschreiben der nigrischen Regierung vorweisen konnten, hatte Mai Manga, der liebenswürdige Postenchef, unsere Tanks außerdem mit Treibstoff voll laufen lassen. Damit war eines der schwierigsten logistischen Probleme in diesem entlegenen Teil Afrikas gelöst. Mai Manga hatte uns auch in Ngourti den ortskundigen Führer vom Volk der Tubu besorgt und über Funk ins ferne Bilma am anderen Ufer des Sandmeeres übermittelt, dass zwei Autos mit sechs Menschen dorthin unterwegs seien.

Während ich mich im warmen Sand neben meinem Auto ausstreckte, faszinierte mich, dass hier in Dibella vor über 100 Jahren bedeutende deutsche Afrikaforscher gelagert hatten. Heinrich Barth hatte hier auf dem Heimweg von seiner großen Expedition Station gemacht, und ein paar Jahre später – 1870 – hatte hier Gustav Nachtigall sein Lager aufgeschlagen. Nachtigall sollte im Auftrag des preußischen Königs Wilhelm I. Scheich Omar, dem Herrscher des schwarzafrikanischen Königreiches Bornu an den Ufern des Tschadsees, fürstliche Geschenke überbringen als Dank für den Schutz und die materielle Unterstützung, die dieser den deutschen Forschungsreisenden Barth, Overweg, Vogel, von Beurmann und Rohlfs so großmütig gewährt hatte.

Vielleicht hatten im Schatten derselben Palmengruppe, unter der wir rasteten, der vergoldete, mit rotem Samt bezogene Thronsessel, die Standuhr, das auf der langen Reise leiser gewordene Harmonium und die in Gold gerahmten lebensgroßen Bildnisse Wilhelms, Königin Augustas und des Kronprinzen Friedrich Wilhelm gestanden.

Jahrhunderte hindurch hat das große Wasser Tsade, wie der Tschadsee in der Sprache der hier siedelnden Bornu heißt,

* Während der Expedition, auf der wir der Reiseroute Heinrich Barths gefolgt waren

Die Ausdehnung des heutigen Tschadsees schwankt von Jahr zu Jahr in Abhängigkeit von der Wassermenge, die der Schari von Süden heranführt. In Trockenzeiten graben die Menschen Brunnen in den Seegrund

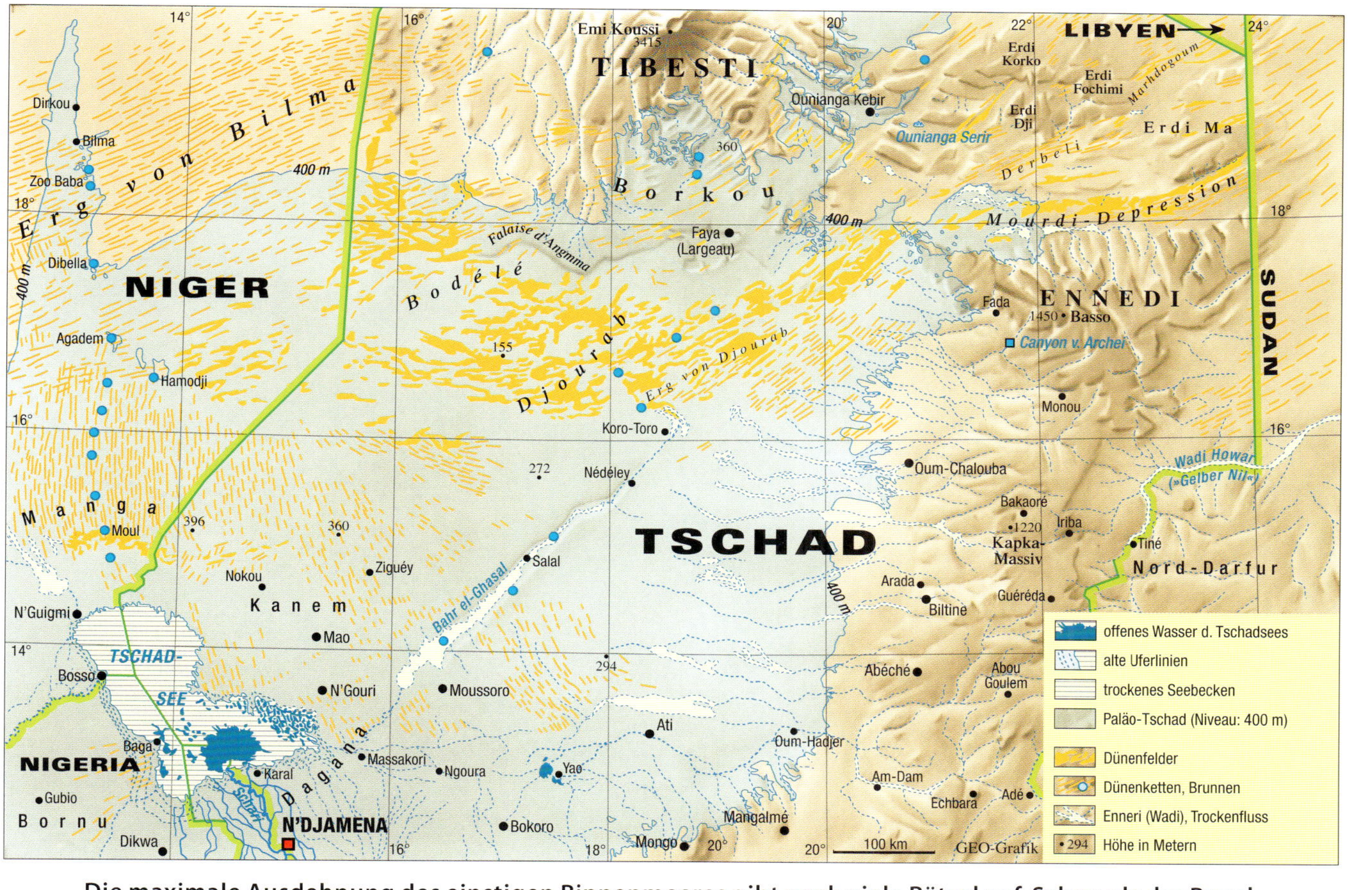

Die maximale Ausdehnung des einstigen Binnenmeeres gibt noch viele Rätsel auf. Schon als der Pegel einst 300 Meter überstieg, flossen die Wasser in den Atlantik ab. Wie konnte das Niveau des Gewässers noch viel höher steigen, wie es alte Uferlinien in fast 400 Meter Höhe belegen? Es wird vermutet, dass in dem riesigen Tschadbecken ein System von Seen unterschiedlicher Höhe existierte, die durch mächtige Sandbarrieren getrennt und aufgestaut waren. Auch der heutige Restsee ist nicht in die tiefste Stelle des Beckens, in die Bodélé-Djourab-Senke, ausgeflossen. Riesige Dünenfelder im Norden haben auch ihn aufgestaut die Fantasie der Europäer beschäftigt. Die Forscher des 19. Jahrhunderts zog er an wie ein Magnet. Sie versuchten unter gewaltigen Anstrengungen die Kenntnis über die Gewässer des schwarzen Erdteils zu vertiefen. Über sie versprach man sich besseren Zugang ins Innere des gewaltigen Kontinents als mit den mühseligen und zeitaufwendigen Überlandexpeditionen.

Zunächst vermutete man, dass der Tschadsee irgendwie mit dem Nil in Verbindung stehe, ja vielleicht sogar eine seiner Quellen sei. Viel Wunderliches wurde von diesem Gewässer berichtet. Es sei ein wandernder See, unnahbar, auf schwimmenden Inseln lebten amphibische Menschen.

Von dem sagenumwobenen See im Herzen Afrikas wussten schon die römischen Offiziere im nordafrikanischen Palus Libya. Indes waren die ersten Europäer, die ihn erreichten, höchstwahrscheinlich Teilnehmer einer englischen Expedition, die 1822/24 unterwegs war.

Fast 30 Jahre später befuhren die aus Hamburg stammenden Forscher Heinrich Barth und Adolf Overweg den See, an dessen Ufer es von Elefanten, Flusspferden, Krokodilen, Gazellen und zahllosen Vogelarten wimmelte, aber auch von Fieber bringenden Moskitos, mit einem zerlegbaren Mahagoniboot, das sie durch die ganze Sahara auf Kamelen hierher gebracht hatten. Barth und Querweg identifizierten das Gewässer als einen Endsee im oberirdisch abflusslosen Bereich einer ausgedehnten Niederung. Die Flüsse Schari und Logone im Süden und Komadougou im Westen führten ihm während der sommerlichen Regenzeit Wasser zu, das während der Trockenzeit zum großen Teil wieder verdunstete.

Die Folge waren ausgedehnte Schwankungen des Seespiegels. Mitunter ergossen sich solche Wasserfluten aus Schari und Logone, dass sich die Seefläche verdoppelte und die Dörfer im Süden des Sees zu Inseln wurden, deren Bewohner nun auf Boote angewiesen waren, die sie sich aus Papyrus flochten. Bei hohem Wasserstand bildet dieses Nilgras ausgedehnte schwimmende Inseln, die im See umhertreiben.

Die Bewohner des Seebeckens passten ihre Lebensweise flexibel dem Wasserstand

Eine nigerianische Militärpatrouille kontrolliert den Pegelstand inmitten des Tschadsees. Wiederholt ist es zwischen Nigeria und dem Tschad zu kriegerischen Auseinandersetzungen um den Besitz trockengefallener Sandbänke gekommen

Auf Holzbrettern und Kalebassen schwimmend, führen die Hirten ihre Herden zu neuen Weiden, die sich bei sinkendem Wasserstand auf den Schlammbänken bilden

Der schwankende Wasserstand zwingt die Bewohner der Tschadseeregion zu ständiger Wanderschaft. Auf dem Reitochsen dieser Kanuri-Frau findet auch ihre gesamte Habe Platz, einschließlich der Matten ihrer Behausung und ihrer Schwimmkalebasse des Sees an. Mal lebten sie als Fischer und Jäger, mal als nomadisierende Rinderzüchter, oder sie betrieben Ackerbau auf dem fruchtbaren Bodenschlamm ausgetrockneter Seebereiche. Als Barth die Region bereiste, hatte der See gerade einen sehr hohen Wasserstand. Er war Zeuge von Bemühungen des Scheichs Omar, seine 25 Kilometer vom „Normalufer“ des Sees entfernt liegende, damals aber von Überflutung bedrohte Residenz Kuka durch eine Neugründung auf sicherem Boden zu ersetzen.

1854 stellte der Naturforscher Eduard Vogel, den man Heinrich Barth zur Unterstützung nachgesandt hatte, fest, dass von den Tuburisümpfen aus, 350 Kilometer südöstlich von Kuka, Wasser vom Logone zeitweilig nicht nur nach Norden zum Tschadsee, sondern auch nach Südwesten abfloss.

Auch Barth war von Kuka aus weit nach Süden vorgedrungen, und es war ihm dabei gelungen, den Benuë, einen Nebenfluss des Niger, zu erreichen, den die Einheimischen Tschadda nannten, weil sie ihn fälschlicherweise für einen Zufluss des Tschadsee hielten. In Wirklichkeit strömten, so fand Barth heraus, die Wasser des Logone bei Hochwasser nicht nur nach Norden zum Tschadsee, sondern über Rinnen und Felshänge auch in den Mayo Kebbi, einen Quellfluss des Benuë, und damit über den Niger in den Atlantik. Die Geographen nennen eine derartige Verbindung zwischen zwei Flusssystemen, die Alexander von Humboldt auch in Südamerika zwischen dem Orinoko und dem Amazonas-Flusssystem entdeckt hatte, eine Bifurkation.

Gustav Nachtigall schließlich gelang es, den Bahr el-Ghazal – den Gazellenfluss – zu erreichen, ein breites Trockental, das sich von der Ostseite des Tschadsees ausgehend nach Nordosten in eine weite, Bodélé-Djourab genannte, Senke erstreckte. War es ein Zufluss oder ein Abfluss des Tschadsees? Strömte hier einst ein Fluss ins Innere der Sahara? Alte Leute erzählten Nachtigall von einem Wasserlauf, den ihre Vorfahren noch mit Booten befahren hätten.

Der Forscher durchzog den tschadnahen Teil des Bahr el-Ghazal, in dem er die Knochen großer Fische fand, bis in die Bodélé-Djourab-Senke, wo er nur mit Hilfe eines Aneroids und eines Kochthermometers feststellte, dass diese etwas mehr als 100 Meter unter dem Niveau des Tsade lag. Er erkannte als erster, dass sich ein gewaltiges Becken zwischen dem Tschadsee und dem Tibesti-Gebirge erstreckte, in dem vor gar nicht langer Zeit ein riesiges Binnenmeer gewogt haben musste.

„Wenn man die Abdachung der ganzen Gegend von Kanem ab nach Nordosten in Betracht zieht, wenn man bedenkt, dass das nördliche Bodélé noch erheblich unter dem Niveau des Tsade liegt, endlich die übereinstimmenden Aussagen aller ortskundigen Leute, welche das sichere Urteil der Wüstenbewohner über topographische Verhältnisse haben, hinzunimmt, so kann man sich, bei den vorhandenen Beweisen einer wahrscheinlich in jüngster Zeit daselbst erloschenen Wasserfauna, der Überzeugung nicht verschließen, dass wir es hier mit einer ungeheuren Mulde von etwa 100 000 Quadratkilometern Oberfläche zu tun haben, die früher vom Tsade aus durch die Vermittlung des Bahr el-Ghazal mehr oder weniger gefüllt wurde. Damals war also die ganze Gegend von Egeï bis über einen Teil von Borkou hinaus mehr oder weniger vom Wasser bedeckt, eine mächtige Lagune wie der Tsade selbst.“

Als das Klima trockener wurde, zog – so folgerte der Forscher – sich dieses Binnenmeer auf den Restsee vor der Mündung des Schari und Logone zurück, dessen Überlauf in Richtung Nordosten allmählich wandernde Sanddünen verstopften. Der See wurde zum „matt schlagenden Herzen Afrikas“. Reisende, die von dem See nicht viel mehr als sich unabsehbar ausbreitende Sümpfe zu Gesicht bekamen, drückten es weniger poetisch aus. Sie sprachen von „dem pestilenzialischen Kadaver eines Sees in voller Verwesung“.

In der zweiten Hälfte des 19. Jahrhunderts teilten die damaligen europäischen Großmächte England, Frankreich und Deutschland den Tschadsee untereinander auf. Deutschland erhielt einen Sektor im Südteil des Sees – im Norden seiner Kolo-

Im Erg von Bilma. Wo die beiden Landcruiser der GEO-Expedition im Niger eine der größten Sandwüsten, arabisch »Erg«, durchqueren, gingen noch zu Barths Zeiten tropische Gewitter nieder. Die Blitze schlugen Röhren in den Boden. Der darin zusammengeschmolzene Sand, mittlerweile freigeweht, bildet bizarre Skulpturen

Um im losen Sand voranzukommen, vollzieht die Nashornviper in fließend wechselnder Abfolge komplizierte Körperwindungen

Die mikroskopisch feine Silberbehaarung der Aluminiumameisen reflektiert die lebensbedrohende Sonnenstrahlung

Das im Verhältnis zur Körpergröße riesige Auge von Petri's Dünnfinger-Gecko verrät, dass es für das Sehen in der Nacht geschaffen wurde. Sehen auch am Tage ermöglichen zwei Lochblenden, die die Pupille bei starker Helligkeit fast völlig abdecken. Kamm-artig vorstehende Schuppen am Fuß verleihen Halt beim Laufen über den Dünensand

nie Kamerun. Um – zumal gegenüber Großbritannien – auch im Inneren Afrikas Flagge zu zeigen, träumten die Kolonialherren unter Bismarck sogar von einer deutschen Flottille auf dem fernen Gewässer. Doch die wieder zunehmende Trockenheit machte solche Pläne obsolet und verhinderte so vielleicht eine Seeschlacht auf dem Tschadsee während des Ersten Weltkrieges. Um 1910 war der See auf zwei große Lachen geschrumpft. Ein französischer Kolonialoffizier ritt damals von Norden nach Süden hindurch, ohne überhaupt etwas von einem See zu bemerken.

Hohe Wasserstände wurden zuletzt in den sechziger Jahren registriert. Doch seit 1972 signalisierte eine rapide Schrumpfung des Sees die kommende Dürrekatastrophe im gesamten Sahel. Ein Warnsignal, das nicht beachtet wurde. Als immer neue Sandbänke in dem trockenfallenden See auftauchten, kam es um deren Besitz gar zu kriegerischen Auseinandersetzungen zwischen dem Tschad und Nigeria.

Als wir um die Jahreswende 1984/85 den Tschadsee erreichten, seit Jugendzeiten eines meiner Traumziele, erblickten wir ein mit grauem Staub gefülltes Becken, in das sich von Nordosten die Dünen der Wüste hineinzogen. Nur weit im Süden gab es noch einen kleinen Rest des Sees. Je mehr sich die Trockenheit ausdehnte, desto mehr zapften die Menschen, um ihre Felder zu bewässern, auch die Tschad-Zuflüsse Schari und Logone an. Der Komadougou war gar völlig versiegt. Sollten sich die gegenwärtigen klimatischen Bedingungen nicht bald wieder ändern, wird der See unserer Landkarten nicht mehr existieren.

Im Uferbereich ehemaliger Inseln zeugen Diatomeen-Bänke von der Ausdehnung des einstigen Binnenmeeres. Sie sind aus Skeletten winziger Kieselalgen entstanden

Von N'Guigmi, einem kleinen Ort am ehemaligen Nordwest-Ufer des nun ausgetrockneten Sees, brachen wir auf, um das Tschadsee-Becken, noch in historischer Zeit eines der größten Binnenmeere der Erde, zu durchqueren. Wir erstiegen das hohe Plateau, das sich östlich von Dibella erhebt und die Oase vor dem nie ruhenden Wind schützt. Nach Norden erstreckte sich der Sand wie ein grenzenloses Meer.

Der Erg von Bilma besteht – anders als die Sandareale im Norden der Sahara – aus Millionen Seifdünen, die der Wind zu langen Ketten verflochten hat. Seif ist das arabische Wort für Krummschwert und bezeichnet hier die geschwungene Form der Dünen. Sie erstrecken sich vom fernen Tibesti-Gebirge über mehr als 800 Kilometer bis zum Aïr-Gebirge im Südwesten. Der Sand stammt aus der fernen Ostsahara. Der Passatwind hat ihn um das Tibesti-Gebirge herumgeleitet und ihn in dessen Lee abgelagert. Im Windschatten der ersten Düne hatte sich eine zweite gebildet und so fort. Jedes Sandkörnchen, das so antransportiert wird, fügt sich in eine Ordnung, die sich aus sich selbst erhält.

Fern im Norden lagen Tafelberge wie Inseln im Meer des Sandes. Einen von ihnen zu erreichen, sollte die Aufgabe des nächsten Tages sein. Sidi Koutoubi, ein nigrischer Freund, der den Erg von Bilma schon mehrfach durchquert hatte, hatte uns in Niamey, der fernen Hauptstadt des Landes, die Route so gut wie möglich in unsere Karten eingezeichnet. Diese Zickzack-Strecke durch das Dünenlabyrinth entsprach dem Vielfachen der Luftlinie.

Früh am nächsten Morgen verließen wir Dibella, fuhren hinaus in das Sandmeer, um abermals festzustellen, dass wir so gut wie blind waren für die Topographie des Geländes. Denn die Sonne stand schon bald hinter uns im Süden, und bei dem hohen, steilen, grellweißen Licht in unserem Rücken waren hier keinerlei Schatten und Konturen mehr zu erkennen, die Auskunft gaben über Höhe der Dünen und Tiefe der Täler. Am Steuer war mir, als ob ich mit geschlosse-

Die Oberfläche vieler ehemaliger Tschadmeer-Inseln hat sich mit dicken Panzern aus Mangan- und Eisenverbindungen überzogen. Während aufsteigendes fossiles Grundwasser, Rest des alten Binnenmeeres, an der Oberfläche verdunstet, wachsen die darin enthaltenen Metalloxide als plastische Dendriten wie Korallenriffe in die trockene Wüstenluft empor

nen Augen Achterbahn fahre. Wo ich eine Steigung erwartete, ging es in rasender Fahrt hinab. Wo ich Täler vermutete, riss es mich steile Hänge empor.

Die Fehleinschätzung der Geländesituation führte zu gefährlichen instinktiven Reaktionen. Als ich etwa unvermutet den Grat eines hohen Dünenrückens überfuhr, riss ich aus Furcht vor einer unkalkulierbaren Talfahrt das Steuer herum. Die Folge: Der Landcruiser neigte sich auf die Seite und pflügte auf nur zwei Rädern den ganzen steilen Leehang der Düne herunter. Nur eine Haaresbreite mehr Neigung, und wir hätten uns überschlagen.

Wir entschlossen uns, den Guide zu Fuß vorauszuschicken, der das Gelände erkunden und uns von den Höhen der Dünen herab einweisen sollte. Der Guide verschwand wie von Zauberhand immer wieder im Nichts, in einem gleißend hellen Raum, um kurz darauf irgendwo aufzutauchen.

Nach stundenlanger Fahrt erreichten wir die erste Felseninsel. Von ihrer Höhe herab prüften wir das Gelände. Zwischen uns und der nächsten Insel im Norden lagen zahllose Dünenzüge, deren Verlauf sich bei dem grellen Licht nicht schätzen ließ. Um besser sehen zu können, entschlossen wir uns, unser nächstes Etappenziel wie Segler, die gegen den Wind kreuzen, anzufahren. Die Strecke war so zwar länger, aber wir hatten Seitenlicht. Die Methode funktionierte, weil die Richtung der Dünentäler unserem Kreuzkurs entgegenkam. Am späten Nachmittag erreichten wir das Plateau der nächsten Insel über eine Sandrampe und errichteten in einer sandgefüllten Felswanne das Camp.

Von einer Felsplatte schaute ich herab. Die steinerne Plattform bot sich mir als Mittelpunkt einer ungeheuren, mit Sandwogen bedeckten Scheibe, deren überschaubarer Durchmesser an diesem klaren Tag sicherlich mehr als 100 Kilometer betrug. Im Süden, im Dunst des Horizonts, erkannte ich gerade noch das Plateau von Dibella. Am glasklaren Nordhorizont erhoben sich, unendlich fern, schwarze Felsinseln, an deren Fuß Zoo Baba liegen musste. Das einzige Zeichen des Lebendigen waren frische Spuren eines Wüstenfuchses, der irgendwo zwischen den Felsen seinen Bau hatte. Trotzdem fühlte ich mich inmitten dieser ozeangleichen Einsamkeit seltsam geborgen, unerreichbar wie in meinem Baumhaus, das ich mir als Kind in der Krone einer Feldeiche erbaut hatte und das nur über eine einziehbare Strickleiter zu erreichen gewesen war. Uwe sitzt noch in seinem Auto und macht, vor dem Wind geschützt, seine navigatorischen Eintragungen in die Karten. Seine Aufzeichnungen, die er mit der Pedanterie eines Buchhalters betreibt, gewährleisten unser aller Sicherheit.

Der Wind trug einen Hauch vertrauten Geruchs an meine Nase. Luzia war dabei, eine ihrer würzigen Soßen zu zaubern, die Nudeln mit Dosenfleisch, nun schon seit Wochen unser Abendessen, zu einer Delikatesse werden ließ. Urs hatte in einer sandgefüllten Felshöhlung mit Akazienholz ein Feuer entfacht, um in dessen Glut Brot zu backen.

Etwas abseits hatte sich der Guide mit seinem Deckenbündel im Sand gelagert. Vor ihm, in einer mit glühender Holzkohle gefüllten Sandgrube, zog Tee in einer kleinen blauemaillierten Kanne. Unendlich sorgsam ging er mit seinen Vorräten um, die er in Tücher geknotet mit sich führte.

Das kleine Felsplateau, auf dem wir campierten, war wie die anderen seinesgleichen einst eine Insel eines Paläo-Tschadsees, der noch weit ausgedehnter war als der Bodélé-Djourab-See, von dessen Existenz die Einheimischen zu Zeiten Nachtigalls noch zu erzählen wussten. Wo heute die Sandwogen über die Felsen fluten, brachen sich noch vor Jahrtausenden die Wellen jenes Meeres.

Davon zeugen noch heute terrassenartige Absätze an den Felsinseln, die mit Brandungsschutt bedeckt sind, und blendend weiße Diatomeenbänke an deren Basis. Die siliziumhaltigen Skelette dieser mikroskopisch kleinen Kieselalgen, die im Süßwasser leben, sanken herab und bildeten im Laufe der Zeit auf dem Seengrund meterdick geschichtete Ablagerungen, die sich mit Hilfe der Radiokarbon-Methode datieren lassen.

Der heutige Tschadsee erstreckt sich in einer Höhe von 282 Metern über dem Meeresspiegel. Aber noch bei den weit entfernten Felsinseln bei den Oasen Bilma und Fachi findet man Brandungsterrassen und Diatomeenbänke in über 400 Meter Höhe und auch noch viel weiter im Norden, bei

Glatte Schuppen verringern den Widerstand

Eine Fensterhaut schützt das Auge

Zehen verwandelten sich in Flossen

In den Sanddünen des Erg von Bilma können auch die besten Geländefahrzeuge steckenbleiben. Dann helfen nur noch spezielle Wagenheber und vor die Räder gelegte Sandbleche. In der gleichsam flüssigen Umwelt des Sandes bewegt sich der so genannte »Sandfisch« – eine Echsenart – schwimmend voran. Die dazu notwendigen Anpassungen gehören zum Genialsten, was die konstruktiven Kräfte der Evolution hervorgebracht haben

Séguedine zum Beispiel oder bei Adrar Bous, am Rand des Aïr-Gebirges, fast 1000 Kilometer vom heutigen See entfernt.

Dank der Diatomeen weiß man also, wie riesig das Tschadmeer einst war und dass sein Niveau enorm schwankte – worin sich die klimatische Entwicklung der jüngsten Erdgeschichte widerspiegelt. Einige Klimaforscher sind der Ansicht, dass der Paläotschad seine maximale Ausdehnung vor 20- bis 30 000 Jahren hatte: ein riesiges, nur dem Kaspischen Meer vergleichbares Binnenmeer, das sich von Zentralafrika im Süden bis vor das Tibesti-Gebirge im Norden, vom Ennedi-Gebirge im Osten bis vor das Aïr-Gebirge im Westen erstreckte. Der Wasserspiegel lag so hoch, dass dieses Binnenmeer über das Benuë/Niger-Flusssystem in den Atlantik entwässerte.

Vor etwa 30 000 Jahren erreichte die Eiszeit auf der Nordhalbkugel der Erde, ein insgesamt mehr als eineinhalb Millionen Jahre währender Zeitraum der Erdgeschichte mit mehreren Kalt- und Warmphasen, noch einmal einen kalten Höhepunkt. Gletscher begruben riesige Regionen Europas. Dadurch, so meinen die Klimatologen, verschob sich die atmosphärische Zirkulation der Nordhalbkugel weit nach Süden. Die Regen bringenden Tiefdrucksysteme vom Atlantik zogen nicht wie heute über Mitteleuropa, sondern über Nordafrika, ließen die Sahara ergrünen und in ihren Beckenlandschaften ausgedehnte Gewässer entstehen.*

In den dreißiger Jahren erbauten die Franzosen, zu deren Kolonialreich das gesamte Tschadsee-Becken gehörte, an dessen Nordufer, bei der Oase Bilma, diesen Leuchtturm. Er diente Flugzeugen zur Orientierung, die den Militärstützpunkt in der Oase versorgten

Auch vor etwa 10 000 Jahren muss das Tschadmeer noch einmal eine sehr große Ausdehnung erreicht haben und ein letztes Mal – auf einem schon niedrigeren Niveau – vor drei- bis sechstausend Jahren. Damals war die Sahara von Elefanten, Giraffen, Zebras, Antilopen und von rinderzüchtenden Stämmen bevölkert. Dann, mit dem allmählichen Ausklingen der Eiszeit, wurde das Klima trockener, und die Wüste eroberte bis zur Gegenwart das Territorium zurück, das sie schon vor der Eiszeit über lange erdgeschichtliche Zeiträume immer wieder beherrscht hatte. Menschen und Tiere zogen sich aus den Niederungen in die zunächst noch relativ regenreichen Gebirgsregionen oder nach Süden zurück. Die großen Seen und das Tschadbinnenmeer trockneten allmählich aus.

Noch immer lag ich auf meiner Felsplatte und genoss, da die Luft schnell kühler wurde, die während des Tages im Stein gespeicherte Wärme. Im Westen versank die Sonne in einer purpurnen Farborgie, die das Sandmeer im zartesten Rosa leuchten ließ, und über dem östlichen Horizont stieg der gewaltige Bogen des Erdschattens in den noch hellen Himmel empor. Urs rief mich zum Essen herunter. Während wir noch beim Nachtisch saßen – frisches, noch warmes Brot mit Honig und dazu heißen Tee mit einem Schuss Whisky –, brach bereits die unvergleichliche Wüstennacht über uns herein. Kristallklar, durch keine Luftfeuchtigkeit gefiltert, wuchsen die Sternbilder aus dem Horizont.

Zwei Tage darauf erreichten wir halben Wegs zwischen Dibella und Bilma die winzige, von wenigen Tubufamilien bewohnte Oase Zoo Baba am Fuße einer hohen Felsstufe. Nach der langen Fahrt durch das Sanddünen-Meer erschienen mir die prächtigen, in frischem Laub stehenden Akazien völlig unwirklich, ja die Farbe des Lebens wirkte fast giftig auf mich. Die Wurzeln dieser Bäume reichen tief hinab durch Sand und Geröllschichten in fossiles Grundwasser, das teilweise noch von denselben Regenfällen stammt, die einst das riesige Tschadmeer füllten.

Nördlich von Zoo Baba entdeckten wir inmitten eines ausgedehnten Felsinselar-

* Inzwischen ist ein neues Klimamodell entwickelt worden. Nicht Eiszeiten ließen die Sahara ergrünen, sondern Warmzeiten. Kapitel 7

In den Salinen der Oase Bilma – tief in den Grund gegrabenen Löchern – wird nur während der Sommermonate gearbeitet. Dann ist die Kraft der Wüstensonne so groß, dass das emporquellende salzhaltige Wasser verdunstet und das begehrte Mineral auskristallisiert. Während dieser Zeit verlassen die Kanuri die Palmgärten der Oase und ziehen in ihre ebenfalls aus Salzschlamm gebauten Häuser bei den Salinen chipels ein faszinierendes Phänomen. Die Oberfläche der Inseln war mit tiefschwarz glänzendem Wüstenlack überzogen – wie die meisten Gesteinsoberflächen in der Sahara. Winzige Mengen Feuchtigkeit – von seltenen Regenfällen oder Tau, der mitunter auch in der Wüste fällt – dringen durch haarfeine Risse ins Innere des Gesteins und lösen Metalloxide – überwiegend Eisen und Mangan – heraus. Diese Lösung gelangt durch kapillaren Aufstieg und durch die enorme Verdunstung an die Oberfläche. Hier verdampft das Wasser, während die Metalloxide sich als dünne Rinde an der Gesteinsoberfläche ablagern – normalerweise. Doch mit der Zeit können sogar dicke panzerartige Krusten von mehr als einem halben Meter Dicke entstehen.

Hier nun hatten die hohen Temperaturen während der Sommermonate solche Panzer wie die Kruste eines Schweinebratens aufplatzen lassen. Die Gesteinsblöcke sahen aus wie gewaltige halbierte Kohlköpfe und brachen schalenartig auseinander, wenn man darauf trat. Solche merkwürdige Verwitterung wird durch Gesteinssalze und die gleiche Feuchtigkeit verursacht, die die Krusten wachsen lässt. Weil die Feuchtigkeit viel zu gering ist, um, wie in gemäßigten Klimazonen, die Salze zu lösen und aus dem Gestein herauszuspülen, quellen diese unter enormer Druckentwicklung auf und lassen selbst härtestes Gestein sich schalenartig abschälen.

Nie zuvor hatte ich dieses Phänomen so extrem ausgeprägt gesehen wie hier. Da wuchsen Gebilde kugelförmig wie riesige Molekülpackungen in den Klüften zwischen den Blöcken aus den darunter liegenden Gesteinsschichten heraus. Andere glichen, filigran verästelt, schwarzen Korallenstöcken. Eisen-Mangan-Dendriten, wie man sie beispielsweise als hauchdünne eisblumenartige Gebilde zwischen Schichten im Solnhofner Plattenkalk findet, wuchsen hier zu vergleichsweise riesigen Plastiken in die trockene Wüstenluft.

Niemand von uns hatte jemals zuvor etwas Vergleichbares gesehen, dabei waren drei von uns in dieser Wüste schon weit herumgekommen. Entstanden sind solche extrem ausgebildeten Verwitterungsstrukturen vermutlich, weil der hier herrschende enorme Verdunstungssog Wasser aus den großen Grundwasservorkommen unter dem Erg von Bilma zusammen mit gelösten Mineralien nach oben pumpt. Das fossile Meer im Untergrund hat also die schwarzen „Korallenriffe“ auf den Inseln wachsen lassen.*

Von der Höhe der schwarzen Inseln sahen wir bereits das grüne Palmenband der Oase Bilma am Fuße einer lang gestreckten Falaise, einer Felsscholle, die im Osten unter den Erg abtaucht. Aber was nah ausgesehen hatte, war mühselig zu erreichen: Im Windschatten der Falaise hatten sich in den Dünentälern lose Sand- und Staubmassen abgelagert, in denen die Autos einsanken wie in Mehl. Stundenlang mussten die schweren Fahrzeuge freigeschaufelt und mit speziellen Wagenhebern auf Sandleitern gehoben werden. Ohne diese Profilbleche wären wir hier nicht einen Meter vorangekommen.

Kaum hatten wir die Vorposten der Oase, struppige Palmen, erreicht, da änderte sich das Wetter. Innerhalb einer Viertelstunde zog ein dichter Staubwind auf, der jede Sicht nahm. Was hatten wir doch für ein Glück gehabt. Acht Tage lang und 1000 Kilometer weit waren wir, seit wir in N'Guigmi aufgebrochen waren, durch Sand gefahren. Hätte uns der Staubwind, der hier wochenlang blasen kann, unterwegs überrascht, hätte das gewaltige Navigations- und Sicherheitsprobleme bedeutet.

Die Sandwogen brandeten in die Oase hinein, überfluteten Gärten und Gassen, in denen die Konturen der fensterlosen niedrigen Schlammziegel-Häuser mit dem Staubwind verschmolzen. Der Staub schmeckte nach Salz, trocken und bitter. Schemenhaft huschten Gestalten durch das düstere Gängelabyrinth. Die Gesichter der Menschen hier sind von der ewigen Trockenheit gezeichnet, zerfurcht, doch voller Vitalität und Selbstbewusstsein. Die Frauen tragen Gewänder, deren Farben so intensiv leuchten, als wären sie aus buntem Glas. Ich empfand diese Farbenpracht als eine Art

* Derartige Krusten können auch fossilen Ursprungs sein.

In aus Palmholz und Leder gefertigten Formen gestampft und dann gestürzt, bäckt der Salzschlamm in der Sonne zu steinharten Formen

Während die großen Salzstöcke für das Vieh bestimmt sind, tragen die Frauen kleinere Formen davon: Speisesalz

ästhetischen Widerstands gegen die unmenschliche Dimension der Wüste.

Bilma ist eine Art Galápagos für Menschen. Wer in solcher Abgeschiedenheit überlebt, hat sich schon fast zu einer anderen Art entwickelt. Die etwa 1000 Bewohner von Bilma sind überwiegend Kanuri und kamen einst von den Ufern des fernen Tschadsees hierher. Die Herrscher des uralten Kanem/Bornu-Reiches, dessen Geschichte sich bis ins 9. Jahrhundert zurückverfolgen lässt, haben sie hier angesiedelt, damit sie einen der wertvollsten Rohstoffe Afrikas gewinnen: Salz.

Das Salz tritt am Fuß der Falaise in Quellen gelöst zutage. Sie werden von demselben fossilen Grundwasserreservoir des Tschadsee-Beckens gespeist, das auch die Vegetation der Oasen am Leben erhält – auch nach über zehnjähriger Dürre. Seit Jahrhunderten graben die Menschen hier nach der Salzsole, deren Strom nie versiegte. Der Abraum – steinharte, mit Salz durchsetzte Erdschollen, die unter einem Tritt klirrend zerbrechen – ist zu haushohen Hügeln aufgeschüttet. Wie rot glühendes Magma schimmert die Sole am Grund der abgeteuften Krater. Die Färbung kommt durch Purpurbakterien zustande, die in diesem Milieu leben können.

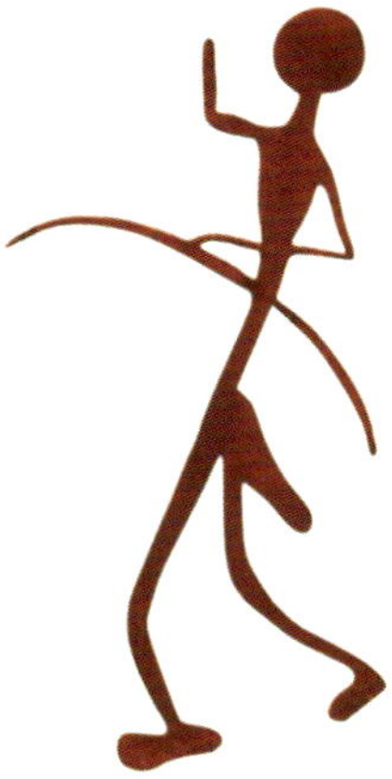

Das Salz wird während der Sommermonate gewonnen. Die Gluthitze kocht die Lauge ein, die Männer kratzen den Salzbrei zusammen und stampfen ihn in die Kantu, ausgehöhlte konische Palmholzzylinder. Gestürzt wie ein Pudding werden die Salzkuchen dann von der Sonne zu 20 Kilo schweren steinharten Salzhüten gebacken.

Aber jetzt im Januar war kein Laut aus den Salinen zu hören, keine einzige Kreatur zu sehen. Der gelbe Staubnebel hüllte alles ein. Überall standen die Salzhüte wie Säulen von Tempeln einer fremdartigen ausgestorbenen Kultur. Eine Szenerie von unendlicher Verlassenheit, und ich fühlte mich einsamer als inmitten der offenen Wüste.

Seit dem Beginn der großen Dürre kommen die Karawanen aus dem fernen Aïr-Gebirge immer seltener nach Bilma. In den sechziger Jahren noch waren hier alljähr-

Eine Tuaregkarawane aus dem fernen Aïr ist in Bilma eingetroffen. Bald werden die Kamele mit den schweren, Kantu genannten, Salzstöcken beladen. Dann geht es wieder hinaus in die Ténéré, zurück zu den fernen Märkten des Sahel lich 10 000 Kamele registriert worden, die fast 2000 Tonnen Salz abtransportierten. In guten Jahren sollen hier sogar bis zu 6000 Tonnen Salz produziert worden sein, genug, um mehr als 30 000 Kamele zu beladen. Das Salz ist die Lebensgrundlage der Kanuri, die Erträge der Gärten allein würden sie nicht ernähren. Und das Salz ist auch die wichtigste Einnahmequelle der Tuareg, die es von den Kanuri im Tauschgeschäft gegen Hirse und Zuckerhüte erwerben und es nach wochenlanger Karawanenreise auf den Märkten in den fernen Städten des Sahel als lebensnotwendiges Viehsalz an die Rinderzüchter verkaufen.

Diese Lebensgemeinschaft zwischen Oasenbewohnern, Nomaden und Rinderzüchtern funktionierte über Jahrhunderte. Als aber der Regen ausblieb, fielen auch die Hirseernten immer schlechter aus, und die Preise für dieses afrikanische Grundnahrungsmittel kletterten in zuvor unbekannte Höhen. So viel Salz als Gegenwert konnte in den Salinen gar nicht produziert werden. Gleichzeitig verdorrten die Rinderweiden, die Tiere verhungerten und fielen als Salzverbraucher aus. Auch in das Aïr-Gebirge kroch die Dürre und ließ die Kamelweiden der Tuareg verdorren, auf denen die Tiere sich vor ihrer langen Reise durch das völlig vegetationslose Paläo-Tschadbecken ihren Proviant, einen Futtervorrat, anfraßen. Nur kleine, 20- bis 30-köpfige Karawanen kommen noch nach Bilma, pro Wintersaison nicht mehr als ein paar Hundert Tiere. Heute bleiben die Kanuri weithin auf ihrem

Steinerne Schalen, in denen mit einem Stein Wildgetreide zu Mehl zerrieben wurde, finden sich vielerorts in der Ténéré. Sie legen Zeugnis ab von fruchtbareren Klimaphasen in der Sahara

Salz sitzen und werden durch Hilfsgüter versorgt, die auf Lastwagen heranrollen.

45 Kilometer nördlich von Bilma, in dem Militärposten Dirkou, tankten wir Kraftstoff – die einzige Möglichkeit in einem Umkreis von fast 2000 Kilometern. Dann fuhren wir wieder hinaus in das Sandmeer, diesmal nach Südwesten zur Oase Fachi.

Nördlich von Fachi liegt inmitten der Sandsee ein kleines tiefes Becken, in dem Akazien und Tamariskenbüsche wachsen. Dort finden sich Unmengen noch nicht verwitterter Fischwirbel, und eine Expedition hat hier auch Knochen von Flusspferden und Krokodilen entdeckt. Auch hier muss – wie in der fast 1000 Kilometer entfernten Bodélé-Djourab-Senke – vor noch kurzer Zeit ein Restsee des seit Jahrtausenden austrocknenden Binnenmeeres gewesen sein.

Als ich aus der Senke fahren wollte, brachen die Reifen durch die dünne Sandschicht hindurch, gruben sich ein und schleudern mehlfeinen Staub empor. Skelette von Diatomeen hatten unter dem Sand eine dicke Schicht hinterlassen. Das Auto saß in der Falle wie eine Ameise im Trichter eines Ameisenlöwen. Wieder mussten wir mit den Sandblechen Meter um Meter eine Straße legen. Der schwere Wagen drückte die Bleche tief in den Diatomeenstaub, von wo wir sie jedes Mal herauswühlen mussten, um sie wieder vor die Reifen zu legen.

Nach der Überquerung von einem Dutzend Dünenzügen hörte die Welt dann auf zu sein. Wir haben die Ténéré erreicht. Anders als im Erg von Bilma, wo der Passatwind den Sand in Lee des Tibesti-Gebirges akkumuliert, hat er ihn hier abgeräumt. Auf einer Fläche von etwa 100 000 Quadratkilometern gibt es keine Erhebung, keinen Baum, keinen Brunnen, keine Menschen, nichts. Es ist die größte, vollkommen leere Ebene der Erde.

Mit 100 km/h rasen unsere Autos über die vollkommen ebene, harte Sandtenne. Ich hätte das Handgas einhaken, das Steuer festsetzen und unbesorgt ein Nickerchen machen können. Rasend schien ich auf der Stelle zu stehen. Jede Bewegung schien hier aufgehoben zu sein. Unsere beiden Autos kamen uns vor wie der Mittelpunkt einer riesigen leeren Scheibe. Ich fuhr blauen, wallenden Seen entgegen, die ich nie erreichte. Während sie vor mir zerflossen, entstanden in der Ferne neue. Es war das Himmelsblau, das sich auf der Oberfläche der heißen Luftschicht über dem Boden spiegelt. So entstand gleichsam dasTschadmeer wieder, das sich hier einst dehnte.

Jede Unreinheit in der makellosen Fläche wurde zum Ereignis. Links vor uns tauchte flackernd ein großer schwarzer Gegenstand auf. Ein Metallmeteorit, der den Verwitterungskräften hier widerstanden hat? Oder eines der herrlichen polierten Steinbeile, die jungsteinzeitliche Jäger hinterlassen haben? Denn als das Binnenmeer schon vor Jahrtausenden zu schrumpfen begann, folgten die Menschen der zurückweichenden Uferlinie und hinterließen im Inneren der heutigen Ténéré ihre Spuren.

Dann hatte ich das Objekt erreicht. Es schrumpfte zu der winzigen Mumie einer Rauchschwalbe. Und bald sahen wir Mumien von Tauben, Bachstelzen, Wiedehopfen, Störchen, ja selbst von einem Pelikan. Denn die Ténéré ist eine große Vogelfalle. Zugvögel durchqueren längs den Oasenketten die Sahara, und verirrte Vögel werden durch die Luftspiegelungen der Ténéré, ihnen Wasserflächen vortäuschend, immer tiefer in den leeren Raum hineingelockt und damit in ihr Verderben.*

An einer großen Mumie hielt ich an. Es war ein Graureiher, den langen Hals im Todeskampf zurückgebogen. Der Körper schien völlig gewichtslos zu sein. Die Trockenheit hatte ihm jedes Wassermolekül entzogen. Der Vogel konnte noch keine 24 Stunden tot sein, denn von ihm aus verlief eine breite, frische Spur nach Norden. Als ich ihr etwa 100 Meter weit gefolgt war, fand ich den Punkt, an dem der Vogel gelandet war. Deutlich hatten sich die Abdrücke seiner großen Füße im Sand eingeprägt. Dann war er erschöpft zusammengesunken und noch jene 100 Meter auf seinen Flügeln weitergekrochen, nach Süden, den scheinbar blauschimmernden Wassern entgegen. In die richtige Richtung. Aber bis zu lebendigem Wasser hätte er noch lange fliegen müssen. □

* Auf einer neuen Expedition in die Ténéré bin ich zu einer anderen Erkenntnis gekommen. Kapitel 6

mysteriösen Ruinenstadt inmitten der zentralen Sahara, entdeckte Uwe George eine uralte Kirc

ZITADELLE DER VERGESSENEN

Archäologen kehrte er dorthin zurück, um den Fund auszuwerten. Das Resultat ist spektakulär.

Wenige Kilometer von der Ruinenstadt Djado entfernt liegt vor der gewaltigen Kulisse des Djado-Plateaus eine weitere kleinere Zitadelle – Djaba

Mondaufgang über Djado. Heute hausen in den Burgruinen nur noch Schlangen, Fledermäuse und Skorpione. Djado ist eine Wasserburg. In der an fossilem Grundwasser reichen Gegend wurde die Stadt aus Salzschlamm erbaut. Durch den Aushub entstand rings um die Festung ein breiter Wassergraben, in dem heute drei Meter hohes Schilf wuchert

Wie Inseln ragen Berge in der Umgebung der Ruinenstadt auf. Geographen nennen solche Formationen »Zeugenberge«, denn sie legen Zeugnis ab von der einstigen Ausdehnung des Djado-Plateaus, welches durch Erosion zergliedert wurde. Ständig rieseln Sandfälle von den Kanten des Plateaus in die Tiefe

An den Brunnen am Fuße des Djado-Plateaus haben sich Tubu angesiedelt. Doch zur Ruinenstadt Djado kommen sie nur, um die dort wachsenden Dattelpalmen zu bestäuben und später die Früchte zu ernten

12. 1. 1989 bis 26. 3. 1989

Die Sonne steht fast im Zenit. Heiße, wallende Luft verzerrt die Landschaft. Vermeintliche Felsen schrumpfen bei Annäherung zu Kieseln. Gesteinsbrocken entpuppen sich als monumentale Felsenburgen, deren mächtigste um die 400 Meter hoch aufragen. Es sind die Reste eines Plateaus, das durch die Kräfte der Verwitterung unaufhaltsam zerfällt.

Das wild zerklüftete Djado-Plateau ist eine Insel der Einsamkeit inmitten der leeren zentralen Sahara. Kaum eine andere Region der Erde ist derart trocken; Regen fällt nur im Abstand von Jahrzehnten. Doch am Fuße der Steilstufe quillt da und dort klares, köstliches Wasser empor – Wasser, das aus Niederschlägen längst vergangener Klimaphasen stammt. Gespeichert in den mächtigen porösen Gesteinsschichten des Plateaus, hat es die Zeiten überdauert und macht heute die Existenz einer Kette kleiner Dattelpalm-Oasen möglich, von denen aber nur Chirfa von dunkelhäutigen Tubu dauerhaft bewohnt ist.

Wir sind unterwegs nach Djado, einer menschenleeren, mysteriösen, zerfallenen Stadt inmitten dieser Einöde. Hier hatte ich auf einer früheren Expedition eine erstaunliche Entdeckung gemacht.* Während ich mit meinem Partner Uwe Karstens die leeren, staubigen Gassen und Höfe durchwanderte, blieb mein Blick an einer Türöffnung haften, die nicht, wie sonst hier, rechteckig, sondern gewölbt war. Und über dieser Wölbung sah ich, in dickem Staub fast verborgen, ein aufgegipstes Kreuz. Mehr noch: Auf einer Tür nebenan befand sich ein Ornament, das sich bei näherem Hinsehen als eine menschliche Gestalt mit grob geformten Gesichtszügen und emporgehobenen Armen entpuppte – ein segnender Christus in einer Darstellung, wie sie aus dem früheren Christentum bekannt ist.

Schließlich traten wir durch den Türbogen in den Raum dahinter. Die Decke war eingestürzt. Aber an dem zerbrochenen Gebälk klebte schwärzlich-teeriger Ruß, vermutlich von Öllampen, die hier über lange Zeit gebrannt haben mussten. Oberhalb der außen mit dem Kreuz geschmückten Tür wölbte sich inmitten eines rechteckigen

* Während der Expedition, auf der wir der Reiseroute Heinrich Barths gefolgt waren

Über dem Eingang zur Kirche, durch deren eingestürztes Dach das Sonnenlicht fällt, befindet sich ein Kreuz, auf dem der Staub von Jahrhunderten liegt. Den Eingang zu einer Seitenkapelle (links) ziert eine Darstellung Christi, der segnend seine Arme ausbreitet

Ausschnitts eine Halbkugel – aus Gips, wie deren äußere, stark abgeblätterte Schichten nahe legten. Ihre Anordnung und Form erlaubte den Schluss, dass es sich um einen gemauerten Reliquienschrein handelte. Allem Anschein nach befanden wir uns in einer ehemaligen christlichen Kapelle.

Langsam ging mir auf, was wir da gefunden hatten – einen offensichtlich sehr alten christlichen Sakralbau in diesem entlegenen Teil der Sahara, inmitten einer seit Jahrhunderten vom Islam eroberten Welt. Wer hatte diese Stadt erbaut und besonders: Woher waren jene Christen gekommen und wann? Der Wissenschaft waren, so viel wusste ich, derart frühe christliche Zeugnisse aus dieser Weltgegend unbekannt. Wir rührten in der Kapelle nichts an: Die Bewertung dieser Entdeckung musste Archäologen vorbehalten bleiben, und ich nahm mir vor, gemeinsam mit fachkundigen Experten eine zweite Expedition nach Djado zu unternehmen.

Es gelang, den Hamburger Archäologie-Professor Helmut Ziegert für dieses Unternehmen zu verpflichten. Er hatte über Jahre die steinzeitlichen Kulturen der Sahara und frühe Salz- und Eisenverhüttungsmethoden Schwarzafrikas systematisch erforscht und im Fezzan, im Südwesten Libyens, bereits die Fundamente einer frühchristlichen Kirche freigelegt.

Im Winter 1989 starteten wir nach monatelanger Vorbereitung die zweite GEO-Expedition nach Djado: außer Professor Ziegert und mir unser bewährter Expeditionslogistiker Uwe Karstens, Ziegerts Assistent Holger Winkler und der GEO-Kartograph Günther Edelmann. Wie immer auf unseren Sahara-Expeditionen fuhren wir aus Sicherheitsgründen mit zwei Fahrzeugen. Wir waren komplett ausgerüstet und – abgesehen von Treibstoff und Wasservorräten, die natürlich ab und an erneuert werden mussten – für mindestens zwei Monate autark. Ausgangspunkt unserer Wüstenfahrt war das nigrische Agadez am Südrand der Sahara.

Nach einer Woche stehen wir spätnachmittags, nachdem wir ein dichtes Palmengestrüpp durchquert haben, unvermittelt vor der Ruinenstadt. Mauern, Burgen, Zin-

Grundlage aller wissenschaftlichen Arbeit ist die genaue Vermessung der Stadt. Dazu wurden auf den brüchigen Ruinen zahlreiche Markierungspunkte angebracht, die dann mit Messlatte und Theodolit eingemessen wurden

Der Derde, das Oberhaupt der Tubu, zeigt den GEO-Forschern anhand einer mit dem Finger in den Sand gezeichneten Skizze den einzigen Zugang zu der labyrinthisch gebauten Wasserburg nen türmen sich auch jetzt noch viele Stockwerke empor. Trotzdem könnte man in einiger Entfernung an ihnen vorbeifahren, ohne sie zu bemerken: Erst bei genauem Hinsehen und aus der Nähe unterscheiden sich ihre Formen von den allgegenwärtigen Hervorbringungen der Erosion.

Noch überraschender aber ist, dass diese Stadt inmitten der Sahara eine Wasserburg ist. Sie wird umgeben von einem breiten, versumpften Graben, in dem Schilf drei, vier Meter hoch wuchert. Überall blüht blendend weißes Salz aus. Denn Wasser sickert unablässig aus dem Untergrund empor, verdunstet und lässt in ihm gelöste Salze zurück. Über lange Zeiträume ist das Mineral zu mächtigen Krusten herangewachsen. Auf offenen Wasserflächen schwimmen Teichhühner und Knäkenten. Störche erheben sich, um in der Thermik des späten Nachmittags über der Stadt aufzusteigen und Höhe zu gewinnen für ihren langen Gleitflug nach Norden.

Als Lagerstätte für die kommenden Wochen wählen wir einen Platz am Fuße eines markanten Felsens, ein paar Kilometer nordöstlich der Stadt – in deren Luv, denn die Sahara liegt im Bereich des Nordost-Passats. Hier hoffen wir vor den Moskitos sicher zu sein, die allabendlich in dichten Wolken aus dem Schilf aufsteigen. Ein Trugschluss: Die beiden einzigen Geräusche in den folgenden, sonst totenstillen Nächten sind das unablässige Prasseln der Sandkörner gegen die Felsen, unsere Geländewagen und Kisten, wenn Wind aufkommt – oder das leise Sirren zahlloser Mücken, sobald er einschläft. Die Plagegeister können den Flug zu uns hinaus in die offene Wüste ohne sonderliches Risiko wagen, denn jedes Mal, wenn der Wind einsetzt, bläst er sie zurück in ihren Sumpf. So ziehe ich es denn in manchen Nächten vor, hoch oben auf dem nahen Plateau zu schlafen, wohin die Mücken nicht mehr gelangen.

Am nächsten Morgen schon beginnen wir in Djado mit der Arbeit. Die Stadt hat nur einen einzigen Zugang über einen schmalen, kastellbewehrten Felsrücken im Osten. Sie ist ein Labyrinth aus Gängen, Plätzen und Behausungen, wie es etwa Staaten bildende Insekten aus Lehm erbauen. Ein Ort

Wohl kein anderes Nomadenvolk der Sahara ist genügsamer als die Tubu.
Ihr einziger Luxus ist süßer, starker Tee. Am Rande des GEO-Forschungscamps hatten einige von ihnen ihr Lager aufgeschlagen, um sich als Gräber, Führer und Wächter zu verdingen

Mithilfe eines Kastendrachens, der eine Vermessungskamera mit verzeichnungsfreiem Objektiv auf etwa hundert Meter Höhe hob, wurden auch Luftaufnahmen von Djado »geschossen«. Die Kreuze auf dem Foto links resultieren aus einer eingebauten Messgitterplatte vor der Filmebene. Anhand dieser Messkreuze ließen sich verzerrende Unebenheiten des Planfilms (6 x 6 cm) korrigieren, die besonders bei großer Hitze nicht ungewöhnlich sind. Nach Auswertung aller Luftbilder und der am Boden ermittelten Messdaten konnte der Stadtplan von Djado gezeichnet werden

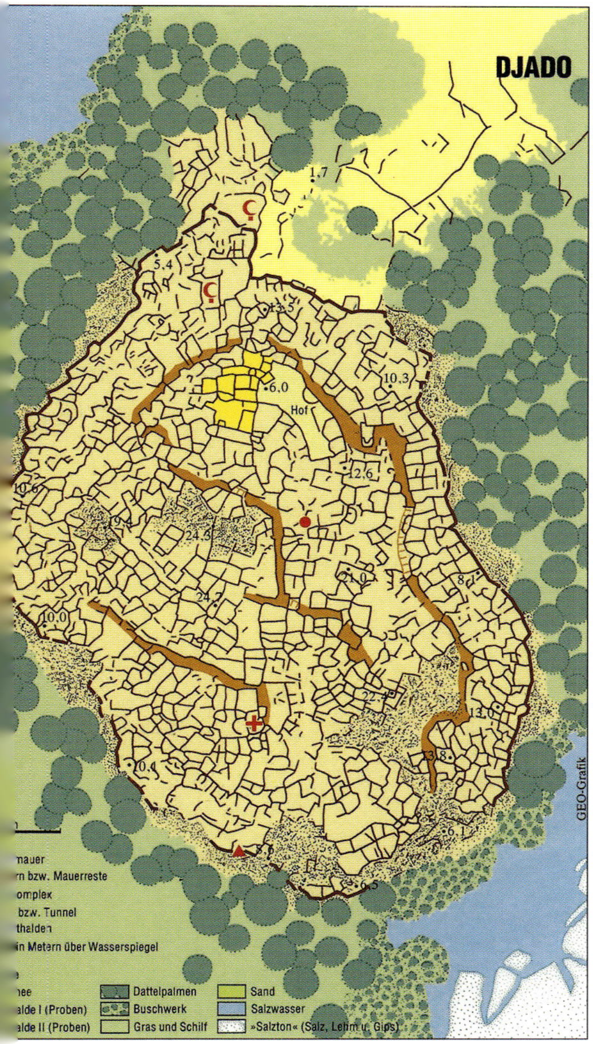

wie die Stadt an sich: die manifestierte Uridee, einem sozialen Gefüge inmitten einer lebensfeindlichen Umwelt Schutz und Bestand zu geben. Doch Djado ist längst verlassen. Nur noch Fledermäuse, Schlangen und Skorpione hausen in den zerfallenen und zerfallenden Räumen, deren Böden von zentimeterdickem Staub bedeckt sind.

Wir sind auf archäologischem Neuland. Ziegert beginnt mit der Vermessung der Kirche. Jedes Detail wird auf Millimeterpapier aufgezeichnet, dann folgt die systematische Begutachtung der gesamten Bausubstanz der Stadt. Ziel ist, deren Siedlungskapazität und einzelne Bauphasen zu rekonstruieren.

Der Wissenschaftler kriecht mit Messband und Zeichenblock durch die Gänge und inspiziert jedes der wabenartig zusammengefügten Gehäuse – ein lebensgefährliches Unternehmen, denn die von Termiten, Salz und den Einflüssen der Zeit zerfressenen Deckenbalken, auf denen oft mehrere Stockwerke lasten, drohen bei der geringsten Erschütterung zu zerbrechen. Nach Wochen kommt Helmut Ziegert zu dem Schluss, dass an diesem Ort mehr als tausend Menschen auf engstem Raum gelebt haben müssen.

Bereits bei unserem ersten Aufenthalt hatten wir festgestellt, dass die Stadt Schatzkammern birgt, die jeden Archäologen entzücken: Die Bewohner von Djado hatten ihren Unrat einfach in die Baulücken zwischen den Häusern gekippt. Dort lag er wie in Silos und repräsentiert – ähnlich wie die Gesteinsablagerungen in der Erdkruste die Erdgeschichte – Schicht für Schicht die Jahrhunderte der Siedlungsgeschichte.

Mithilfe von Kore, einem Tubu aus Chirfa, beginnt Holger Winkler die Schichten abzutragen. Den beiden zuzuschauen, wie sie den uralten Müll sieben und sortieren, ist fast unmöglich, denn feinster Staub umhüllt sie wie ein Nebel. Um Mund und Nase einigermaßen zu schützen, haben sie sich feuchte Tücher umgebunden. Von weitem ähnelt ihr Arbeitsplatz einem qualmenden Brandherd, vor allem wegen der aufgewirbelten Holzkohlenasche im Müll.

Hunderterlei kommt zum Vorschein. Nichts Spektakuläres, wie es der Laie bei archäologischen Arbeiten erwartet, sondern Dinge des täglichen Lebens: mit Ornamenten verzierte Topf- und Kalebassenscherben, Schuhe, Flechtarbeiten, Tausende von Stoffresten, Kinderspielzeug und zerbrochene Armreifen aus verschiedenfarbigen Gläsern. Eingebracht in die Müllsilos wurden auch große Mengen menschlicher Fäkalien. Ab und zu finden die beiden Müllgräber überdies Glücksbringer, so genannte Gris-gris, lederne Amulett-Täschchen, in die kleine beschwörende Schriftstücke eingenäht sind.

All dies ist von großer Aussagekraft über die Lebensgewohnheiten der einstigen Bewohner und deren Kultur. Aus ihrer Abfolge in den Schichten lässt sich außerdem ein relatives Zeitmaß errechnen. Zusammen mit Holzproben aus der Bausubstanz, die mithilfe der Radiokarbonmethode präzise datierbar sind, ermöglichen sie zu wesentlichen Teilen die Rekonstruktion der Stadtgeschichte.

Immer wieder finden sich in dem Müll kleine Stäbe, an denen Reste von Fledermauskot kleben. Höchstwahrscheinlich haben sie als Räucherstäbchen gegen die Moskitos gedient. Diese hatten sich wohl schon bald in dem vom Grundwasser aufgefüllten Graben angesiedelt, der durch den Aushub des Salztons, des Rohstoffs für die beim Bau der Stadt verwendeten Ziegel, entstanden war. Ohne eine solche Räuchertechnik hätten die Siedler hier wohl kaum überleben können. Vielleicht, so vermuten wir, standen die Fledermäuse bei ihnen sogar unter Naturschutz.

Noch erheblicher für die Stadtgeschichte ist ein so genannter Zerstörungshorizont in den Müllschichten: Große Mengen verbrannten Bauschutts sind hier offenbar nach Aufräumungsarbeiten eingebracht worden. Spätere Analysen ergaben, dass die Stadt im 15. Jahrhundert zerstört worden ist, wahrscheinlich bei einer gewaltsamen Eroberung. Und offenbar waren, was wiederum aus Haarfunden im Müll geschlossen werden konnte, die neuen Herren, die die Stadt wieder aufbauten, negroid.

Günther Edelmann, der während seiner kartographischen Ausbildung auch das Handwerk des Vermessungsingenieurs erlernt hat, und Uwe Karstens machen sich an die Vermessung der gesamten Stadt – als Grundlage für einen genauen Stadtplan. Bei der labyrinthischen Struktur der Ruinenstätte ist das ein kompliziertes Unterfangen. Nachdem die beiden drei Dutzend Vermessungspunkte über die Stadt verteilt haben, hantieren sie tagelang mit Messlatte und Theodolit herum, klettern auf die höchsten Türme und Zinnen.

Ein Teil dieses Projekts ist die fotometrische Aufnahme der Markierungen aus der Luft. Zu diesem Zweck haben wir Kastendrachen mitgebracht, an denen eine Spezialkamera emporsteigen soll. Doch die aneinander gekoppelten Drachen im Windschatten der hohen Dattelpalmen zu starten erweist sich als schwierig. Steigen sie dann allerdings aus dem Windschatten in den meist kräftigen Passatwind, sind sie kaum zu halten.

Während Uwe und ich unter Aufbietung all unserer Kräfte das Gespann bändigen, hängt Günther die Kamera in eine kardanische Vorrichtung an der Leine 30 Meter unter den knatternden Drachen ein. Dann lassen wir die Drachen weiter steigen. Sobald Peilungen ergeben, dass die Kamera hoch über der Stadt im Zenit

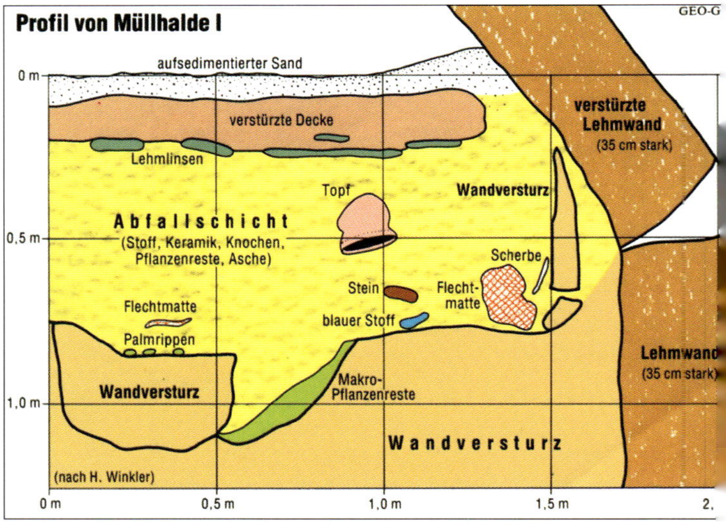

Die Bewohner von Djado haben ihren Unrat in Baulücken zwischen die Häuser verbracht, wo er sich zu mächtigen Schichten anhäufte – wahre Schatzkammern für die Wissenschaftler. Der Archäologe Holger Winkler und der Tubu Kore bringen daraus zahlreiche aussagekräftige Gebrauchsgegenstände zutage: Fragmente gläserner Armreifen, ein Tonpferdchen, Schlüssel, Schere, Amulett-Täschchen, Pfeifenkopf, Tonkrug – und in den Amulett-Täschchen verborgene Textfragmente

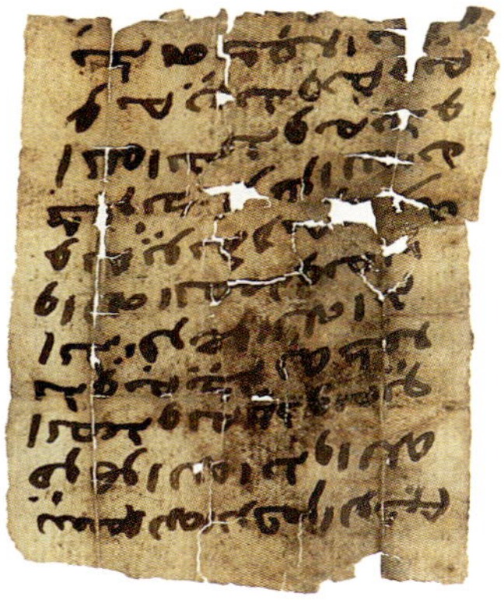

steht, lösen wir den Kameraverschluss über Funk aus.

Besonders tückisch ist, wenn der Wind plötzlich abflaut und der Drachen mit der drei Kilo schweren Kamera über den Ruinen rasch abfällt. Dann holen wir in aller Hast die Leine ein, um den Drachen zu stabilisieren und der Kamera vor ihrem Aufschlag auf den Boden habhaft zu werden. Einmal, als der Wind schlagartig ausbleibt, gelingt das nicht mehr. Kamera und Drachen stürzen aus großer Höhe auf die Stadt herab. Ich bin sicher, dass das 20 000 Mark teure Gerät auf irgendeiner Mauer zerschellt ist. Uwe hastet in die Gassen und benutzt dabei die Drachenleine als Faden der Ariadne, um in diesem Mauerlabyrinth die Kamera überhaupt zu finden. Doch wir haben Glück: Das Gerät hängt zwischen zwei Wänden federnd an seiner Leine.

Dass Kore zu unserem Team gehört, hat den großen Vorteil, dass die traditionell allen Fremden gegenüber misstrauischen Tubu ständig darüber informiert sind, was wir treiben. Ab und zu besuchen Abordnungen aus Chirfa unser Lager, um sich von Kore ausführlich berichten zu lassen.

Eines Tages bekommen wir hohen Besuch vom Derde, dem geistlichen wie weltlichen Oberhaupt in Chirfa. Er eröffnet uns – von Kore ins Französische übersetzt –, dass wir tags drauf die Stadt und die Dattelpalmenhaine nicht betreten dürften. Denn dort finde dann die „Mariage des Dattes“, die Hochzeit der Dattelpalmen, statt.

Kore erläutert uns, dass ein junger auserwählter Tubu die Bestäubung der weiblichen Palmen mit den Pollenständen der männlichen vornehmen wird. Bei dieser Zeremonie dürfen keine Stammesfremden und schon gar keine Ungläubigen zugegen sein.

Am folgenden Tag kommen die Tubu auf ihren grazilen, schnellen Kamelen in die Oase geritten – einige von ihnen aus tausend Kilometer entfernten Gebirgen. Nach der Dattelpalmenhochzeit reiten sie zurück, um im glühend heißen Spätsommer abermals die lange Reise hierher zu unternehmen – zur Dattelernte.

Die Tubu durchstreifen als Sammler, Hirten und Händler etwa zwei Millionen Quadratkilometer Wüste. Frauen und Kinder bleiben in Oasen wie Chirfa zurück, um Gärten und Dattelpalmen-Pflanzungen zu bestellen.

Diese Menschen sind zu unglaublichen Marschleistungen fähig – 60 Kilometer täglich in glühender Saharahitze. Wie die Addaxantilopen folgen sie mit ihren Ziegen- und Kamelherden seltenen Wolken über Hunderte von Kilometern in der Hoffnung, dass sie abregnen.

Für die Tubu steht außer Frage, wer Djado erbaut hat – die Sao, legendäre Riesen, Aas- und Menschenfresser, nackt und fürchterlich anzuschauen. Mit ihren Pranken haben sie den Salzschlamm aus der Erde gehoben, dort, wo sich heute der Sumpf erstreckt, und damit Häuser und Türme errichtet. In Steinhaufengräbern überall auf dem Djado-Plateau sind ihre gewaltigen Gebeine bestattet.

Historiker sehen die Gründung der Stadt etwas nüchterner. Nach den Entfernungsmaßstäben der Sahara liegt Djado nur wenig westlich der uralten Karawanenstraße von Tripolis quer durch die Sahara zum

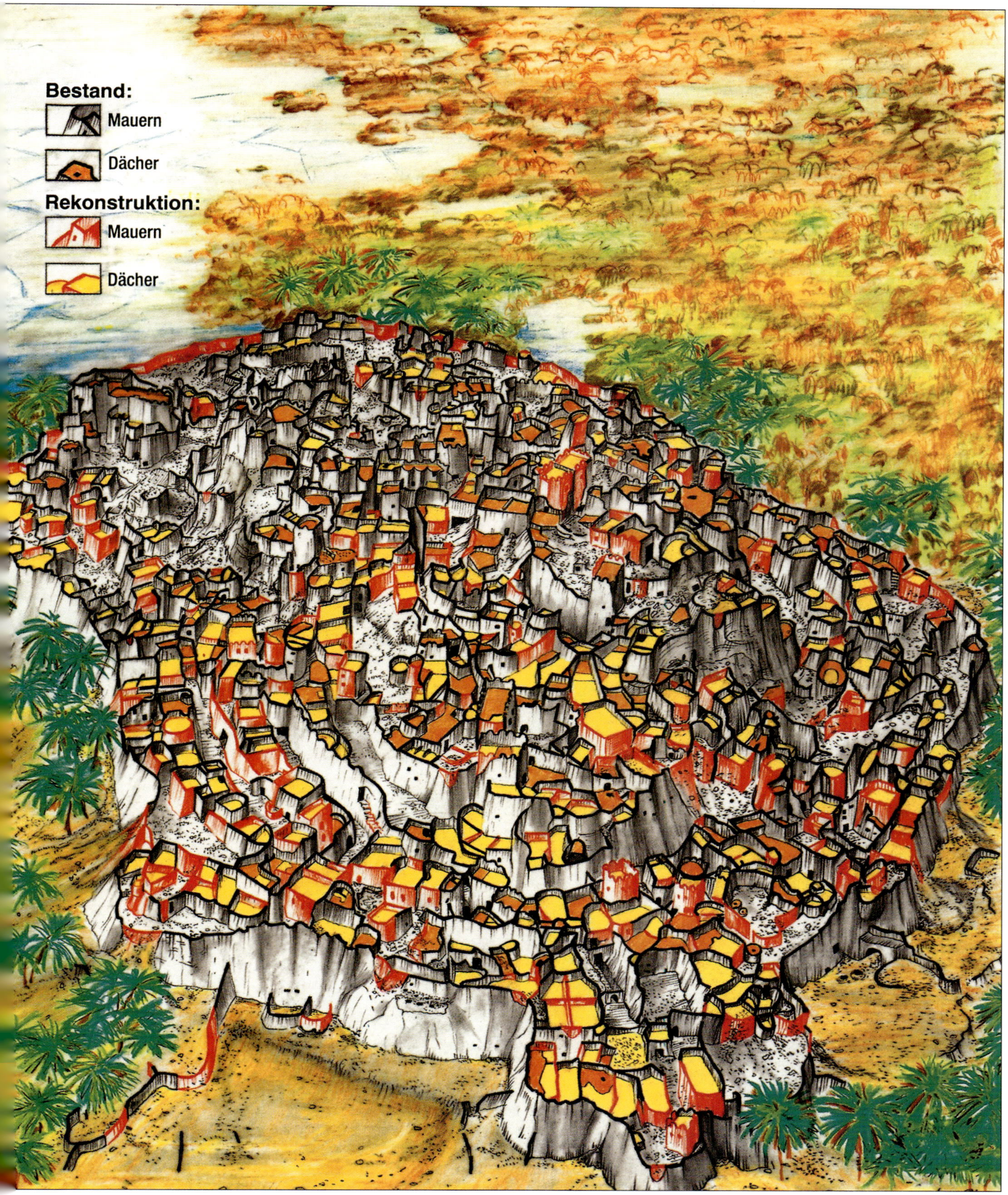

Im Camp wertet GEO-Kartograph Günther Edelmann Vermessungsdaten aus. Daraus und aus Hunderten von Fotos, Luftbildern und Skizzen gelingt ihm die zeichnerische Rekonstruktion der Stadt. Eingestürzte Dächer und Wände wurden getreu den Recherchen vor Ort wieder »eingezogen«

Tschadsee, an einer abzweigenden Route ins westliche Libyen und das heutige Algerien. Entlang dieses Weges, so fanden die Afrikanisten Dirk Lange und Silvio Berthoud nach dem Studium von Berichten arabischer Geographen heraus, siedelten sich bereits im 10. Jahrhundert ibaditische Kaufleute an. Nach jenen Quellen könnte Djado einer ihrer Hauptstützpunkte gewesen und womöglich von ihnen auch gegründet worden sein.

Die Ibaditen, Angehörige einer strengen islamischen Sekte, stammen aus Mesopotamien. Von dort wurden sie nach langen blutigen Kämpfen mit anderen islamischen Glaubensfraktionen in die Diaspora verdrängt – so auch nach Nordafrika, wo sie mehrere Kleinkönigreiche errichteten. Zu ihren noch immer lebendigen Kolonien zählt die Stadt Ghardaia im heutigen Algerien.

Einer der besten Kenner der Sahara, der Göttinger Ethnologie-Professor Peter Fuchs, der in den siebziger Jahren mehrfach in Djado gewesen ist, hat dessen jüngere Geschichte durch das Studium arabischer Schriftquellen und durch systematische Befragungen der Einheimischen erforscht. Die meisten afrikanischen Völker besitzen zwar keine Schriftsprache, aber ihre Erzähltradition ist umso besser entwickelt, und ihre mündlichen Überlieferungen reichen oft weit zurück.

Beim ersten Besuch des Göttinger Wissenschaftlers in Djado lebten dort noch einige wenige Kanuri, Angehörige eines schwarzafrikanischen Volkes, welche auch

In der Nähe von Djado haben sich die Tubu aus Dattelpalmwedeln eine Moschee erbaut

die Salzgewinnung bei der Oase Bilma betreiben. Nach Aussagen eines alten Mannes, die sich später auch aus anderen Quellen bestätigten, wohnten um 1860 noch etwa tausend Kanuri in Djado. Der Legende nach haben die Kanuri vorzeiten die Sao, die ihnen an Kraft weit überlegen waren, mit einer List ausgerottet: Die Sao waren von der Sitte der Kanuri, sich die Hand mit Henna zu färben, so begeistert, dass sie sich auf gleiche Weise schmücken wollten. Die Kanuri erzählten den Sao, man müsse sich dazu die Hände fesseln. Die Sao taten es, woraufhin die Kanuri die nunmehr Wehrlosen erschlugen.

Das Hauptsiedlungsgebiet der Kanuri liegt jedoch südlich der Sahara, im Kerngebiet des historischen Kanem-Bornu-Reiches im nördlichen Nigeria. Grundlegende Informationen über dieses schwarzafrikanische Imperium, das Zentralafrika und große Teile der Sahara jahrhundertelang beherrschte, sind den Afrikaforschern Heinrich Barth und Gustav Nachtigal zu verdanken, die das fortwirkende Prestige dieses Reiches noch Mitte des 19. Jahrhunderts erlebten. Im 13. Jahrhundert hatten die Kanem-Bornu-Fürsten begonnen, ihren Einfluss nach Norden systematisch auszubauen. Schließlich dominierten sie auch die legendäre Karawanenstraße zum Mittelmeer – Handelsweg für ihren Sklaven-Export. Ihr Machtbereich dehnte sich bis in den Fezzan – die Oase Traghen im heutigen Libyen war Sitz eines Kanem-Bornu-Statthalters.

Um ihre Autorität zu stabilisieren, siedelten die Herrscher aus dem Süden entlang der Karawanen-Route ihre eigenen Leute an – die Kanuri. Schließlich gelangte auch das etwas abseits gelegene Djado offenbar durch gewaltsame Eroberung in ihren Besitz, und sie bauten es zur Größe der heutigen Ruinenstadt aus.

Gegen Mitte des letzten Jahrhunderts – das Kanem-Bornu-Reich war inzwischen zerfallen – kamen die Tubu von Osten her, aus dem Tibesti-Gebirge. Sie wollten am Transsahara-Handel mitverdienen, indem sie den Karawanen Kamele vermieteten – oder sie überfielen und ausraubten. Attraktiv war für sie auch Djado, wo die besten Datteln der Region gediehen. Gewohnt, sich zu nehmen, was man ihnen nicht freiwillig zugestand, plünderten sie die Dattelpalmen-Plantagen von Djado, bis die dort ansässigen Kanuri sich in die Oase Fachi, 320 Kilometer weiter südlich, zurückzogen, wo Kanuri noch heute die Bevölkerungsmehrheit stellen.

So weit die Auswertung älterer und jüngerer historischer Quellen. Die Frage allerdings, wer denn nun wirklich die Stadtväter von Djado waren, lässt sich daraus nicht zweifelsfrei beantworten – und schon gar nicht, wie sich eine christliche Gemeinde ausgerechnet in dieser Stadt hatte entwickeln können. Da ist die Archäologie gefordert.

Helmut Ziegert beginnt über der Kapellentür die Halbkugel zu öffnen, die ich schon bei meinem ersten Djado-Aufenthalt für einen Reliquienschrein gehalten habe. Vorsichtig hebt er mit einem kleinen Meißel den Gips Schicht um Schicht ab. Alles abgelöste Material wird in einem Sieb aufgefangen und sorgsam untersucht. Mit jeder Schicht, die sich zwiebelschalenartig aus dem Mauerwerk löst, wächst unsere

Vorsichtig öffnet der Archäologe Helmut Ziegert über der Rückseite des Eingangs der Kapelle von Djado ein gemauertes Behältnis und findet darin mumifizierte Reste eines Herzens – wahrscheinlich die Reliquie eines Mannes, der das Christentum nach Djado brachte

Spannung. Und dann stößt der Meißel in einen tiefen Hohlraum. Dattelkerne rieseln heraus, ein Fetzen eines feinen gewebten Stoffes kommt zum Vorschein, eine Silberspange.

Doch sonst ist der etwa doppelt faustgroße Hohlraum, der sich auftut, zu meiner Enttäuschung leer – nicht aber für den Experten: Mit einer kleinen Kelle hebt der Professor feinen schwärzlichen Staub vom Grund der Höhlung und füllt ihn in einen Plastikbeutel. Es ist, vermutet Ziegert, der zerfallene Überrest eines menschlichen Herzens – also eine Reliquie. Sie war so tief in die rückseitige Wand eingebracht worden, dass sie sich direkt unter dem Kreuz befand. Vielleicht war es das Herz eines Heiligen, vielleicht sogar des Kirchengründers.

In derselben Wand aber findet der Archäologe ein weiteres eingemauertes Relikt, das einen entscheidenden Hinweis auf die Herkunft der Christengemeinde in Djado liefert: Mit einer langen Pinzette zieht er krauses Haar aus der Wand, das Haar eines Schwarzafrikaners. Helmut Ziegert erkennt es als ein „Haaropfer", das ein frommer Christ in der Hoffnung auf himmlische Hilfe oder zum Dank dafür in diesem Gotteshaus dargebracht hat.

Nach Christi Himmelfahrt waren die Jünger gemäß ihrem Auftrag ausgezogen, um die neue Heilslehre zu verbreiten. Schon bald gelangte das Christentum bis in den Süden der arabischen Halbinsel und von dort über die Meerenge Bab el-Mandeb auf das äthiopische Hochland. Bereits im 4. Jahrhundert, etwa zur selben Zeit wie im römischen Imperium, wurde das Christentum in Äthiopien Staatsreligion. Die von der neuen Glaubenslehre begeisterten Afrikaner hämmerten und meißelten ihre einzigartigen Basiliken in die schroffen Felsklippen Äthiopiens, dessen Bergland wie eine unangreifbare Insel aus den Steppen und Wüsten Ostafrikas aufragt.

Eine zweite Route zum Himmelreich führte – die Niloase aufwärts – bis nach Schwarzafrika hinein, bis in die Region des heutigen Sudan, wo der Nil seinen großen Bogen durch die Nubische Wüste macht.

Verlässliche Nachrichten aus diesem christlichen Schwarzafrika kamen erst im

Bei der Ausgrabung einer frühchristlichen Kirche im nordsudanesischen Faras wurde auch dieses Fresko entdeckt: Der Erzengel Michael schützt die drei hebräischen Jünglinge im Feuerofen

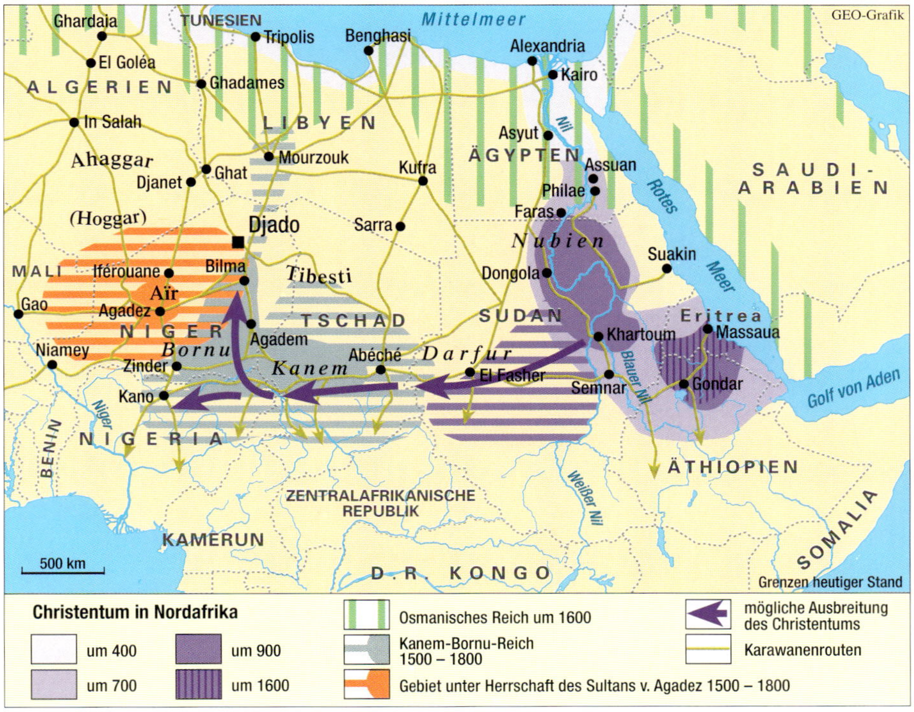

Die alten machtpolitischen Verhältnisse und die Ausbreitung des Christentums in Nordafrika

13. Jahrhundert nach Europa. Im „Ernestus“ des Odo von Magdeburg wird beschrieben, wie eine Gruppe deutscher Heiliglandpilger im östlichen Mittelmeer auf ein vom Sturm verschlagenes Schiff trifft. Dessen schwarze Passagiere bekunden: „Nubien ist unsere Heimat … wir sind Diener Christi, des Sohns der Jungfrau.“

Inzwischen hat die Geschichtsforschung längst ein klares Bild früher christlicher Missionsexpeditionen nach Schwarzafrika. Um 540 ordnete der oströmische christliche Kaiser Justinian die Schließung des Isis-Tempels auf der Nilinsel Philä an. Die Priester wurden ihrer Ämter enthoben, das Tempelarchiv nach Byzanz verschifft. Zwei, drei Jahre später gelangte der Missionar Julian weiter nilaufwärts bis nach Nubien und taufte den König der Nobaten.

Schnell avanciert das Christentum auch bei den Völkern am mittleren Lauf des Nil zur Staatsreligion. Dongola – zwischen dem 3. und 4. Nilkatarakt – wird Hochburg der neuen so erfolgreichen Religion und Sitz des Bischofs Longinos. Byzantinische Beamte, Baumeister und Künstler kommen ins Land. Kirchen und Klöster werden gegründet. Zeitgenössische Dokumente preisen den großen christusliebenden Priesterkönig von Dongola, einer von byzantinischer Kultur geprägten Stadt mit vielen Gotteshäusern. Um 640, etwa 100 Jahre nach Justinian, wird Ägypten von den Jüngern Muhammads erobert. Doch die Grenze nach Schwarzafrika im Süden überschritten die Muslime nur hin und wieder bei Raubzügen. Das christliche Nubien, ohnehin ebenso mächtig wie wehrhaft, war nicht in Gefahr, aber ebenso wie Äthiopien jetzt vom Rest der Christenheit isoliert. Doch wie zuvor das Christentum, so bildete im Laufe der Zeit auch der Islam Missionszellen in Nubien. Mehrere Jahrhunderte hindurch lebten beide Kulturen in einander befruchtender Koexistenz.

1171 leitete der Einfall des Kalifen Saladin den Anfang vom Ende des nubischen Christentums ein. Arabische Heere brandschatzten und eroberten in der Folgezeit die gesamte Region. Alwa, die letzte Bastion der Christen, hielt dem Ansturm lange stand: Sie fiel erst um das Jahr 1500. Was an christlichen Bauwerken von den Eroberern nicht geschleift oder zu Moscheen umgebaut wurde, versank in der Zeitlosigkeit und im Sand der sich seit geraumer Zeit unaufhaltsam ausbreitenden Wüste.

Als fast ein halbes Jahrtausend später die Gefahr heraufzog, vermutete Kulturschätze würden in den sich aufstauenden Fluten des Assuan-Staudamms versinken, kam es zu archäologischen Rettungsversuchen in letzter Minute. Während die ganze Welt auf den Umzug der Tempelanlage von Abu Simbel schaute, grub eine polnische Expedition in der Ruinenstadt Faras in der Nähe des zweiten Katarakts eine Kathedrale, ein Kloster, den Bischofspalast sowie den Friedhof der Bischöfe aus dem Sand

der Wüste. Herrliche Fresken kamen zum Vorschein. Sie zählen zu den ältesten christlichen Wandmalereien überhaupt. Ihre Farben strahlen vielfach so frisch wie am ersten Tag. Die Trockenheit hat sie konserviert. Auf dem vielleicht eindrucksvollsten Gemälde breitet der Erzengel Michael schützend seine Schwingen über die Jünglinge im Feuerofen aus. Unter all den biblischen Gestalten finden sich Bischöfe und Heilige mit unverkennbar negroiden Zügen.

Unter den in Faras geborgenen Dokumenten fand sich auch ein Verzeichnis von 27 Bischöfen, die von der Kirchweihe im Jahre 707 bis ins Jahr 1169 in Faras residierten. Die Macht der Priesterkönige von Dongola reichte mindestens bis Darfur im

Südwestsudan. Mönche führten dort den Dattelpalmenanbau ein. Die saharischen Gebirge Ennedi und Tibesti gehörten zur Interessenssphäre von Dongola.

Einer Überlieferung aus dem westafrikanischen Benin zufolge residierte 20 Reisemonate östlich ein Priesterfürst Ogane, dessen Gunst sich die Beninkönige vor ihrem Amtsantritt versichern mussten. Er belieh die Thronfolger mit den Insignien Pilgerstab, Helm und Kreuz.

Kulturelemente des christlichen Nubien sind entlang dem Südrand der Sahara weit nach Westen gesickert. Byzantinische Staats- und Kulturstrukturen sind sogar bis zum fernen Niger nachzuweisen.

Einige Tage später macht der Professor außerhalb der Stadtmauern von Djado eine weitere bedeutsame Entdeckung. Archäologen sind nekrophil von Profession, denn Bestattungsarten und Grabbeilagen gehören zu den wichtigsten kulturhistorischen Zeugnissen. Uns anderen erschien der Friedhof neben den Fundamenten einer zerfallenen Moschee als nicht sonderlich interessant, da er, wie die Steinsetzungen erkennen lassen, eindeutig aus junger islamischer Zeit stammt. An seinem Rand jedoch befindet sich ein merkwürdiger Bau: ein rechteckiger, hausgroßer Klotz ohne jede Öffnung. Eine Rampe führt auf das glatte Dach.

Der Archäologe hat den Verdacht, dass es mit diesem Bauwerk eine besondere Bewandtnis haben müsse. Er öffnet es von der Seite – und stößt auf ein Massengrab, in dem Tote über lange Zeit bestattet worden sind, und zwar in Hockstellung. Die Leichname wurden in weißes Leinen gehüllt und mit Palmblattrippen bedeckt. Über einem jeweils 15 Zentimeter mächtigen zusammengedrückten „Leichenhorizont" befindet sich stets eine Tonschicht.

Professor Ziegert rechnet die Anzahl der insgesamt hier Bestatteten auf etwa 10 000 hoch. Aus der Zahl der Schichten und aus der – entsprechend der wahrscheinlichen Bevölkerungsdichte der Stadt – angenommenen Menge von etwa 1000 Toten in jeweils 25 Jahren ergibt sich, dass dieses Totenhaus etwa 250 Jahre lang als Begräbnisstätte benutzt worden ist.

Solche Art der Bestattung ist sonst nirgendwo in der Welt bekannt. Doch zu präziser wissenschaftlicher Auswertung dieser Entdeckung ist unsere Expedition nicht in der Lage. Dazu fehlt es uns an Zeit und an speziellen Experten. Deshalb verschließt Helmut Ziegert das Grabhaus fürs erste wieder mit einer Mischung aus Salzschlamm und Sand.

Gut drei Jahre sind inzwischen seit unserer Rückkehr vergangen. Diese Zeit war nötig, um alle mitgebrachten Funde und Proben sachkundig durch Spezialisten begutachten und analysieren zu lassen. Und es ergab sich eine Fülle neuer Erkenntnisse: In den Müllsilos war die gesamte Besiedlungsgeschichte Djados dokumentiert. Nach dem verlässlichen Zeitmaß, das daraus abgeleitet werden konnte, geht die Stadt auf das Früh- bis Hochmittelalter zurück. Nicht die Ibaditen, für die zunächst vieles sprach, waren ihre Gründer, sondern berberische Tuareg, die seit langem und zum Teil noch heute als Nomaden in der Sahara leben. Erkannt wurde das eindeutig aus Stoffresten im Müll und aus den Schriftzeugnissen in den Gris-gris.

Die christliche Kirche indes geht auf die zweite Bauphase zurück, die nach der gewaltsamen Zerstörung der Stadt im 15. Jahrhundert einsetzte: Ziegerts baukundliche Studien ergaben, dass bereits vorhandene Räumlichkeiten danach zu einem christlichen Sakralbau umgestaltet worden sind. Der Staub aus dem Hohlraum in der Kirchenwand offenbarte unter dem Mikroskop tatsächlich seine bereits vor Ort vermutete muskuläre Natur – als Rest eines Herzens –, war somit wirklich eine Reliquie. Das Kraushaarrelikt stammt mit Sicherheit von einem schwarzen Christen, wahrscheinlich einem Kanuri.

So hat denn unsere GEO-Expedition Beweise für einen überraschenden Sachverhalt erbracht: In Djado, inmitten der großen Sahara, war das Christentum vor fast einem halben Jahrtausend lebendig, während der Islam längst Nordafrika beherrschte, und die christliche Mission kam nicht von Norden, vom Mittelmeer, sondern von Süden, aus dem Innern des Schwarzen Kontinents. □

Mit einem Wissenschaftler-Team kehrte der Autor ins Aïr-Gebirge zurück, um die Brutstätten einstiger Vulkane

AUFSTIEG IN DIE UNTERWELT

unden. Derartige Magmablasen, normalerweise kilometertief in der Erdkruste verborgen, wurden hier zum Gebirge

Vier Targia vom Stamm der Kel-aïr wandern durch den Erg Bréard, dessen Sandwogen von Osten gegen das Gebirge branden

Wie eine Insel liegt das Felsmassiv des Adrar Chiriet im Sanddünenmeer des Erg Bréard. Es ist ein Pluton, eine der erstarrten Magmablasen. Mehrere tausend Meter dicke Sedimente, die das Tiefengestein einst bedeckten, wurden von der Erosion abgetragen

Von blauen Marmorklippen ist das Aïr-Gebirge umgeben. Die Färbung kommt durch Lichtbrechung in der Gesteinsstruktur und selektive Rückstrahlung des blauen Anteils zustande. Es ist der gleiche Effekt, durch den auch Gletschereis sein charakteristisches Blau erhält

In der Caldera von Arakaou stauen sich die Sandmassen und wachsen bis zu 200 Meter hohen Dünen empor

Furcht einflößend instabil wirken die Felsmassen des Adrar Chiriet: Mehr als tausend Meter hoch türmen sich Abermillionen metergroßer Granitkugeln aufeinander. Kräfte der Verwitterung haben sie in diese Form gebracht

Oase
Iferouane
Seite 207

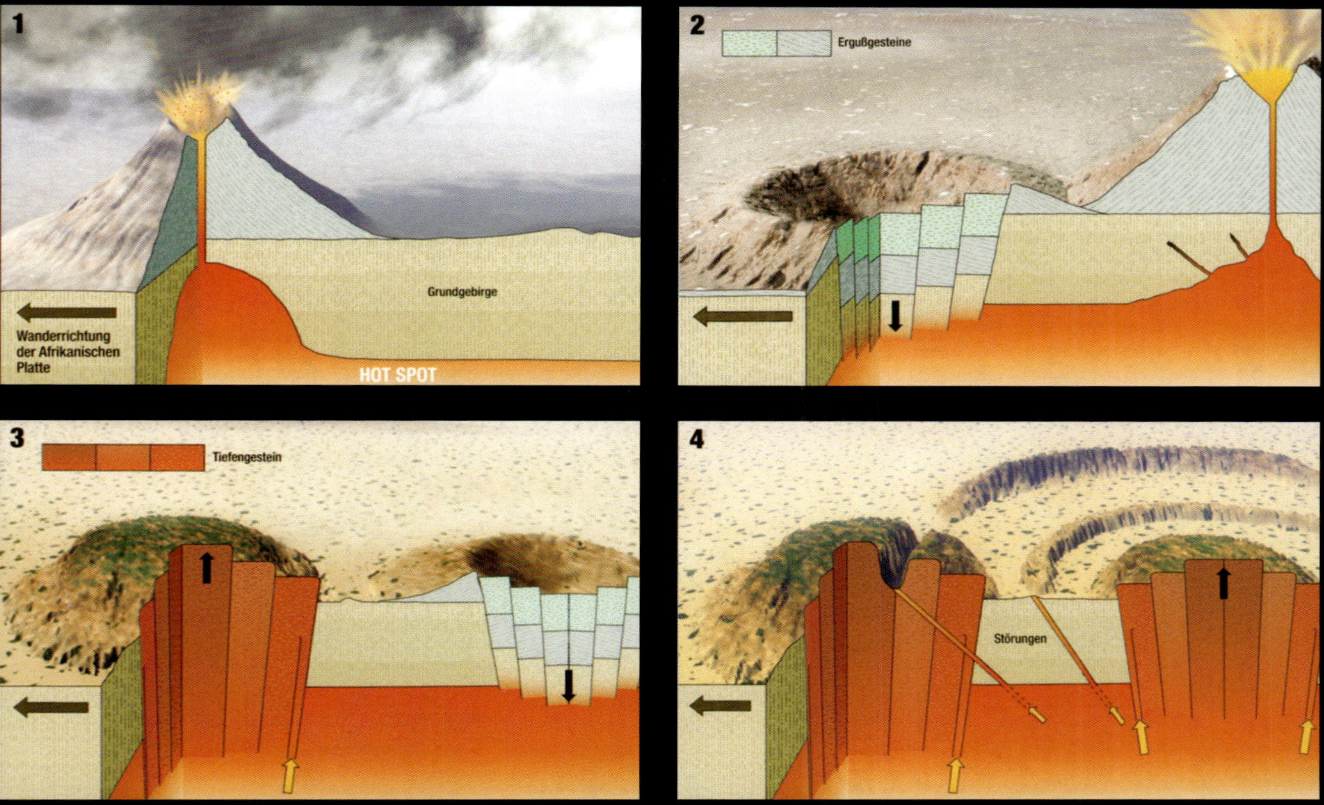

Die vertikalen Schnitte durch die Erdkruste verdeutlichen die Entstehung des Aïr-Gebirges am Beispiel des Tamgak-Plutons. Zunächst bricht aufquellendes Magma über einem »Hot spot« durch die Erdkruste und entlädt sich in einem Vulkan (1). Sobald die Magmenkammer sich entleert hat, stürzt deren Decke ein, und eine gewaltige Caldera entsteht. Der Rest der Ergussgesteine sinkt ein, um wieder aufgeschmolzen zu werden. Und während die Afrikanische Platte weiter nach Norden driftet, erhebt sich über dem Hot spot ein neuer Vulkan (2). Auch dieser durchläuft den gleichen Prozess wie sein Vorgänger, aus dessen »Grab« nun blasenförmig Tiefengesteine empordringen und den Pluton bilden (3). Wenn sich nun anstelle der zweiten Caldera ein zweiter Pluton emporwölbt, können von ihm konzentrisch ausgehende Störungen (tiefe Dehnungsbrüche) das Umland sowie auch den ersten Pluton erfassen und zerreißen. In diese Risse drückt ebenfalls glutflüssiges Tiefengestein hoch, was dann – bedingt durch die unterschiedliche Härte des umgebenden Gesteins (weich im Umland, hart im Pluton) – von den Kräften der Erosion mal als Mauer, mal (im Pluton) als Schlucht herausmodelliert wird

Die Satellitenaufnahme des Aïr-Gebirges in der südlichen Sahara zeigt zahlreiche runde Strukturen. Doch erst die akribische zeichnerische Interpretation (Rückseite) verdeutlicht deren verwirrende Vielfalt und wie sehr sie einander durchdringen. Sie sind sämtlich Produkte aufsteigender Magmablasen, der Wurzeln von Vulkanen, die normalerweise unter Tausende von Metern starken Gesteinsablagerungen tief in der Erdkruste liegen. Doch hier in der Sahara hat die Erosion viele dieser Plutone in Jahrmillionen freigelegt

Die Pfeile verweisen auf die Bildseiten im Buch

Seite 191
Seite 185
Seite 209
unten

TUFF GEAR

Der amerikanische Fotograf George Steinmetz fliegt mit einem motorisierten Paraglider hoch über der mit riesigen Sanddünen gefüllten Caldera von Arakaou, um deren Ausmaße aufzunehmen

7. 2. 1997 bis 26. 2. 1997

In einem der fantastischen Romane Jules Vernes gelingt Forschern das Unmögliche: Sie steigen durch erloschene Krater und Lavatunnel, vorbei an Fumarolen und kochendem Schwefel, hinab zum Mittelpunkt der Erde, um die Brutstätten der Vulkane und der Edelsteine aufzuspüren.

Pure Fiktion. Doch tatsächlich gibt es eine Gegend, wo die Blasen zugänglich sind, aus denen das feurige Gestein ehemals aus der Erdkruste heraufkochte, wo die Magmenkammern, die normalerweise unter vielen tausend Metern mächtigen Gesteinsschichten verborgen liegen, erkundet werden können: Im saharischen Aïr-Gebirge sind sie als Folge einer Jahrmillionen währenden Erosion zutage getreten, in Form gewaltiger runder Felsmassive, die von Ringmauern umgeben und von tiefen Schluchten durchzogen sind.

Diese Magmenkammern sind Ziel einer neuen Expedition. Startpunkt dieser Forschungsreise ist Agadez in der Republik Niger, eine Stadt am Südrand der Sahara. Mit dabei sind außer mir nicht nur der Paläontologe und Geologe Gero Hillmer und der Mineraloge Jochen Schlüter, beide von der Universität Hamburg, sondern auch der Kosmologe Ludolf Schultz vom Max-Planck-Institut für Chemie in Mainz, der Hamburger Andreas Guhr, Experte für das Aufspüren von Mineralien und Fossilien, sowie Uwe Karstens, der sich hervorragend in der Wüstennavigation auskennt.

Denn besonders gefragt ist auf dieser Expedition die Sachkunde von Schultz und Schlüter, weil wir im Anschluss an unsere Erkundungen im Aïr-Gebirge in der zentralen Sahara nach Meteoriten suchen wollen.

Dort, in der schier unermesslichen Ténéré-Ebene, haben sich solche auf die Erde gestürzten Relikte kosmischer Katastrophen über lange erdgeschichtliche Zeiträume angesammelt und in extremer Trockenheit gleichsam mumifiziert erhalten. Und nur hier und auf einigen der weiten Flächen der Antarktis lohnt sich eine systematische Suche.

An einem kühlen, gelblich-trüben Februarmorgen, während ein Staubwind aus der Wüste Dattelpalmen und Akazien

Die »Leibgarde« der GEO-Expedition: Schwer bewaffneteTuareg gingen mit auf die Reise – als ein unverzichtbarer Schutz; denn infolge politischer Wirren machen Banditen insbesondere in jüngerer Zeit das Aïr-Gebirge unsicher peitscht und die aus Lehm und Stroh gestampften Wände der fensterlosen Häuser schmirgelt, beladen wir drei Geländefahrzeuge mit Tonnen von Ausrüstung und Vorräten.

Mohammed Issa, der Organisator und einheimische Leiter unserer Expedition, packt mit seinen Leuten und uns Säcke prall von Hirse, Reis und Nudeln auf die Autos, Tomaten, Zwiebeln und Salat aus den Gärten der Oase und Unmengen von Konserven. Hinzu kommen 1000 Liter Wasser und an die 2000 Liter Dieseltreibstoff.

Sechs Wochen lang wollen wir uns in der Wildnis der größten Wüste der Erde aufhalten, und wir, das sind außer uns Deutschen und Mohammed Issa über ein Dutzend Tuareg-Krieger, die uns begleiten und die sämtlich mit Kalaschnikows bewaffnet sind. Außerdem werden, zu unserem Schrecken, ein schweres Maschinengewehr, ein Sack panzerbrechender Granaten und mehrere tausend Schuss sonstiger Munition auf die Autos geladen.

Mohammed Issa spürt unsere Sorge angesichts dieser Hochrüstung und bemüht sich, die Sache etwas herunterzuspielen. Er erzählt von ein paar Banditen, die im Aïr ihr Unwesen trieben. Junge Tuareg seien es, die sich in Libyen früher als Gastarbeiter verdingt hätten. Gut bewaffnet seien sie in die Heimat zurückgekehrt und versuchten nun, sich mit Gewalt zu nehmen, was ihr karger Lebensraum nicht hergebe.

Tuareg auf einem Lastwagen huschen wie bedrohliche Geister vorbei

In Wirklichkeit aber ist die Lage im Aïr, einer Gebirgslandschaft von etwa 400 Kilometer Länge und 200 Kilometer Breite, noch brisanter: Fünf Jahre Rebellion und Bürgerkrieg der Tuareg gegen die schwarzafrikanischen Herren der Republik Niger haben diesen Teil des Landes zerrüttet und das Faustrecht zur Normalität gemacht. Zu allem Unglück ist Mano Dayak, der die Klans der Tuareg zunächst geeint, sie in ihrem Kampf um mehr Autonomie geführt und schließlich wieder Frieden geschaffen hatte, bei einem Flugzeugunfall ums Leben gekommen. Seither sind die Klan-Konflikte und die Verteilungskämpfe um die geringen Ressourcen in dieser von jahrelangen Dürren heimgesuchten Region erneut ausgebrochen. Es droht völlige Anarchie.

Mir kommt der deutsche Afrikaforscher Heinrich Barth in den Sinn, auf dessen Spuren ich 1984 zum ersten Mal in das entlegene Bergland des Aïr vorgestoßen bin. Barth war Mitte des 19. Jahrhunderts in einen Hinterhalt der Tuareg geraten und mit knapper Not entkommen. Wie bei vielen Nomadenvölkern hat Wegelagerei auch bei den Tuareg Tradition. Immer wieder haben die „Raubritter der Sahara“ in der Vergangenheit Karawanen überfallen und geplündert oder von deren Führern Wege- und Schutzgelder erpresst.

Als wir schließlich Agadez in nördlicher Richtung verlassen, ähnelt unsere wissenschaftliche Expedition einem militärischen Kommandounternehmen. Auf einem der Fahrzeuge ist, flankiert von Nudel-, Reis- und Zwiebelsäcken, das schwere Maschinengewehr in Stellung gebracht. Ich hoffe nur, dass ein feindliches Geschoss, sollte es auf uns abgefeuert werden, nicht den Granatensack trifft.

Am Nachmittag beginnen wir ins Aïr-Gebirge einzufahren. Düster, menschenabweisend, wie ausgeglühte Schlacke türmen sich die Gesteine. Unter dem Regime der Sonne sind sie stark aufgeheizt. Schon bald nach deren Untergang aber wird das Gestein enorm abkühlen. In der Stille der Wüstennächte ist dann wie vielerorts in der Sahara hin und wieder ein fernes dumpfes Grollen und Bersten zu vernehmen. Große

Die lebensgroß dargestellte Giraffe mit ihrem Kalb und die merkwürdigen tulpenköpfigen Gestalten wurden vor Jahrtausenden während einer feuchteren Klimaphase in die Felsen des Aïr-Gebirges geritzt und gepickt

Felsblöcke, ja ganze Flanken der kahlen Berge zerbersten unter dem Stress der Temperaturschwankungen. Hunderte von Millionen heißer Tage und kühler Nächte haben so ganze Gebirge in Abraumhalden der Erdgeschichte verwandelt.

In engen Kurven windet sich die Fahrspur durch die Berge – tausend Möglichkeiten für einen Hinterhalt. Und tatsächlich steigt nach einigen Stunden vor uns Staub auf, aus der Tiefe eines verwundenen Tales. Kurze Zeit später blicken wir auf die Gewehre in den Händen einer bedrohlichen Soldateska.

Deren Anführer, ein General namens Rissa, hat uns eine ganze Kompanie in den Weg gestellt, um seine Macht und Präsenz zu demonstrieren – zu unserer Sicherheit, wie Rissa den Truppenaufmarsch erklärt: Auch er jage Banditen. Doch nachdem Mohammed Issa ihm klargemacht hat, dass wir für unsere Sicherheit selbst gut gewappnet sind, können wir unsere Fahrt fortsetzen.

Weil er uns bei jenem Rencontre nicht beunruhigen wollte, erzählt mir Mohammed Issa erst viel später, dass Rissa vielen Tuareg als Verräter der gemeinsamen Sache gilt und in Wahrheit Banditen Unterschlupf in seinem Machtbereich gewährt.

Am nächsten Tag öffnet sich vor uns eine weite, helle Hochfläche, überragt von viele hundert Meter hohen Felspyramiden, die zusammengesetzt sind aus zahllosen meterhohen Granitkugeln. Diese Pyramiden muten Furcht einflößend instabil an, als könnten sie jederzeit, bei der geringsten Erschütterung, wie ein labiler, aus Bällen aufgetürmter Haufen auseinander rollen.

Doch wie alles Gestein lagern auch die Granitkugeln hier seit Jahrmillionen. Und durch die gleichen Kräfte der Verwitterung, die sie in Form gebracht haben, schrumpfen sie im Laufe der Zeiten unaufhaltsam an Ort und Stelle. Vielerorts zeugen von ihnen nur noch kleine Kugelhäufchen. Eines Tages werden auch sie zu Sand und Staub zerfallen sein.

Zwischen den Kugelpyramiden aber ragen auch zwei-, dreihundert Meter hohe Mauern aus lackschwarzen, metallisch schimmernden Ergussgesteinen auf. In Schwüngen laufen sie auf ein noch fernes

Das Felsenchaos des Aïr-Gebirges ist nur schwer begehbar. Ein Forscher schlägt mit dem Hammer Granitgesteinskugeln auf. Er hofft, in ihnen seltene, im einstigen Magma erbrütete Mineralien zu finden

Felsmassiv zu: den Adrar Tamgak, das erste große Ziel unserer Expedition.

Von Luftbildern und vor allem von Satellitenaufnahmen wissen wir, dass wir uns inmitten eines am Boden unüberschaubaren, verschachtelten Labyrinths aus ringförmigen und runden geologischen Strukturen befinden, die in derartiger Konzentration weltweit nicht ihresgleichen haben. Sie bestehen aus erstarrter Magma, sind Ergüsse aus dem Inneren der Erde.

Rund hundert solcher Strukturen gibt es im Aïr-Gebirge. Oft überlappen sie einander wie überdimensionale olympische Ringe mit Durchmessern von bis zu 60 Kilometern, und alle Mauern schwingen auf Gebirgsklötze zu, in denen sie sich seltsamerweise in einer Art Reliefumkehr als tiefe Schluchten fortsetzen und daraus schließlich wieder als bogenförmige Mauer hervortreten. Eine Antwort auf diese Merkwürdigkeit hoffen wir im Adrar Tamgak, dem eindrucksvollsten Felsmassiv des Aïr, zu finden.

Düster und wuchtig, wie eine von Zyklopen erbaute Felsenburg, steigt der Tamgak immer mehr vor uns empor. Doch an seinem Fuße erstreckt sich ein Band von allerzartestem Grün. Tausende ausladender Schirmakazien, die schon uralt waren, als Heinrich Barth unter ihnen lagerte, spenden Schatten in der Gebirgsoase von Iferouane. Bis zu 30 Meter tief reichen ihre Wurzeln durch den Kies eines trockenen Flussbettes hinab ins Grundwasser. Es wird gespeist durch Gewitterstürme, die sehr selten, nur alle paar Jahre, aus tropischen Breiten bis in den Tamgak heraufziehen.*

Wir fahren auf das Fort zu, das in der Oase angelegt ist. Die dort stationierten schwarzafrikanischen Soldaten aus dem Süden des Landes betrachten uns mit Misstrauen. Denn unsere Expedition ist über Funk aus Agadez mit nur zwei Fahrzeugen

* Inzwischen wieder alljährlich

Die Oase Iferouane am Fuße des Adrar Tamgak, in der schon Heinrich Barth geweilt hatte, war Ausgangspunkt für einen Fußmarsch durch das Gebirgsmassiv

in Begleitung Schwerbewaffneter angekündigt worden. Erst nach langer Verhandlung und Rücksprache mit Instanzen in Niamey, der fernen Hauptstadt des Niger, darf auch unser drittes Auto einfahren.

Von Iferouane aus wollen wir der Route des französischen Forschungsreisenden Burthe d'Annelet folgen, der 1930 als erster Europäer den Adrar Tamgak in einem tiefen Cañon gequert hat, ohne zu erkennen, dass diese Schlucht Bestandteil der einzigartigen geologischen Ringstrukturen war, als Botaniker wohl auch nicht erkennen konnte.

Seither hat vermutlich kein Europäer den Tamgak durchquert. Nach den Berichten Heinrich Barths verdanken wir auch Burthe d'Annelet eine sorgfältige Beschreibung der Flora und Fauna des Aïr. An ihr lassen sich das Ausmaß und die Konsequenzen der Dürren ermessen, die diese Region seit den fünfziger Jahren heimgesucht haben.

Burthe d'Annelets Tagebuchaufzeichnungen entsprechend kalkulieren wir etwa eine Woche für die rund 60 Kilometer lange Durchquerung des Tamgak ein. Mohammed Issa verpflichtet zwei ortskundige Tuareg als Führer. Sie treiben acht Kamele herbei, denen unsere Ausrüstung aufgeladen wird, denn selbst mit unseren geländegängigen Fahrzeugen wäre in dieser Gebirgswildnis kein Vorankommen. Außerdem stellt Mohammed Issa einen Koch und acht Bewaffnete zu unserem Schutz ab. Er selbst wird unterdessen mit den Autos und den meisten seiner Leute nach Norden um das Felsmassiv herumfahren, um uns an einem einsamen Brunnen am anderen Ende der Schlucht wieder aufzunehmen.

Ein mächtiges Felsmauersegment markiert den Eingang zum Cañon, der bogenförmig und allmählich auf 1400 Meter Höhe ansteigend nach Osten verläuft. Das trockene Flussbett, dem wir folgen, ist dicht gesäumt mit Dumpalmen, deren faustgroße, harte Früchte die Einheimischen nur in allergrößter Not ernten. Begrenzt wird das Kori beiderseits durch himmelstürmende Felswände.

Hausgroße rundgeschliffene Gesteinsblöcke und unverkennbare Wasserstandsmarken – Pflanzenmaterial, das sich hoch oben in Palmen und einzelnen knorrigen Akazien verfangen hat – berichten von den Fluten, die während der Regenzeit die Schlucht hinabrauschen können. Ungehindert von Vegetation strömen, wie ich selber anderwärts in der Sahara erlebt habe, in kahlen Gebirgswüsten mitunter gewaltige Wassermassen zusammen und stürzen in die Schluchten. Bis zu fünf Meter hohe Walzen aus Wasser, Schlamm und Felsblöcken rasen darin heran, so schnell und unvermittelt, dass kein Mensch entkommen kann. Deshalb ist die Behauptung, dass in der Wüste schon mehr Menschen ertrunken als verdurstet seien, durchaus nicht so widersinnig, wie sie klingt.

Klare, schilfumstandene Tümpel in Felswannen, über denen eine Vielzahl farbenprächtiger Libellen schwirrt und von denen hin und wieder Enten oder Limikolen auffliegen, künden ebenfalls von der letzten Flut. Auch Paviane, die Burthe d'Annelet erwähnt, gibt es hier noch. Laut kreischend flüchten ihre Horden vor uns aus den Kronen der Dumpalmen, wo sie deren Früchte knacken und verzehren, in die steilen Felswände.

Löwen indes, deren Gebrüll Heinrich Barth in den Ebenen des Aïr den Nachtschlaf geraubt haben, sind seit langem verschwunden, inzwischen auch die Strauße, denen ich noch 1984 mehrfach begegnet bin.

Kilometer um Kilometer dringen wir in den Tamgak ein. Feuergeboren ist das Massiv: ein Pluton, eine gewaltige, zu Granit erstarrte Magmablase. Sie entstand vor Hunderten von Jahrmillionen, als sich, aufsteigend aus dem heißen, zähplastischen so ge-

An einer Guelta – einem während der letzten Regenzeit gefüllten Felsbecken am Grunde der Schlucht – wurden die Wasservorräte aufgefüllt

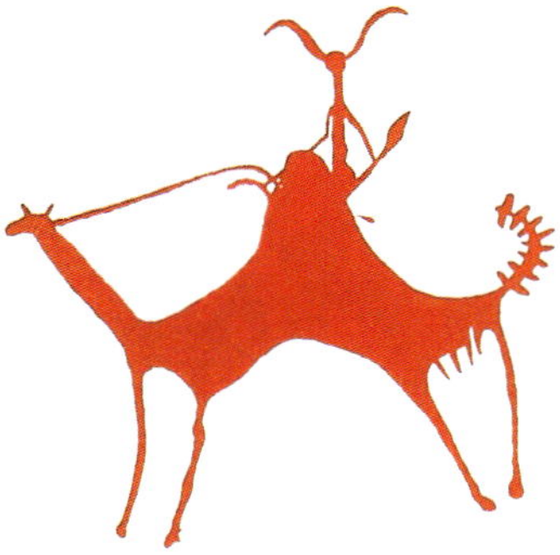

Ortskundige Tuareg führten die GEO-Expedition durch den tiefen, bogenförmigen Cañon, welcher den Adrar Tamgak durchzieht – ein schwieriges Gelände für die Lastkamele, deren weiche, tellerförmige Füße eher dem Laufen im Sand angepasst sind

Durch Bejagung und langjährige Dürre sind Mähnenschafe
auch im Aïr sehr selten geworden. Eines der scheuen Tiere vor die Kamera zu
bekommen, war ein großer Glücksfall

nannten Erdmantel und der unteren Erdkruste, alkalische Gesteinsschmelzen über 60 bis 70 Millionen Jahre hinweg einen Weg in die oberen Bereiche der Erdkruste bahnten und darin blasenartige Magmenkammern bildeten. Daraus drängten dann Schmelzen schlotförmig weiter empor und warfen schließlich an der Erdoberfläche vielleicht fünf- bis sechstausend Meter hohe Vulkane auf, vergleichbar dem heutigen Kilimandscharo.

Das alles geschah, wie Geologen in jahrzehntelangen Feldforschungen herausgefunden haben, entlang von Schwächezonen der Erdkruste, die beim Auseinanderbrechen des Superkontinents Gondwanaland in die Erdteile Südamerika, Afrika, die Antarktis, Australien und Indien entstanden waren. Eine dieser Schwächezonen öffnete sich später zu einem neuen Ozean, dem Atlantik.

Auch das Aufstiegszentrum der glutflüssigen Massen, aus denen der Adrar Tamgak und die anderen Plutone des Aïr-Gebirges vor Hunderten von Jahrmillionen entstanden sind, haben die Geophysiker lokalisiert. Es lag keineswegs unter dem Aïr, sondern gut 1000 Kilometer weiter im Süden, unter dem heutigen Nigeria. Dort konnte ein „Hot spot" ermittelt werden, aus dem über einen Zeitraum von etwa 350 Millionen Jahren in Intervallen Magma aufgestiegen ist und jene Blasen in die Erdkruste gebrannt hat.

Während aber dieser Hot spot, wie alle anderen auf der Erde, an Ort und Stelle verblieb, wanderte die afrikanische Erdkrustenplatte samt der Magmenkammern und der vulkanischen Bergmassive allmählich nach Norden. Gleichzeitig wurden die Vulkankegel, die erstarrten Lavaströme und die vulkanischen Aschen, die sich mit anderen Sedimenten als viele tausend Meter mächtige Schichten abgelagert hatten, von den Kräften der Verwitterung abgetragen. Und als die Zeugnisse jener uralten vulkanischen Tätigkeit dann schließlich in den Breiten der Sahara angelangt waren, hatte die Erosion sogar die Magmenkammern selbst freigelegt.

Sehr rasch nach Sonnenuntergang kriechen Dunkelheit und Kälte in die Tiefe des Cañons. Wir scharen uns um das flackernde

Die Luftaufnahme verdeutlicht den bogenförmigen Verlauf der Gesteinsmauern, die alte aufgefüllte Dehnungsbrüche aufsteigender Magmenblasen sind. Wie in anderen Plutonen des Aïr setzten sich im Adrar Tamgak solche Mauern als tiefe Schluchten fort (Pfeil)

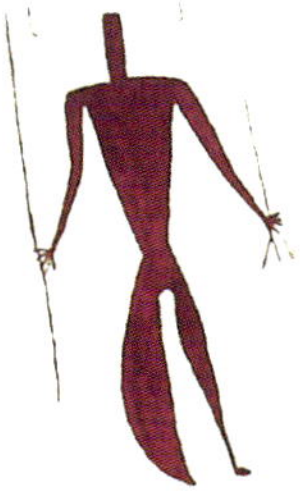

Feuer, während der Koch darauf das Abendessen garen lässt und anschließend in der heißen Asche Brot für den nächsten Tag bäckt. Oberhalb und unterhalb unseres Lagers flackert der Schein anderer Feuer zwischen klotzigen Felsblöcken, hinter denen sich unsere Schutztruppe gelagert hat. Während wir heißen, süßen Tee schlürfen, studieren wir geologische Karten und versuchen, uns anhand von Skizzen die komplexen geotektonischen Vorgänge in der Erdkruste verstehbar und anschaulich zu machen.

Die labyrinthischen ringförmigen und runden Strukturen müssen – so erläutern es die beiden Geowissenschaftler Gero Hillmer und Jochen Schlüter – entstanden sein, als immer neu aus dem Erdinnern aufsteigende Magmablasen andere mit der Erdkruste vom Hot spot abdriftende Blasen durchdrangen – etwa wie Blasen, die aus einem dicken, kochenden Brei hochblubbern.

Sobald sich aber eine der einander durchdringenden Magmenkammern durch vulkanische Eruptionen entleert hatte, konnte die Decke über ihr einstürzen und eine gewaltige Caldera entstehen, in der aber eines Tages wieder Tiefengesteine empordrangen. Wo neu aufdringende Magmablasen andere bereits erstarrte bedrängten, konnten tiefe Dehnungsrisse darin entstehen, die wiederum rasch durch aufsteigendes Magma verheilt wurden.

Im Lauf der Zeit modellierte dann die Erosion an den vertikalen Gesteinsgrenzen ringförmige Mauern und im Tamgak den Cañon heraus. Dass der Cañon der Rest eines solchen Risses ist, bestätigt uns eine Entdeckung, die wir in der Schlucht machen: An einigen Stellen finden sich Fragmente aus magmatischem Gestein, das später eingedrungen sein muss.

Am nächsten Tag bekommen wir Probleme: Bergstürze haben die Schlucht blockiert. Für die Kamele ist sie kaum noch passierbar. An den scharfkantigen Geröllmassen schneiden sich die Tiere ihre weichen, dem Leben in der Sandwüste angepassten Fußsohlen auf. Sie brüllen vor Schmerz und Angst und versuchen, ihre Lasten abzuwerfen. Geduldig versuchen die Führer, sie mit seltsamen Lauten zu

Diese so genannte Megabrekzie entdeckten die Forschungsreisenden im Innern des Adrar Tamgak: Glutflüssiges Magma stieg hier einst auf und umströmte Blöcke von Gneis und Granit. Doch kurz bevor diese aufschmolzen, stoppte der Glutfluss, der sich heute als lackschwarzes Gestein ausweist

Der afrikanische Koch der Expedition gart das Abendessen über einem Feuer aus abgestorbenem Akazienholz

Links: Festlich geschmückte Targia aus der Oase Iferouane

beruhigen. Schließlich müssen zwei verletzte Kamele Nomaden mitgegeben werden, die wir unterwegs treffen und die in die entgegengesetzte Richtung nach Iferouane ziehen.

Nach fünf beschwerlichen Marschtagen gelangen wir an das jenseitige Ende der Schlucht. Und hier erwartet uns eine weitere Bestätigung für all die bisherigen geologischen Überlegungen zur Genese des Cañons: Über einem großen wassergefüllten Felsbecken erhebt sich eine senkrechte Gesteinswand, blankgeschliffen durch strömendes Wasser und darin mitgeführten Sand und Kies.

Wir stehen vor einem geologischen Bild, das vollendeter von nirgendwoher sonst auf der Welt bekannt ist – vor einer so genannten Megabrekzie: Große Granit- und Gneisblöcke sind in lackschwarzes magmatisches Gestein eingebettet. Gesteinsmaterial, das sich einst in dem bogenförmigen Dehnungsriss und späteren Cañon befand, wird von jener Schmelze umfangen, die den Riss von unten her schloss. Bevor dann das ältere Gestein in dem noch glutflüssigen Magma aufgeschmolzen werden konnte, muss der Vorgang durch Abkühlung zum Stillstand gekommen sein.

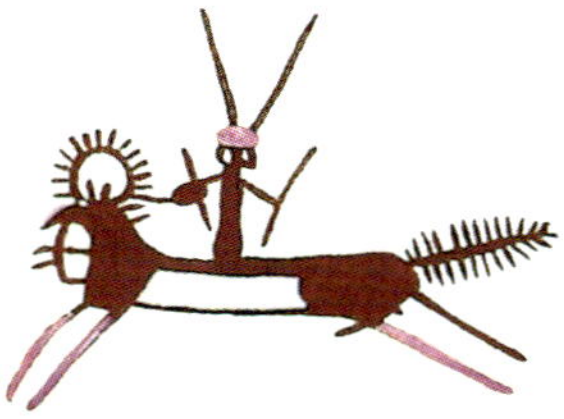

Vom Ausgang der Schlucht, der hoch über der Ebene liegt, bietet sich ein grandioser Blick in die offene Wüste. So weit das Auge reicht, branden Sandwogen bis zu 300 Meter hoch gegen das Gebirge. Fern im Osten erkennen wir, wie eine Insel im goldfarbenen Sandmeer, den Adrar Chiriet, einen anderen Pluton.

Nach weiteren zwei Stunden Fußmarsch erreichen wir den Brunnen, an dem Mohammed Issa mit seiner Truppe lagert. Bis tief in die Nacht erzählen unsere Begleiter ihren Stammesgenossen von ihren Erlebnissen mit uns. Wenigstens entnehme ich das den Gesten, mit denen sie das Herumwälzen von Gestein und Schläge mit dem Geologenhammer demonstrieren.

Die folgende Fahrt durch die Brandungszone des Sanddünenmeeres nach Süden ist wie Surfen in der Pazifikbrandung vor Hawaii. Mit hohem Tempo gleiten die Autos die Hänge hinab, jagen dann wieder schräg

Zehn Kilometer weit ist die Caldera von Arakaou. Dieser gewaltige Krater entstand vor Jahrmillionen, als ein wahrscheinlich mehrere tausend Meter hoher Vulkan in eine entleerte Magmakammer einbrach empor, um, über abbrechende Sanddünengrate, erneut in die Tiefe zu rutschen. Die Fahrer müssen sich unablässig im Bruchteil von Sekunden für den jeweils besten Kurs durch den Sand entscheiden.

Zum großen Teil stammt dieser Sand aus dem 2000 Kilometer fernen östlichen Teil der Sahara. Er ist das Verwitterungsprodukt von Sandsteinplateaus, die dort Hunderttausende von Quadratkilometern bedecken. Der Passatwind peitscht die Körner nach Westen, seit Jahrmillionen alles niederfräsend, was im Wege steht. Ganze Gebirge wurden und werden so abgetragen und in Sand verwandelt, und jedes neue Körnchen verstärkt den schmirgelnden Effekt. Fachleute bezeichnen ihn als Selbstverwüstung: In einer Art Kettenreaktion schafft und erhält sich diese große Wüste aus sich selbst.

Vielerorts bilden sich, so auch hier zu Füßen des Aïr-Gebirges, unter dem Einfluss des Windes aus dem Sandchaos neue Ordnungen heraus. Dem Prinzip der Selbstorganisation gemäß wachsen zentimeterhohe Sandrippeln zu einer Vielfalt von Großdünen heran, als wäre die Natur auf der Suche nach der letzten, der vollendeten Form. Und tatsächlich suggeriert diese Sandwüste ein Gefühl von Geborgenheit und Harmonie.

Nach stundenlangem Dünensurfing stoßen wir auf schwarze Klippen, die zangenförmig ins Sandmeer gebauten Hafenmolen gleichen. Über hohe, abbrechende Sandwogengrate fahren wir dann, wie in einen Naturhafen, in eine riesige Caldera ein, in der sich die hereinbrandenden Dünen bis zu 200 Meter hoch türmen. Das Gebilde trägt den Namen Arakaou und ist der Einbruchtrichter eines gewaltigen Vulkans, der hier vor Jahrmillionen explodierte.

Zwei, drei Fahrtage in nunmehr nördlicher Richtung von Arakaou entfernt liegt das nächste Ziel unserer Reise: ein weiteres geologisches Wunder, die „Montagnes Bleues", wie dieses Bergland in der Sprache der ehemaligen Kolonialmacht Frankreich heißt.

Verzerrt von unterschiedlich erwärmten Luftschichten, tauchen die „Blauen Berge" vor uns als Fata Morgana auf. Wie ein Archipel ferner lockender Südseeinseln schweben sie silbrig-blau über dem Dünenmeer. Immer wieder zerfließen sie vor unseren Augen, um bald darauf andere Gestalt anzunehmen. Schließlich wachsen sie als konkrete Gebilde über dem Sanddünengrat empor – als 200 Meter hohe Gesteinsrippen aus kobaltblauem Marmor. Die blauen Berge entstanden, so erfahre ich von den Geologen, aus Kalksedimenten, Relikten einer Meeresüberflutung des afrikanischen Kontinents. Durch Hitze und Druck in den Tiefen der Erdkruste im Bereich der Magmablasen haben sie eine komplexe geochemische Metamorphose durchlaufen und wurden zu Marmor gebacken.

Das Sandstrahlgebläse des Wüstenwindes hat die „Montagnes Bleues" in einen Skulpturengarten verwandelt. Zwischen meterhohen, hochglanzpolierten, pyramidenförmigen Windkantern liegen rundgeschliffene Steinkörper wie hingestreckt auf allerfeinstem hellen Sand. Ganze Berghänge muten an wie durchscheinendes blaues, in der Sonne schmelzendes Gletschereis.

Während des Tagesverlaufs spielt das Blau in allen Nuancen, irisiert wie ein in Licht und Schatten des tropischen Regenwaldes gaukelnder Morphofalter. Am intensivsten leuchtet das Blau frühmorgens. Um die Mittagszeit glänzt das Gestein metallisch wie polierter Nickel, um am späten Nachmittag im Schatten das tiefe Blau der Tuareggewänder anzunehmen, sodass Mohammed Issa, mit dem ich eine lange Wanderung unternehme, völlig mit den Gesteinen zu verschmelzen scheint.

Am Rande des Aïr wird aus Sedimentgesteinen das Skelett eines Raubsauriers freigelegt. Im Vordergrund liegt eine seiner riesigen Fußkrallen

Der Targi Mohammed Issa rastet inmitten des vom Wind geschaffenen Skulpturengartens der »Montagnes Bleues«

Ich hatte auf einer früheren Expedition vermutet, dass das Blau von Kobalt-Beimengungen rühre. Der Mineraloge Jochen Schlüter aber kommt zu einer neuen Erkenntnis: Nachdem er das Gestein mit der Lupe inspiziert hat, erklärt er, dass das Blau mit der Farbe des Morphofalters tatsächlich etwas gemeinsam hat. Es handelt sich hier wie dort um eine so genannte Streuungsfarbe: Wie das Licht sich in den Strukturen der Falterflügel fängt und selektiv nur bestimmte Farbanteile zurückgeworfen werden, so geschieht es hier in den Gesteinskristallen.

Nach drei Tagen brechen wir aus den Blauen Bergen auf, und während die Marmorinseln hinter uns am Horizont versinken, fahren wir hinaus in die Ténéré, in „das Land da draußen“, wie die Tuareg diese größte leere Ebene der Erde nennen.

Hier wollen wir nach noch sehr viel älteren Zeugnissen der Erdgeschichte suchen, nach der ursprünglichsten Materie unseres Sonnensystems: nach Meteoriten. □

In der Ténéré ging die GEO-Expedition auf Meteoritensuche. Hier, in extremer Trockenheit, hat sich das Material, a

AUSSER-IRDISCHES AUS DEM NICHTS

em sich einstmals Sonne, Planeten und letztlich auch wir Menschen formten, über Jahrtausende angesammelt

Dieses Foto ist das Ergebnis einer zweistündigen Belichtung: Über dem Nachtlager der GEO-Expedition am Rande der Ténéré wandern die Sterne unterschiedlich farbig am Firmament. Hier ist die Luft sehr trocken, keine Feuchtigkeit filtert die farbigen Bestandteile des Sternenlichts heraus

In der Ténéré ist der Mensch stets der Mittelpunkt einer riesigen leeren Scheibe. Wenn ein Sandsturm die gewaltige Ebene peitscht und Himmel und Erde miteinander verschmelzen, wird der Wanderer sandblind und verliert jegliche Orientierung

Ludolf Schultz hat in der endlosen Weite der Sandtenne einen Gesteinsmeteoriten entdeckt. Den Handschuh trägt er nicht zu seinem, sondern zum Schutz des Objekts: Schweiß könnte die Chemie des kosmischen Brockens verändern

Auf einer optisch reinen Fläche wie der Ténéré erregt jedes Objekt die Aufmerksamkeit der Meteoritenjäger. Auf einer neolithischen Reibeschale ist im Uhrzeigersinn die Ausbeute eines Tages versammelt: eine Wachtel, ein Meteorit, eine Rauchschwalbe, ein Steinbeil, ein Pseudo-Meteorit (indisches Gestein) und der Kopf eines Blesshuhns!

27. 2. 1997 bis 22. 3. 1997

„Wir haben einen, fantastisch, kommt, seht euch das an.“ Die Stimme Jochen Schlüters, des Mineralogen unserer Expedition, tönt aus dem kleinen Lautsprecher des Funksprechgeräts, das in unserem Auto installiert ist. Der Targi Jebriel, unser Fahrer, versteht zwar unsere Sprache nicht, weiß aber sofort, worum es geht, wendet und rast fast mit Tempo 100 auf ein seltsames Gebilde zu, das in der Ferne zwischen Himmel und Erde flackert.

Es ist das Fahrzeug, aus dem Jochen Schlüter uns gerufen hat. Bizarr durch erwärmte Luftschichten zwischen Spiegelungen des Himmelsblaus verformt, gleißt es in dem sonst endlosen Horizont. Und hinter ihm ragen vier Gestalten auf, zittrig wie auf hohen Stelzen.

Und schon sind wir heran, stoppen, reißen die Türen auf, eilen auf die anderen zu. Stolz hält uns Schlüter einen faustgroßen dunklen Brocken entgegen.

Ein erlösender Moment. Seit Wochen fiebern wir einem solchen Fund entgegen – seit wir das Aïr-Gebirge verlassen haben und dessen östliche Vorposten, die blauen Marmorfelsen der „Montagnes Bleues“, hinter uns versunken sind. Tief hineingefahren sind wir in die Ténéré, in „das Land da draußen“, wie die im Gebirge ansässigen Tuareg diese größte leere Ebene der Erde nennen. Sie durchqueren sie allenfalls mit Karawanen, um in den Salinen der fernen Oasen Fachi und Bilma Salz zu holen. Wir aber sind jetzt mit einer ganzen Expedition hergekommen. Eben um Meteoriten zu suchen.

Auf rund 100 000 Quadratkilometern gibt es hier keine Landschaft im herkömmlichen Sinne mehr, keine Berge, keine Erhebungen, keine Bäume. Auf Landkarten stellt sich die Ténéré als leere weiße Fläche dar. Und ganz so, als könnten die Kartographen so etwas nicht ertragen, haben sie mitten auf ein Kartenblatt die Lokalität „Arbre perdu“, „verschwundener Baum“, eingetragen.

Unser Lager, das wir abends in diesem riesigen Nichts aufschlagen, mutet an wie eine Raumstation auf einem fernen Planeten. Ein paar Tage vor unserem ersten Fund gehe ich weit hinaus. Es ist wind- und staubfrei. Während die Sonne im Westen in einer Farborgie versinkt, steigt im Osten der Erdschatten wie eine dunkle Wand über dem Horizont empor. Ich setze mich nieder, und nun, da das Knirschen meiner Tritte verstummt ist, höre ich nichts als das Strömen des Blutes in meinen Adern.

Als ich das Camp wieder erreiche, ist die Nacht darüber hereingebrochen. Die Tuareg, die uns als Führer, Helfer – und als Beschützer vor Banditen im Aïr – begleiten, sitzen um das Lagerfeuer, trinken den zeremoniell zubereiteten süßen Tee und reden und reden. Gewiss erzählen sie sich von ihren merkwürdigen Gästen, den Sternschnuppenjägern, und von den Dschinnen, den Geistern, die Brunnen versiegen und Kamele sterben lassen, die Ungläubige strafen und sich erst nach dem Abendgebet auf die fernen Gipfel des Aïr zurückziehen.

Über uns spannt sich der unvergleichliche Himmel der Wüste. Kristallklar und farbenprächtig wachsen die Sternbilder vom Horizont empor, da hier keinerlei Luftfeuchtigkeit ihr Licht filtert. Hin und wieder schießen Meteore, die kleineren Objekte unserer Wissbegier, über das Firmament.

Während auch wir am Lagerfeuer Tee schlürfen, berichten Jochen Schlüter vom Mineralogischen Museum der Universität Hamburg und der Kosmochemiker Ludolf Schultz vom Mainzer Max-Planck-Institut für Chemie von ihrer Wissenschaft, insbesondere natürlich von den Meteoriten oder Meteoroiden, wie sie vor ihrem Eintritt in die Erdatmosphäre heißen.

Je nachdem, ob die Objekte aus dem Weltall die Erde auf ihrer Bahn einholen oder eher frontal mit ihr zusammentreffen, schießen sie mit 12 bis 70 Kilometern pro Sekunde, also mit 40 000 bis 250 000 km/h, in die Lufthülle der Erde. Infolge des ungeheuren Tempos komprimiert sich an ihrer Eindringseite die Luft schon in den obersten, noch dünnen Schichten der Atmosphäre enorm. Und in der starken Reibungshitze schmilzt ihre Oberfläche, was hernach als „Fusionskruste“ kenntlich wird.

Die Gashülle aus Luft und verdampftem Material, die den in die Atmosphäre eintauchenden Meteoriten umgibt, wird durch die

freigesetzte kinetische Energie ionisiert und leuchtet auf. Schon ein kleines Objekt kann einen Feuerball vom Zweihundertfachen seines Durchmessers erzeugen, und dieser verformt sich durch den rasanten Flug zu einem langen, leuchtenden Schweif.

Kleinere Objekte, die „Sternschnuppen", verdampfen dabei völlig und erreichen somit die Erdoberfläche gar nicht. Auch sonst prallt meist nur ein winziger Teil eines in die Atmosphäre dringenden Meteoroiden – abgebremst auf die von Erdanziehung und Luftreibung diktierte Fallgeschwindigkeit – mit etwa 400 Meter pro Sekunde auf die Erde.

Sind die eintauchenden himmlischen Trümmer jedoch mehr als ungefähr 100 Tonnen schwer, kann die Atmosphäre sie nicht mehr wirkungsvoll abbremsen. Sie rasen vielmehr mit voller kosmischer Geschwindigkeit hinab. Die Bewegungsenergie entlädt sich beim Aufprall explosionsar-

Häufig finden sich in der Ténéré Relikte steinzeitlicher Kulturen, feinstens gearbeitet aus hartem Kieselschiefer: Axtklingen, runde scharfe Schaber, Lanzen- und Pfeilspitzen, Sägeblätter, meterlange Mörserstößel sowie Steinmarmeln und -kugeln

Der Targi Amadar hat einen neolithischen, perfekt gearbeiteten steinernen Armreifen gefunden

Während die Expedition in die Weite der Ténéré hinausfährt, versinken die »Montagnes Bleues« am Horizont wie eine Fata Morgana

Ein vollendeter, aus Steinplatten gelegter Ring mit einem Durchmesser von etwa 20 Metern liegt am Westrand der Ténéré vor einem Gebirgsrücken, einem geologischen Vorposten des Aïr. Anderthalb Kilometer vom Ring entfernt bezeichnen vier ebenfalls aus Steinen gebildete Pfeile die Himmelsrichtungen. Wer wann die riesige Windrose gelegt hat, ist unbekannt

tig und sprengt gewaltige Krater aus der Erdkruste heraus. Eine derartige Einschlagskatastrophe hat sehr wahrscheinlich einst den Untergang der letzten Saurierpopulationen verursacht.

Die Masse des auf die Erde gelangenden kosmischen Materials – insgesamt schätzungsweise 100 000 bis 400 000 Tonnen jährlich – rieselt jedoch in Form feinsten Staubes herab, als so genannte Mikrometeoriten. Sie verursachen das Zodiakallicht, das auf der Nordhalbkugel am besten im Frühjahr kurz vor Sonnenuntergang und im Herbst kurz vor Sonnenaufgang am Himmel zu beobachten ist: Ansammlungen jenes kosmischen Staubes streuen das Sonnenlicht in der Ekliptik.

„Am Stück" aber erreicht ein Meteorit die Erde so selten, dass nur wenige Menschen ein solches Ereignis vom Aufleuchten am Himmel bis zum Aufschlag beobachten können, geschweige eines solchen kosmischen Brockens habhaft werden. Im dicht besiedelten Deutschland beispielsweise wurden in diesem Jahrhundert nur elf Meteoriten sowohl wahrgenommen als auch geborgen.

Der größte Teil dieser kosmischen Objekte fällt ohnehin in die Meere, die 71 Prozent der Erdoberfläche bedecken. Oder in große Seen, Tundren, Wälder oder unübersichtliche Gebirge. Und sie wären da auch nur sehr zufällig zu finden, weil sie dort, wie auch in Ackerflächen, zumeist in kurzer Zeit durch Feuchtigkeitseinwirkung verwittern.

Wüsten hingegen sind aufgrund ihrer Trockenheit für die Konservierung und Akkumulation von Meteoriten denkbar günstige Gegenden – vorausgesetzt, die Umweltbedingungen waren dort über Jahrtausende stabil, so dass sich auf den großen Flächen die Himmelsobjekte unzerstört ansammeln konnten.

Allerdings: Für eine erfolgreiche Suche muss das potenzielle Fundgebiet bretteben sein, ohne Sanddünen, mit hellem Untergrund und optisch „rein" von farblich konkurrierenden Gesteinen. Sonst sind die meist dunklen Meteoriten nicht bereits aus großer Distanz als auffällige Objekte zu erkennen.

Solchen Bedingungen genügen aber selbst in den großen Wüsten nur wenige Regionen. In entsprechenden algerischen und libyschen Wüstengebieten, in der Hamada el-Hamra und im Tanezrouft, wurden in den letzten zehn Jahren zahlreiche Meteoriten gefunden.

Die völlig flache, von unablässigem Wind leergefegte Ténéré scheint sich als Meteoritenlager also geradezu anzubieten. Doch so einfach ist die Sache nicht. Unsere ersten Erkundungen führen uns weit in den nordwestlichen Teil der großen Ebene. Um eine möglichst große Fläche überblicken zu können, fahren wir mit zwei Autos in einem Abstand von ungefähr 200 Metern parallel zueinander. Obwohl wir sehr rasch vorankommen, scheinen wir im Mittelpunkt einer riesigen, leeren Scheibe auf der Stelle zu stehen – als ob nicht wir uns bewegten, sondern die unendliche flache Sandtenne unter uns fortglitte.

Jede Unreinheit auf der makellosen Fläche, jede noch so geringfügige Strukturänderung des Untergrunds wird zum optischen Ereignis. Links voraus, die schwarzen Punkte, könnten das nicht Meteoriten sein? Doch unter den Blicken der Fachleute erweisen sich die Stücke schnell als profanes, irdisches Material: schwarz zwar, aber ohne Fusionskruste, dafür mit Quarzkörnern, die in Meteoriten nicht vorkommen.

Solche Pseudo-Meteoriten, die wir immer wieder entdecken, bereiten uns manche Enttäuschung. Offenbar sind wir noch zu nah am Gebirge, obwohl dessen Silhouette längst am westlichen Horizont versunken ist. Von dort stammen jene „Verunreinigungen". Sie sind mit vorzeitlichen Flüssen während feuchterer Klimaphasen in die Ténéré transportiert worden.

Dafür aber finden wir andere Schätze – Steinwerkzeuge in großer Zahl, viele von großer Schönheit: Reibeschalen, in denen hin und wieder sogar noch der Mahlstein liegt, polierte Steinbeile, filigran gearbeitete Schaber, Lanzen- und Pfeilspitzen, meterlange Mörserstößel. Und auch einen makellosen steinernen Armreifen, selbst Marmeln und Kugeln, die ans Boulespiel erinnern.

Nicht nur Meteoriten, sondern auch vieltausend Jahre alte »Abschlagplätze« von Steinzeitmenschen hat der Wind in der Ténéré freigeblasen. Zahllose Werkzeuge sind hier produziert worden. Inmitten des Gewirrs aus windpolierten Steinen fallen dem trainierten Auge zwei fertige Faustkeile und ein großer Schaber auf (Pfeile)

Diese perfekt gearbeiteten feinsten Gerätschaften entstammen einer neolithischen, jungsteinzeitlichen Kultur, der die Vorgeschichtsforscher den Namen Ténéréen gegeben haben. Vor etwa 8000 Jahren, in einer feuchteren Klimaphase, wogte als Folge der ausklingenden Eiszeit auf der Nordhalbkugel in der südlichen Ténéré ein riesiges Binnenmeer, von dem der heutige Tschadsee ein letzter, versumpfter Überrest ist. Und in der nördlichen Ténéré, unserem Aktionsgebiet, gab es eine Vielzahl flacher Seen, an deren Ufer Menschen siedelten, jagten und fischten.

Rasch lernen wir die Steingeräte nutzen – als Datierungshilfen für das Alter der Flächen: Nur da, wo wir solche Gegenstände gefunden haben, müssen die vom Wind freigeblasenen Flächen so alt sein, dass sich genug Meteoriten für eine sinnvolle systematische Suche angesammelt haben können. Dort, wo der Wind zwar flache, aber sehr ausgedehnte Sandflächen aufgeschüttet hat, haben wir kaum eine Chance, Himmelsobjekte zu finden. Erst jetzt, da es darauf ankommt, begreife ich, dass die Oberfläche der Ténéré, die mir bei früheren Durchquerungen so einförmig erschienen war, in Wirklichkeit sehr differenziert ist.

Am vierten Tag unserer Meteoritensuche machen Uwe Karstens, unser Wüstennavigator, und ich eine sehr aufschlussreiche Entdeckung. Inmitten der Ténéré ragen, nur ein paar Zentimeter hoch, windgeschliffene grüne Gesteinsrippen mehrere Kilometer lang aus der Sandtenne hervor. Gero Hillmer, der Geologe in unserem Team, be-

Als Brennmaterial für die Feuerstätte, in deren Glut der Koch auch täglich Brot backt, wird verdorrtes Akazienholz aus dem Aïr angefahren

stätigt, dass es der grüne Kieselschiefer ist, aus dem viele der Gerätschaften geschlagen worden sind. Wir haben also ein Bergwerk der Neolithiker gefunden, sehr wahrscheinlich das einzige, weil die dafür nötigen geologischen Bedingungen selten anzutreffen sind.

Der Boden ist viele Quadratkilometer weit mit Artefakten übersät – Millionen von Abschlägen und Steinwerkzeugen in allen Fertigungsphasen. Auch gröber gestaltete, primitivere Werkzeuge finden wir hier – solche, die schon während des Paläolithikums, vor etwa 400 000 Jahren, gefertigt worden sind.

Zwar wäre also vom Alter diese Gegend für unsere Meteoritensuche prädestiniert, doch könnten wir die Himmelsobjekte von den zahllosen Windkantern und Werkzeugen am Boden kaum je unterscheiden. Deshalb fahren wir immer weiter hinein in die Ténéré, in deren zentralen Teil – bis Jochen Schlüter dann endlich fündig wird und uns über Funk herbeiruft.

Auch der Kosmochemiker Ludolf Schultz bestätigt die Diagnose: Ja, es ist ein Meteorit, noch dazu ein Chondrit. Gegen solche kosmischen Brocken sind selbst die 400 Millionen Jahre alten Granite und Gneise des Aïr-Gebirges, das wir zuvor durchforscht haben, junge Hervorbringungen der Natur. Denn dieser Meteorit besteht aus dem Material, aus dem sich vor etwa 4,5 Milliarden Jahren unser Planetensystem gebildet hat.

Ich erkenne die Fusionskruste dieses kosmischen Urgesteins, die zerrissen ist wie ausgetrocknete Haut und wie ausgeglühte Schlacke schimmert. An manchen Stellen ist sie abgeplatzt, und das Sandstrahlgebläse des Wüstenwindes hat das helle Innere des kleinen Himmelskörpers freigelegt. Schlüter reicht mir die Lupe und macht mich auf die charakteristischen „Chondren“ aufmerksam, erbsengroße kugelige Gebilde, die in keinem irdischen Gestein zu finden sind. Dazwischen schimmert es metallisch, was insbesondere von Nickeleiseneinschlüssen zeugt.

Schultz misst den Fundort mihilfe eines GPS-Geräts (Global Positioning System) ein, das seine Impulse aus dem Weltraum

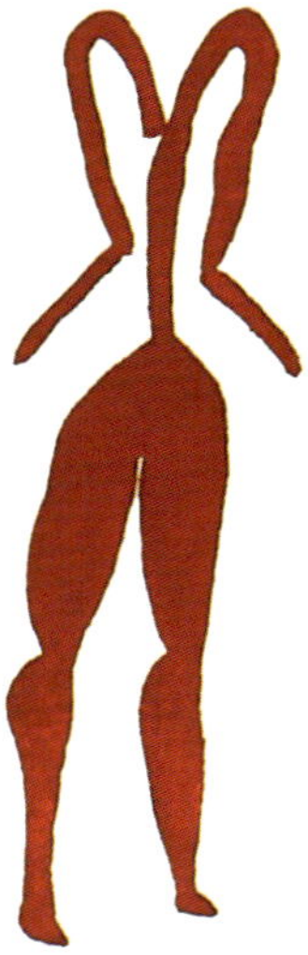

von Satelliten erhält, und überträgt die Daten in unsere Karten.

Nach diesem ersten Fund ist offenbar der Bann gebrochen. Täglich finden wir nun vom Himmel gefallene Steine auf sehr alten, vom Wind freigeblasenen Flächen. Am Ostrand der Ténéré, in der unbewohnten Akazienoase Tiffa, legen wir ein neues, dauerhaftes Camp an, von dem aus wir Erkundungsfahrten in alle Richtungen unternehmen.

Jedes Mal staune ich über den Navigationsinstinkt unserer nomadischen Fahrer. Selbst nach viele hundert Kilometer langen, verwirrenden Zickzackfahrten kehren sie allabendlich punktgenau nach Tiffa zurück – ohne unsere Kompasse oder gar die GPS-Geräte in Anspruch zu nehmen.

Da wir nun nicht immer wieder Gepäck auf- und abladen, die Zelte auf- und abbauen müssen, haben wir auch mehr Muße, unsere Funde zu begutachten, einzuordnen und Überlegungen über deren Herkunft und deren Bedeutung für die Wissenschaft anzustellen.

Meteoriten sind, das ist in der Forschung unstrittig, Bruchstücke vormals größerer Objekte unseres Sonnensystems. Diese „Mutterkörper" waren fast immer Kleinstplaneten, wie sie im Asteroidengürtel zwischen Mars und Jupiter in großer Zahl und Dichte um die Sonne kreisen. Hin und wieder kollidieren diese Asteroiden miteinander. Die Trümmer, ob Splitter oder tonnenschwere Objekte, werden durch die ungeheure Masse des Jupiter auf neue Umlaufbahnen um die Sonne abgelenkt und können auf diesen irgendwann auch mit der Erde kollidieren.

Dass die meisten Meteoriten aus dem Asteroidengürtel stammen, hat durch die Auswertung ihrer Leuchtspuren in der Atmosphäre bewiesen werden können: Rechnerisch lassen sich die Bahnen der Trümmer bis zum Kollisionsort der Asteroiden zurückverfolgen.

Ein Teil des meteoritischen Materials ist aber auch die Hinterlassenschaft von Kometen. Diese „Schweifsterne", Gebilde aus Eis, gefrorenen Gasen, Staub- und Gesteinsbruchstücken, sind bei der Entstehung unseres Sonnensystems übrig geblieben und gehen aus von der „Oortschen Wolke", die weit draußen unser Sonnensystem umringt und vermutlich Milliarden von Kometenkernen enthält.

Wieder andere Meteoritenquellen sind der Mond und wahrscheinlich der Mars. Das zernarbte Antlitz des Erdtrabanten verrät, dass in der Vergangenheit auf ihm gewaltige Meteoriteneinschläge stattgefunden haben müssen. Dabei sind Gesteine aus seiner Oberfläche herausgesprengt worden und bei der geringen Anziehungskraft des Mondes aus dessen Schwerefeld entwichen.

Einiges davon hat die Erde eingefangen – 13 Mondmeteoriten sind bisher gefunden worden, einige davon in der Sahara. Dass es sich tatsächlich um Material vom Mond handelt, konnte durch Vergleich mit Proben bewiesen werden, die „Apollo"-Expeditionen in den siebziger Jahren vom Erdtrabanten mitgebracht haben.

Am 28. Juni des Jahres 1911 fielen morgens gegen neun Uhr über der ägyptischen Oase Dakhla insgesamt 40 Meteoritenstücke vom Himmel. Heute wird angenommen, dass diese Brocken – wie auch ähnlich beschaffene, die in Indien, Nigeria, Frankreich und der Antarktis gefunden worden sind – vom Planeten Mars stammen. Dort sollen sie auf gleiche Weise herausgesprengt und später von der Erde eingefangen worden sein, wie dies von Mondmeteoriten belegt ist.

Jene Meteoriten bestehen allesamt aus magmatischen Gesteinen und unterscheiden sich von anderen vor allem durch ihr viel jüngeres Entstehungsalter. Sie müssen somit von einem großen Planeten stammen, der vor kosmologisch kurzer Zeit noch heiß und aktiv war, somit Gesteinsschmelzen hervorbringen konnte.

Die ebenfalls vulkanisch aktive Venus kommt als Lieferantin nicht in Frage, weil angesichts ihrer größeren Masse die Fluchtgeschwindigkeit eines aus

Mit dem Beckenknochen eines verendeten Kamels spielt ein Targi aus der Begleitmannschaft ein bisschen Schreckgespenst

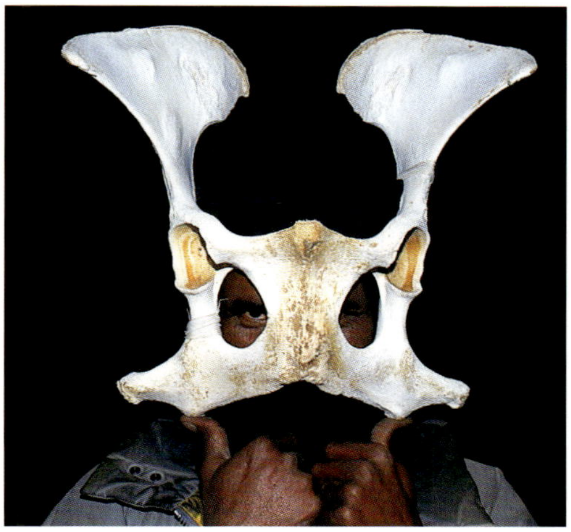

Vielleicht im Schlaf verdurstet ist die durch Trockenheit mumifizierte Sandkatze. Am Kadaver eines verirrten Zugvogels lauert eine Fangschrecke auf Insekten, die darin ihre Eier ablegen

ihrer Oberfläche herausgesprengten Meteoroiden doppelt so hoch sein müsste wie auf dem Mars und das Trümmerstück deshalb die dichte Venus-Atmosphäre nicht verlassen würde. Es bliebe somit der Mars.

Als Beweis für den marsischen Ursprung gilt auch die chemische Zusammensetzung von Edelgasen, die in Verglasungen jener Meteoriten ermittelt worden sind. Die Konzentration und Isotopenzusammensetzung dieser Gase weisen Proportionen auf, wie sie von den Viking-Marssonden in der Atmosphäre des Wüstenplaneten gemessen worden sind.

Der Kosmochemiker Ludolf Schultz ist allerdings skeptisch, was die Mars-Genese jener Meteoriten betrifft: „Man kann sich zur Erklärung des geologischen Befundes auch vorstellen, dass sich beim Zusammenstoß zweier großer Asteroiden ein Lavasee gebildet hat: ein Schmelzprozess durch Einwirkung ungeheurer Energien." Aus dessen erstarrtem Material könnten dann die Meteoriten hervorgegangen sein. Beweise für die marsische Herkunft jener Objekte würden für ihn nur Gesteinsproben liefern, die Raumsonden vielleicht eines Tages von dem fernen Planeten holen.

Natürlich diskutieren wir auch über die nach Nasa-Informationen angeblich in Marsmeteoriten eingeschlossenen indirekten Lebensspuren, die im August 1996 viele Schlagzeilen gemacht haben. Schultz beurteilt sie sehr zurückhaltend: Erstens seien sie womöglich anorganische Hervorbringungen. Zweitens betrieben amerikanische Wissenschaftler damit nur eine geschickte Propaganda, um Mittel für Weltraumforschung, insbesondere für eine Reise zum Mars locker zu machen.

In einem weiß sich Schultz mit allen Fachleuten einig: Das Forschungsfeld der ganz gewöhnlichen Meteoriten, jener nämlich, die zweifellos aus dem Asteroidengürtel stammen, ist schon umfangreich und faszinierend genug. Vor allem deshalb, weil diese Planetentrümmer sich in Form und Inhalt so vielfältig voneinander unterscheiden.

Die feste Materie unseres Sonnensystems hat sich vor rund 4,5 Milliarden Jahren durch Kondensation eines Materienebels gebildet. Diese Urmaterie ballte sich auf relativ kaltem Wege zunächst zu kleineren Körpern zusammen, die sich durch Anlagerungen weiterer Urmaterie zu größeren Asteroiden oder Planeten entwickelten.

Die „inneren Planeten" – Merkur, Venus, Erde, Mars – erwärmten sich später durch Gravitationsenergie und radioaktive Zerfallsprozesse bis zur Schmelze, was zu einer Entmischung und Differenzierung des ursprünglichen Materials in schweres metallisches und leichtes silikatisches führte. Im Fall Erde sanken die schweren metallischen Komponenten zur Mitte und bildeten einen Kern hauptsächlich aus Eisen und Nickel. Die leichteren gesteinsbildenden Silikate schwammen auf und wurden zu Erdmantel und -kruste.

Ein derartiger Werdegang wird auch von den größeren Asteroiden angenommen. Die Trümmer, die bei der Kollision und kompletten Zerstörung solcher Kleinplaneten entstehen, unterscheiden sich deshalb in Eisen-Nickel-Meteoriten als Fragmente der Metallkerne und in so genannte Achondrite als Reste des Mantel- oder Krustenmaterials.

Dagegen entstammen die in der Wissenschaft besonders hoch geschätzten Chondrite, die wir zumeist in der Ténéré auflesen, kleinen Mutterkörpern, bei denen es nicht zur Aufschmelzung und der folgenden Trennung unterschiedlich dichter Bestandteile gekommen ist.

Auch sie haben sich vor 4,5 Milliarden Jahren zeitgleich mit Sonne und Planeten aus einer interstellaren Materiewolke gebildet, doch seitdem keine wesentlichen Veränderungen erfahren. Sie liefern uns daher unvergleichliche und greifbare Zeugnisse vom Ursprung unseres Sonnensystems.

„Die primitivsten Meteoriten in diesem Sinne sind die kohligen Chondrite", erläutert Jochen Schlüter. „In ihren chemischen Zusammensetzungen sind sie der Sonne am

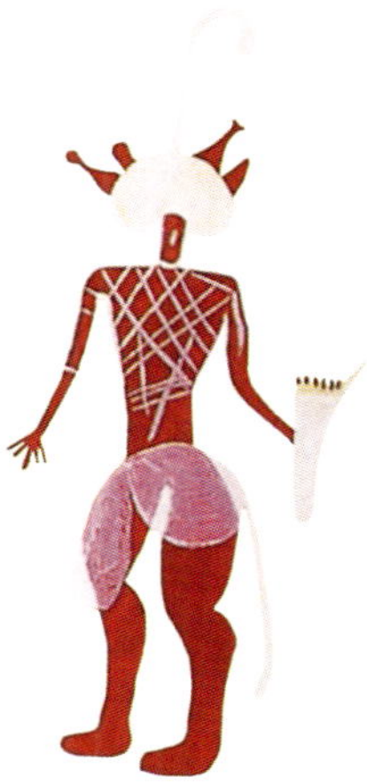

ähnlichsten. Sie enthalten primären Sternenstaub – das ursprünglichste Material unseres Sonnensystems, das, aus dem sich die Sonne, die Planeten und letztlich auch wir uns entwickelt haben.

„Die Elemente, aus denen sich die kohligen Chondrite, das Urmaterial, zusammensetzen, sind zuvor von fremden Sternen ‚erbrütet' worden. Alle uns bekannten schweren Elemente entstehen durch Kernverschmelzungen in großen Sternen. Sind diese Produktionsstätten ausgebrannt, kollabieren sie und versprengen ihre Materie in gewaltigen Supernova-Explosionen in den Weltraum. Dadurch tragen sie zu den interstellaren Materiewolken bei, die sich wiederum zu Brutstätten neuer Planetensysteme entwickeln können. Somit fließt in unseren Adern Blut, dessen Eisen aus dem ‚Herzen' vergangener Sterne hervorgegangen ist."

Womöglich spielten die kohligen Chondriten auch eine entscheidende Rolle bei der Entstehung des irdischen Lebens. Mit ihnen sind von Anbeginn an organische Verbindungen der Elemente Kohlenstoff, Wasserstoff, Sauerstoff und Stickstoff – darunter Aminosäuren, die Grundbausteine des Lebens – auf die Erde gelangt.

Auch Wasser kam und kommt sternschnuppengleich auf die Erde. Jüngste Satellitenaufnahmen belegen, dass täglich himmlische Eisbrocken in der oberen Erdatmosphäre verdampfen. Kondensiert regnet das Wasser dann einfach herab – und hat so womöglich zur Bildung der Ozeane mindestens beigetragen.

Viel Zeit – mehr als wir erwartet haben – verlieren wir bei unserer Meteoriten-Jagd, weil uns nicht nur Pseudo-Meteoriten, sondern auch ganz andere Himmelsobjekte narren als die gesuchten: Mumien von verdursteten Zugvögeln, darunter insbesondere Wasservogelarten, Graureiher, Purpurreiher, Nachtreiher, Rohrdommeln, Pelikane, mehrere Enten- und Watvogelarten, Flussseeschwalben, selbst Blesshühner, die als schlechte Flieger gelten.

Denn die Ténéré ist eine große Vogelfalle. Während ich auf früheren Expeditionen der Ansicht war, dass all die Vögel durch Wasser vortäuschende Luftspiegelungen im-

Ein erster Magnet-Test ergibt: Der Brocken enthält Metall und ist wahrscheinlich ein Meteorit. Nachdem ein anderer Brocken aus dem Sand gewühlt ist, erweist der sich als ein 27 Kilogramm schwerer so genannter Chondrit. Beim Eindringen in die Erdatmosphäre werden Meteoriten von der Reibungshitze partiell aufgeschmolzen, wovon zahlreiche Riefen zeugen

Viereinhalb Milliarden Jahre alt und jetzt in Menschenhand. Der Experte erkennt, dass dieser Gesteinsmeteorit bereits vor Jahrtausenden in die Ténéré gefallen sein muss. Der Wüstenwind hat ihn poliert und winzige Nickeleiseneinschlüsse herausmodeliert

Meteoriten im Anschliff, Palasit mit hellen, durchscheinenden Olivin-Kristallen in Nickeleisen (1). Er entstammt einem aufgeschmolzenen großen Asteroiden; Chondrit mit »Chondren«, Gebilden vor allem aus Pyroxen und Olivin (2). Chondriten sind Kollisionstrümmer kleiner Asteroiden, die Urmaterie des Sonnensystems unaufgeschmolzen in ursprünglicher Mischung enthalten. »Widmanstättensche Figuren« (3) – entstanden, als der Metallkern eines großen Asteroiden abkühlte

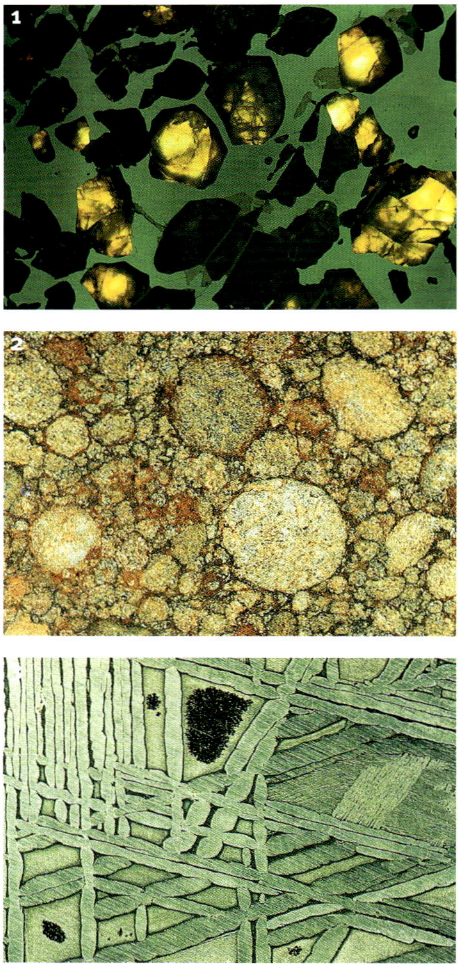

mer tiefer ins Verderben gelockt wurden, kommt mir diesmal eine wahrscheinlichere Erklärung in den Sinn. Vielleicht werden diese Vögel Opfer einer „fossilen Erinnerung“: Jahrtausendelang haben ihre Vorfahren an den Seen überwintert, die sich hier einst ausdehnten – und so ziehen die Vögel noch heute hierher.

Aber dieser einsame Tod inmitten der Ténéré lässt andere Tiere leben. An vielen soeben verendeten Vögeln lauern acht Zentimeter lange, ungewöhnlich dickleibige Gottesanbeterinnen auf Fluginsekten, die in den Kadavern ihre Eier ablegen. Offenbar sehen die großen, bizarren Insekten uns als Konkurrenten oder Feinde: Sie verkrallen sich furchtlos mit ihren Fangarmen in unseren Schuhen und Hosensäumen.

Am meisten verwirren uns bei der Meteoritensuche die Mumien von Rauchschwalben. Viele dieser geschwinden Vögel, die auf ihrem Zug ins tropische Afrika und zurück die Sahara auf breiter Front queren, gehen dabei wohl an Schwäche zugrunde. Und ihr stahlblau schimmerndes Gefieder hat aus der Entfernung täuschende Ähnlichkeit mit den Fusionskrusten der Meteoriten. So fallen wir auf ungefähr 100 Rauchschwalbenmumien herein, bevor wir einen einzigen Meteoriten in Händen halten.

Einen massiven Brocken von 27 Kilogramm Gewicht haben uns Vögel jedoch geradezu augenfällig gemacht: Wie eine kleine Pyramide ragt er aus dem Grund, die Spitze weiß gekalkt von Vogelkot. Lange Zeit wohl hat er Wüstenwanderfalken, die in der Ténéré Jagd auf erschöpfte und verirrte Vögel machen, als Ausguck gedient.

Bevor wir die Hauptmasse des Brockens aus der Erde graben, studieren wir sorgsam dessen Oberfläche. Schon sie liefert zahlreiche Informationen: Das Objekt muss sich seit langem auf der Erde befinden. Denn seine Fusionskruste ist verwittert, und an seiner nach Nordosten weisenden Seite hat der hier vorherrschende Wind das Gestein abgeschliffen und metallische Einschlüsse herausmodelliert.

Dies alles provoziert die Frage: Wie lange können Meteoriten auf diesen Flächen überhaupt der zerstörerischen Winderosion widerstehen? Wichtig ist das terrestrische Alter der Meteoriten nicht nur für wissenschaftliche Untersuchungen wie der unseren, wichtig ist es auch für die Klimaforschung: Aus der Verweildauer der Meteoriten in der Wüste können zuverlässige Rückschlüsse auf Phasen und Dauer ariden Klimas gezogen werden.

Heute ist das Alter der Meteoriten im Labor zu bestimmen: Während seines langen Aufenthalts im interplanetaren Raum bildet das Gesteinsmaterial unter dem Einfluss der kosmischen Strahlung stabile und radioaktive Isotope heraus. Stürzt ein Meteoroid dann auf die Erde, werden keine kosmogenen Nuklide mehr erzeugt, weil die kosmische Strahlung durch die Atmosphäre abgeschirmt wird. Die radioaktiven Isotope zerfallen dann entsprechend ihrer Halbwertszeit, und aus dem Vergleich der ursprünglichen kosmischen „Sättigungsaktivität“ mit der gegenwärtigen, restlichen Radioaktivität lässt sich das terrestrische Alter errechnen.

Sechs Wochen nach dem Start unserer Expedition machen wir uns auf den Rückweg ins ferne Agadez. Die Mühe in der Ténéré hat sich gelohnt: Insgesamt haben wir Meteoriten im Gesamtgewicht von über 37 Kilo im Gepäck, die enormen wissenschaftlichen Gewinn versprechen. Vor allem hinsichtlich ihres terrestrischen Alters, des Einflusses der irdischen Verwitterung auf meteoritische Materie sowie des Ursprungs und der Geschichte der Meteoriten im allgemeinen. Allerdings werden die Ergebnisse der Ermittlungen im Labor vollständig erst in einigen Monaten vorliegen.*

* Das terrestrische Alter beträgt 5000 bis 8000 Jahre. Damit stimmt es mit den klimatologischen Befunden überein, nach denen sich seitdem Aridität ausbreitete. Zwei Meteoriten stürzten erst vor wenigen Jahren auf die Erde.

Kein goldfarbener Metallmeteorit, wie zunächst erhofft, sondern Menschenwerk liegt auf diesem Dünenhang: Ein französischer Aktionskünstler hat 1995 meteoritenähnliche, ursprünglich blau lackierte Metallgüsse über der Sahara aus einem Flugzeug abgeworfen – als Botschaft an künftige Wüstenmenschen

Am zweiten Nachmittag der Rückreise entdecken wir in der dünenreichen südwestlichen Ténéré, in Sichtweite der Gebirgsinsel des Adrar Madet, plötzlich einen seltsamen Gegenstand. Vor uns, auf dem Hang einer Düne, liegt ein golden schimmerndes Objekt – etwa doppelt faustgroß und von der typischen Dachkantenform vieler Meteoriten.

Große Aufregung. Denn nie zuvor ist ein goldfarbener Metallmeteorit gefunden worden. Während wir darauf zueilen, bittet Jochen Schlüter uns, innezuhalten, denn nun sind auf dem Objekt auch leuchtend blaue Flecken zu erkennen. Vielleicht sind das seltene oder gar unbekannte Minerale. Das Stück muss also mit äußerster Sorgfalt geborgen werden. Doch als wir es schließlich in den Händen halten, verblüfft es uns noch mehr: An einer Seite des vermeintlichen exotischen Meteoriten ist der Name J. Verame eingeprägt, dazu die Jahreszahl 1995 und die Nummer 651.

Es gelingt uns nach der Heimkehr, den Künstler ausfindig zu machen, der dieses merkwürdige Stück Object Art geschaffen hat. Jean Verame ist in Frankreich ansässig. Als ich ihn anrufe und ihm von unserem Fund berichte, ist der Künstler keineswegs erfreut. 1001 Exemplare habe er nach Meteoritenvorbild aus Aluminiumbronze gießen lassen und sie aus einem Flugzeug über der zentralen Sahara verstreut – als Vermächtnis und Geschenk für zukünftige Generationen, die in etwa 30 000 Jahren die Sahara bevölkern würden. Und nun kämen wir schon jetzt daher.

Andererseits: Die Wahrscheinlichkeit, dass ein Wissenschaftler-Team, welches in der endlos weiten Ténéré seltene Meteoriten sucht und findet, dort auch noch einen vom Himmel geworfenen Kunstmeteoriten entdeckt – einen von 1001 Objekten in der unermesslichen Zentralsahara – ist rechnerisch so unwahrscheinlich wie sechs Richtige im Lotto. □

n fast zwei Jahrzehnten kehrte der Autor in den Tschad zurück, zu den kaum erforschten Seen v

IM HERZEN DER LEERE

nianga und ins weltentlegene Ennedi-Gebirge. Es wurde eine Expedition zu geographischen Sensationen

Das Seebecken von Ounianga Serir inmitten extremer Wüste. Es bildet die größte Ansammlung der wenigen von fossilem Wasser gespeisten Sahara-Gewässer. Quer durch das Becken hat der Passat, der hier aus den Schluchten eines Felsplateaus fegt, kilometerlange Sandzungen getrieben. Dazwischen dehnen sich schwimmende Schilfwälder

Ein selten klarer Tag am Seebecken von Ounianga Serir. Oft peitscht der Wind den Sand mit Orkanstärke in das Becken. Wie eine Flottille versteinerter Schiffe liegen Felsinseln in dem großen zentralen See

Die Fahrer der libyschen Lastwagen reduzieren den Druck der Reifen, um eine weiche, schwierige Sandpassage zu bewältigen. Beladen mit diversen Handelsgütern reisen auf der Fracht noch Dutzende Passagiere – Gastarbeiter, die mit Sack und Pack in ihre zentralafrikanischen Heimatländer zurückkehren

Nach fast zwanzig Jahren ist der Wasserstand des Salzsees von Ounianga Kebir unverändert. Nur die Sandzungen haben sich weiter vorgeschoben. Tubus haben darauf ihre Hütten gebaut. Das Ufer ist gesäumt von Dattelpalmen. Daran wird sichtbar, dass dort ständig fossiles Süßwasser emporquillt, welches die enormen Verdunstungsverluste des Gewässers ausgleicht

Resultat einer vierstündigen Belichtung: Von keiner nennenswerten Luftfeuchtigkeit gefiltert, leuchtet das Licht der Sterne in all seiner unterschiedlichen Farbigkeit – und bildet in einer windstillen Nacht am Himmel und auf der Oberfläche des Salzsees von Ounianga Kebir indirekt die Erddrehung ab

Auch der Süßwassersee von Boku ist ein Fenster zu einem gewaltigen Aquifer, einem unterirdischen Speicher, der gefüllt ist mit Regenwasser vergangener Erdzeitalter. Dieser See versalzt nicht, weil schwimmende Schilfwälder ihn von allen Seiten überwuchern und die salzanreichernde Verdunstung verhindern

Im Vorland des Ennedi ertrinken die Erosionsruinen des Gebirges in ihrem eigenen Verwitterungsprodukt. Die Gesteine sind Sedimente des Urozeans, der hier vor 500 Millionen Jahren wogte

Die Sedimentgesteine des von Staubwinden umtosten Ennedi-Gebirges sind so strukturiert, dass sie zu mächtigen Pfeilern und Brücken erodieren

Am Grunde des Cañons von Archei im Ennedi-Gebirge werden Kamele an Gueltas zur Tränke geführt – an Felsbecken, die sich während der letzten Regenzeit mit Wasser gefüllt haben. Seit einigen Jahren sind die Niederschläge hier so ergiebig, dass immer mehr dieser Gueltas bis zum nächsten Regen nicht austrocknen

Viele Felsüberhänge im Ennedi sind ausgeschmückt mit Malereien, die von einer feuchteren Klimaperiode vor Jahrtausenden – als noch Rinderzucht möglich war – bis zur Einführung von Pferden und Kamelen in jüngerer Zeit künden

Manche tiefen Cañons im Ennedi sind bis heute noch so wasserreich, dass hier tropische Baumarten überdauert haben

iner der GEO-Forscher die Tiefe des Sees von Ounianga Kebir aus. Mit 27 Metern erweist sich das Gewässer als erstaunlich tief

Von einem Schlauchboot aus lote

Tubu-Frauen bringen sich und ihre Ernte vor einem heraufziehenden Sandsturm in Sicherheit

11. 1. 1999 bis 13. 2. 2000

Mit der Sonne im Rücken wird unsere Fahrt zum riskanten Unternehmen. Vom Nordost-Passat aufgeworfen, überfluten Sandwogen vor uns den Weg, und die steilen Leehänge davor sind in diesem Licht kaum auszumachen. Ausweichen können wir nicht, denn links und rechts flankieren hohe Felswände die Sandmassen. Keine Wolke treibt am grellweißen Himmel. Keine noch so kümmerliche Pflanze ist zu sehen, geschweige denn die Spur eines Tieres. Wir sind wie gefangen im Herzen der Leere.

Nach stundenlanger Lenkakrobatik passieren wir den Ausgang des sandgefüllten Cañons, und vor uns liegt eine unabsehbare Ebene. Durch Sonne und Trockenheit zermürbte Gesteinstrümmer klirren unter dem Druck unserer Autoreifen wie zerbrechendes Glas. Nach einigen Stunden laufen zahlreiche Wagenspuren zu einer einzigen zusammen, und unser Führer ermahnt uns, sie um keinen Meter zu verlassen. Denn links und rechts liegen die Überreste minenzerfetzter Lastwagen.

Am frühen Nachmittag, das erkenne ich an bestimmten Merkmalen der Landschaft, nähern wir uns einem ersten Fixpunkt unserer Reise. Ich erinnere mich noch genau, wie mir auf unserer Expedition 1981 hierher die Augen übergegangen waren angesichts einer Wirklichkeit gewordenen Fata Morgana: Inmitten einer Gegend, in der allenfalls in Jahren ein paar Tropfen aus verirrten Wolken fallen, öffnet sich der Blick auf ein tiefblaues, windgekräuseltes Gewässer, den See von Ounianga Kebir.

Nach 18 Jahren war ich in den Tschad zurückgekehrt, genauer: in den Nordosten dieses riesigen Landes, in eines jener merkwürdigen Staatsgebilde, die Europas Kolonialmächte in Afrika hinterlassen haben. Im Falle des Tschad hatten die Franzosen mit dem Lineal auf der Landkarte Grenzlinien durch Sandmeere, über öde Plateaus und wüste Gebirge gezogen. Und entstanden war ein trapezförmiger Staat – dreieinhalbmal so groß wie Deutschland –, den die Nomaden, die dessen Norden durchstreifen, allerdings bis heute nicht zur Kenntnis genommen haben.

Aufgebrochen waren wir in N'Djamena, der Landeshauptstadt unweit des Tschadsees, die beiden Toyota-Landcruiser mit allem beladen, was für eine fünf Wochen dauernde Expedition in jene lebensfeindlichen Gegenden nötig ist. Mit von der Partie: Stefan Kröpelin, ein 47-jähriger Geograph und Archäologe von der Universität Köln, dessen Forschungsschwerpunkte Klimageschichte und Umweltentwicklung Nordafrikas sind. Und Uwe Karstens, der – inzwischen 57 – als Navigator und Kartenverwalter seit zwei Jahrzehnten gleichsam zum Inventar der GEO-Sahara-Expeditionen gehört. In N'Djamena zu uns gestoßen waren Umer, ein Tubu, als ortskundiger Führer und Mechaniker, sowie Osman, ein Zagaoua, als unser Koch.

Das Ziel unserer Expedition war, neue Erkenntnisse zu gewinnen über ein erstaunliches geographisches Phänomen: die bislang kaum erforschten Salz- und Süßwasserseen von Ounianga östlich des Tibesti-Gebirges. Und danach wollten wir, im nahezu völlig unbekannten Nordosten des Tschad, lebende Relikte jener Zeit der Klimageschichte in Augenschein nehmen, während der die heutigen wüstenhaften Ebenen von Flüssen durchströmt waren: die legendären Zwergkrokodile im Ennedi-Gebirge.

Wir hatten unsere Erkundungen sorgfältig vorbereitet, hatten uns alle Visa und Genehmigungen besorgt, alte Kontakte aktiviert und die gegenwärtige Lage im Tschad studiert. Trotzdem war es keineswegs sicher, dass wir auch nur eines unserer Ziele erreichen würden. Denn obwohl der Norden des Tschad zu den dünnstbesiedelten Regionen der Erde gehört, zählt er nach wie vor zu den unsichersten: Aus religiösen und ökonomischen Gegensätzen zwischen dem Nord- und dem Südteil des Landes, aus Streitereien um Weiderechte für Kamele oder Wasserrechte an einem der wenigen Brunnen entwickeln sich immer wieder blutige Fehden oder gar Bürgerkriege.

Windgeformte Ablagerungen, entstanden aus zahllosen Skeletten winziger Kieselalgen, legen Zeugnis ab von der einst riesigen Ausdehnung des Tschad-Binnenmeers

Von N'Djamena aus fuhren wir zunächst längs des Bahr el-Ghasal nach Norden. Allerdings ist der „Gazellenfluss“ schon seit Jahrhunderten ausgetrocknet, und die Namensgeber, die der deutsche Forschungsreisende Gustav Nachtigal hier noch Mitte des 19. Jahrhunderts zu Tausenden gesehen hatte, sind längst verschwunden. Als erster Europäer war Nachtigal, wie bereits im 3. Kapitel erwähnt, hier bis hinauf in die Bodélé-Djourab-Senke vorgestoßen, wo er ermittelte, dass sie mehr als hundert Meter unter dem damaligen Niveau des Tschadsees lag. Und er war es auch, der nachwies, dass sich zwischen Tschadsee und Tibesti-Gebirge ein gewaltiges Becken erstreckt, das vor erdgeschichtlich junger Zeit von einem Binnenmeer überflutet gewesen sein muss.

Am dritten Tag rollten wir in die Bodélé-Djourab-Senke ein, einen gleißend weißen Irrgarten aus Luftspiegelungen und Abertausenden sphinxähnlicher Höcker – windgeformter Überreste ausgedehnte Diatomeenbänke: Silikathaltige Skelette mikroskopisch kleiner Süßwasser-Kieselalgen haben hier im Laufe der Zeiten auf dem einstigen Seegrund meterdicke Ablagerungen gebildet. Und dazwischen stecken sonnengebleichte Knochen von riesigen Nilbarschen, Flusspferden und Krokodilen.

In der zentralen südlichen Sahara finden sich derartige Diatomeenbänke mehrfach und weit voneinander entfernt. Sie verraten, wie riesig das Tschad-Binnenmeer einst gewesen ist und dass sein Niveau enorm geschwankt haben muss – woran sich die Unbeständigkeit des Klimas auch in der jüngeren Erdgeschichte jenseits jeglicher menschlicher Einwirkungen ablesen lässt.

Gegen Abend des dritten Tages erreichten wir unser erstes Etappenziel, die Oase

Faya. Hier hatte sich kaum etwas verändert, seit ich sie vor 18 Jahren wegen des aufflammenden Bürgerkrieges verlassen hatte. Der einst von den Franzosen erbaute Wasserturm war nach wie vor von Geschossen zersiebt. Demolierte Geschütze und Panzerfahrzeuge standen noch immer an Weggabelungen, blitzblank poliert vom unablässig blasenden Sandwind.

In Faya fassten wir Treibstoff und Wasser und fuhren dann weiter nach Nordosten in Richtung Borkou-Plateau, das im Süden an das Tibesti-Gebirge, das höchste der Sahara, anschließt. Auf Satellitenfotos sieht das Plateau aus wie ein Schallplattensegment unter einem Rasterelektronenmikroskop. Denn der sand- und staubbeladene Nordost-Passat hat in Jahrmillionen Hunderte paralleler, geschwungener Rinnen in das Plateau gefräst – bis zu hundert Meter tief, teils mehr als hundert Kilometer lang und oft nur durch schmale Gesteinslamellen voneinander getrennt.

Vor 18 Jahren hatten wir diese bizarre Berg-und-Tal-Welt im Osten umfahren. Jetzt lotste uns Umer durch eine jener sandgefüllten Rinnen. Denn die Ebene im Osten war seit den Bürgerkriegen der achtziger Jahre von zahllosen Landminen verseucht und daher unpassierbar. Aber gefährlich blieb auch unsere Route. In Faya hatten wir erfahren, dass Tubu-Krieger kurz zuvor im Tibesti eine Einheit der tschadischen Armee in einen Hinterhalt gelockt hatten. Zahlreiche Soldaten waren umgekommen.

Und das Stammesgebiet eben dieser Tubu wollten wir durchqueren, ja uns dort über Wochen aufhalten. Konnten wir noch auf die freundschaftlichen Kontakte bauen, die wir hier 1981 geschlossen hatten?

In dem kleinen Ort Ounianga Kebir am Westufer des großen Salzsees machen wir den Tubu-Honoratioren unsere Aufwartung und überreichen ihnen während der Teezeremonie den Bericht unserer ersten Expedition. Bei der Aufzählung jener Männer, mit denen wir damals bekannt geworden sind, müssen wir behutsam vorgehen. Bei dem anarchischen Charakter ihrer Clans könnten einstige Freunde nunmehr Todfeinde sein. Wir haben Glück, erhalten die Erlaubnis, dass wir die Gewässer dieser Tubu-Region erforschen dürfen.

Unser Camp errichten wir am unbesiedelten Ostufer, das wie der gesamte See von Dattel- und Dumpalmen gesäumt ist. Im Norden erstreckt sich in westöstlicher Richtung eine Steilstufe, in die der Sandwind tiefe Kerben gefräst hat. In den 20 bis 30 Meter tiefen Windkanälen offenbart sich das prächtigste Farbenspiel: Zwischen windpolierten Felswänden, die sich aus bläulichen, gelben und roten Schichten aufbauen, stehen Gesteinsrippen wie marmorne Skulpturen, denen der Windschliff ein aerodynamisches Profil gegeben hat.

Der durch jene Windkanäle fegende Passat hat auch lange Sandzungen in das Blau des Sees getrieben. Dessen Fläche beträgt etwa zehn Quadratkilometer, und obwohl von ihr schätzungsweise jährlich eine fünf bis sechs Meter mächtige Wasserschicht verdunstet, was etwa 60 Millionen Kubikmetern entspricht – der halben Trinkwassermenge, die der Stadtstaat Hamburg in einem Jahr verbraucht –, ist der Wasserstand dieses Salzsees seit Jahrzehnten unverändert. Der Grund: Das Ufer ist rundherum umgeben von Süßwasserquellen, die unablässig die Verdunstung ausgleichen. Und

Ein Warnmal aus Kalaschnikow und Stahlhelm signalisiert Minengefahr auf der Piste zur Oase von Ounianga Kebir: Überbleibsel eines Bürgerkriegs im Tschad, der vielerorts seine Waffen hinterlassen hat

Durch Windkanäle treiben Stürme die Sandzungen in den See. Mit welchem Tempo sie wachsen, dokumentieren Aufnahmen, die auf der ersten GEO-Expedition 1981 (oben) sowie 1999 (unten) vom gleichen Standort aus gemacht wurden

die wiederum beziehen ihr Wasser aus einem fossilen Reservoir von meeresgleicher Ausdehnung.

Der gesamte Untergrund der Sahara besteht aus einem Mosaik gewaltiger geologischer Becken, mit Durchmessern von oft fast 1000 Kilometern und gefüllt mit bis zu 6000 Meter mächtigen Sedimenten, die sich in den unterschiedlichen Perioden der Erdgeschichte übereinander abgelagert haben. In vielen dieser Sedimente ist fossiles Wasser eingeschlossen, Relikt beispielsweise tropischer Wolkenbrüche, die zur Zeit der Saurier niedergegangen sind; aber auch salziges Meerwasser, da Festland- und Meeressedimente wiederholt einander überlagert haben. Es ist hier sogar Wasser erbohrt worden, das seit mehr als 400 Millionen Jahren – länger, als es Leben auf den Kontinenten gibt – in Gesteinen ruht. Und schließlich bildete sich auch Grundwasser durch jene chemischen Prozesse, die Sedimente allmählich in festes Gestein verwandeln.

Der oberste Wasserhorizont aber, aus dem sich das Seen-Mirakel von Ounianga erhält, ist erst vor Jahrtausenden entstanden, also in erdgeschichtlich sehr junger Zeit: Als das Klima in Nordafrika feuchter war, entsprangen in den saharischen Hochgebirgen zahlreiche Flüsse, die meist nicht das Meer erreichten. Vielmehr verströmten sie sich in jenen großen geologischen Becken.

Über Jahrtausende versickerte das Wasser in den Sedimentgesteinen wie in feinporigen Schwämmen. Und als sie gefüllt waren, liefen sie über. Große, abflusslose Seen entstanden im gesamten Saharaaum, und der Tschadsee dehnte sich, wie gesagt, zu einem Binnenmeer, das weite Teile Zentral- und Nordafrikas bedeckte. Dessen Wasserspiegel erreichte schließlich eine solche Höhe, dass es über das Benuë-Niger-Flusssystem in den Atlantik entwässerte.

Aus welchem bestimmten Aquifer, wie jene Wasserspeicher heißen, die Quellen rings um den großen Ounianga-See jedoch gespeist werden, ist mangels Forschungsbohrungen bisher nicht zweifelsfrei geklärt. Das Wasser könnte aus Tiefengesteinen im Tibesti-Gebirge stammen oder auch aus dem nördlich gelegenen grundwasserreichen Kufra-Becken. Letzteres lässt der libysche Staatschef Gadhafi gegenwärtig mit einer gigantischen Pipeline anzapfen, die das fossile Wasser rund 1000 Kilometer nach Norden zur Bewässerung von Agrarkulturen leiten soll.

Am Tag nach unserer Ankunft am Ufer des Salzsees beginnen wir mit den Vermessungsarbeiten. Es gelingt mir, anhand markanter Punkte des Geländes auf Aufnahmen, die ich vor 18 Jahren von den Sandzungen gemacht habe, zu ermitteln, dass diese Nehrungen etwa einen Meter pro Jahr in den See hineinwachsen. Ein Wert, der für unsere weitere Arbeit wichtig werden sollte.

Uwe Karstens und Stefan Kröpelin fahren mit dem Schlauchboot hinaus auf den See, loten dessen Tiefen aus, messen die Temperatur an diversen Stellen und in diversen Schichten, entnehmen Wasser- und Bodenproben. Mit 27 Metern erweist sich das Gewässer als erstaunlich tief.

Infolge der in der extrem trockenen Luft enormen Verdunstung, die den See auf 17 Grad Celsius abkühlt, haben sich die Salze, die vom nachfließenden Süßwasser aus den Speichergesteinen ausgewaschen werden, im See auf das Fünf- bis Sechsfache des Ozeangehalts angereichert. Fische oder andere höhere Lebewesen können daher hier nicht mehr existieren. Doch kann ich mehrere Wasservogelarten identifizieren, die sich von den dicken Algenteppichen auf dem See ernähren. Allabendlich ziehen diese Vögel zu Süßwasser-Quellteichen, um das Salz aus ihrem Gefieder zu spülen.

Die Sonne versinkt in einer Orgie von Farben. Und mit dem Einfall der Nacht beginnt ein neues grandioses Schauspiel: Da ihr unterschiedliches Licht von fast keiner Luftfeuchtigkeit gefiltert ist, entfalten die Gestirne eine Farbenpracht ohnegleichen. Bei völliger Windstille liegt der See glatt wie geschmolzenes Blei. Auf seiner Oberfläche findet der Sternenhimmel sein perfektes Spiegelbild: So schießen vor unseren Augen auch gleich zwei Sternschnuppen aufeinander zu – und verlöschen kurz vor dem Zusammenprall.

Drei Tage hielten wir uns in Ounianga Kebir auf, dann brachen wir in aller Frühe unsere Zelte am Seeufer ab und fuhren hinein in das gleißende Morgenlicht nach Osten. Nach etwa zwei Stunden erreichten wir den Rand eines großen Beckens – und wiederum bot sich uns ein ungeheures Panorama: Vor uns erstreckte sich, soweit wir blicken konnten, ein Mosaik von Seen. Einige leuchteten kobaltblau, andere schimmerten wie flüssiges Silber. Zwischen ihnen wogten leuchtend grüne Schilfwälder, und aus von Windgassen zerfressenen Steilstufen ergoss sich in kilometerlangen Strömen goldener Sand. In einem großen, zentralen See erhob sich eine Kette bizarrer Felseninseln.

Diese Seen umfassen insgesamt eine Fläche von 20 Quadratkilometern und waren bis heute weithin unerforscht. Nur wenige Wissenschaftler haben sich auf Kamelexpeditionen bis hierher vorgewagt. Immerhin stellte der französische Militärgeograph Jean Tilho schon 1909 während eines nur kurzen Aufenthalts fest, dass es hier, in Ounianga Serir, neben einem zentralen Salzsee mehrere kleinere Süßwasserseen gibt: ein Paradox, denn in diesem extremen Wüstenklima hätte eigentlich jedes Gewässer infolge der ungeheuren Verdunstung binnen kurzem versalzen müssen. Wir sind in der Hoffnung hergekommen, dieses Paradox auflösen zu können.

Auf unserer Tschad-Expedition im Jahre 1981 hatten Uwe Karstens, Urs Böhlen und ich nach nur zwei Tagen diesen Ort wieder verlassen müssen, weil uns neue Fronten im Bürgerkrieg den Rückweg abzuschneiden drohten. Seitdem hatten wir davon geträumt, an diesen einmaligen Ort zurückzukehren. Diesmal würden

In den seltenen windstillen Stunden verschmelzen die Wolken und die Inseln inmitten des Sees von Ounianga Serir mit ihrem Spiegelbild (siehe auch Foto auf den Seiten 246/247)

wir mehr Zeit zur Erforschung des Seensystems haben – und auch der Inseln. Auf einer von ihnen hatten Karstens und Böhlen damals eine erstaunliche Entdeckung gemacht.

Mit einem Schlauchboot waren sie seinerzeit zu dieser Insel hinübergepaddelt und hatten die steilen Flanken aus brüchigem Sandstein erstiegen. Nach ein paar Stunden waren sie, die Hände voller Tonscherben, Kupferreifen und Kaurischnecken, zurückgekehrt und hatten von Ruinen hoch oben auf dem Inselplateau erzählt. Mindestens die größte dieser See-Inseln, den einzigen in den kontinentalen Weiten der Sahara, musste offenbar irgendwann besiedelt gewesen sein.

Dieses Mal wollen wir unser Lager am Ufer des zentralen Salzsees dort aufschlagen, von wo aus wir jene Insel am besten erreichen können. Wir finden unseren alten Weg, der über eine kilometerlange Sandzunge führt, die sich in Jahrtausenden vom Nord- bis fast zum Südufer des Salzsees aufgeschüttet hat. Um sie zu passieren, müssen wir ein Stück durch flaches Wasser fahren – durch Süßwasser bemerkenswerterweise, das augenscheinlich von Westen aus ungefähr drei Meter hohen Schilfwäldern in den Salzsee strömt. Ein paar Kilometer fahren wir dann über Dünen bis unter die Windgassen am steilen Nordufer, später auf einer östlichen Sandzunge wieder nach Süden. Diese Nehrung reicht bis etwa in die Seemitte – ein idealer Platz für unser Camp.

Jetzt, am Nachmittag, ist der sonst rastlos böige Passatwind völlig zur Ruhe gekom-

Ein Zeichner hat nachempfunden, wie die große Insel inmitten des damals noch viel größeren Sees von Ounianga Serir bis ins letzte Jahrhundert genutzt worden ist. Grundlage für die Rekonstruktion waren die Informationen, die das Wissenschaftler-Team dort oben gewonnen hatte.

Es war mit einer Strickleiter in einem brüchigen Kamin aufgestiegen und hatte auf dem Inselplateau Ruinen von Rundhäusern, Tonscherben und viele andere Gegenstände entdeckt. Lange hat die gut zu verteidigende Insel in Kriegszeiten als Fluchtburg gedient. Die Menschen haben damals wohl auf Schilfbooten übergesetzt und mit einer einfachen, ebenfalls bei der Untersuchung der Insel entdeckten Krananlage ihr Hab und Gut heraufgeschafft

men. Der See glänzt wie ein tagheller Spiegel. Die Inseln bilden sich auf ihm ab wie in Stahl gestochen; wie gewaltige weiße, mit roten Zinnen bewehrte Burgen von Geisterkönigen (siehe Foto auf den Seiten 246/247).

Am Morgen darauf hat der Passat den Spiegel zerbrochen und das Wasser aufgewühlt. Trotzdem rudern Karstens, Kröpelin und ich mit dem Schlauchboot durch lange weiße Schaumstreifen hinüber zu der großen Insel. Eine Strickleiter sichert unseren Aufstieg in einem bröckeligen Kamin – und tatsächlich: Oben auf dem Inselplateau finden wir die Ruinen seit langem zerfallener Rundhütten. 96 ehemalige Behausungen können wir identifizieren. Zwischen ihnen liegen Tonscherben, Knochen und Hörner von Wildschafen, Ziegen und Kamelen zuhauf.

Zeitweilig müssen hier oben Hunderte von Menschen gelebt haben, hergerudert wahrscheinlich mit aus Schilf geflochtenen Booten, wie sie heute noch am Tschadsee gebaut werden. Am Nordende der Insel, wo der Fels senkrecht in den See stürzt, entdecken wir die Reste einer aus harten Dumpalmenstämmen gebauten einfachen Krananlage. War dies einmal eine Fluchtburg, so haben die Menschen in Kriegszeiten vermutlich ihr Hab und Gut, ihre Tiere als lebenden Proviant sowie gefüllte Wasserschläuche heraufgeschafft. Und vielleicht auch alte Leute, die nicht mehr durch die steilen, aber von oben gut zu verteidigenden Kamine klettern konnten.

Steinplatten, die als Kugelfänge für weit tragende Waffen an den Kanten des Inselplateaus aufgestellt worden sein könnten, weisen darauf hin, dass das Eiland bis in das Zeitalter der Feuerwaffen als Refugium hat dienen können.

Von hier oben ist am Verlauf der Sandzungen zu erkennen, dass auch andere Berge in der Umgebung bis vor relativ kurzer Zeit noch wasserumschlossen gewesen sein müssen. Besonders eine der Inseln im Westen des Sees hat eine solch ungewöhnliche Oberflächenstruktur, dass wir beschließen, sie zu inspizieren.

Das Eiland erweist sich als Toteninsel – eine Art San Michele des Tschad. Es ist bedeckt mit aus Steinen und Felsplatten geschichteten Grabhügeln. Aus den unterschiedlichen Stilen schließt Kröpelin, dass hier Menschen über Jahrtausende bestattet worden sein müssen. Weithin hat die Erosion menschliche Gebeine freigelegt, und durch den Wind dringen aus einem der Schädel seltsame Töne. Als ich mich zu ihm herabbeuge, ist es, als wispere er von seinem Leben in uralter Zeit.

Am nächsten Tag beginnt Stefan Kröpelin mit seiner Suche nach Seekreiden; fossilen Sedimenten, die das Niveau eines uralten Gewässers in dessen Ufernähe markieren. Zwar wird der Wüstenwind die meisten dieser Zeugnisse für vergangene Klimazeiten längst wegradiert haben, aber hoch oben auf dem nördlichen Steilufer hoffen wir noch Überreste zu finden.

Ablagerungen von Süßwassermolluskenschalen, die sich 100 Meter über dem heutigen Seeniveau finden, belegen, dass dieses einst sehr viel höher gelegen hat: Vor knapp 10 000 Jahren füllte das Gewässer tatsächlich ein riesiges Becken

In der nach oben immer enger werdenden Windgasse, durch die Uwe Karstens und ich aufsteigen, strömen kalte Luftmassen zum Seebecken hinab, der Wind wird zum Sturm, zum Orkan. Sandkörner stechen uns wie Nadeln ins Gesicht. Ich taste mich an den zerfrästen Felsen entlang und klammere mich an Vorsprünge, um nicht hinuntergeblasen zu werden. Die Windgeschwindigkeit dürfte bei 150 Kilometer pro Stunde liegen – die höchste, die ich je in der Sahara erlebt habe.

Schließlich erreichen wir das Plateau, und schon wenige Meter von dessen Kante entfernt wird der Wind wieder erträglich. Wir finden Kröpelin in einem Seitental in heller Begeisterung vor. Die Seekreide türmt sich hier meterhoch. Von nahem ist gut zu erkennen, dass sie aus filigranen, spiralförmigen Gehäusen von Süßwassermollusken besteht, die einst das lichtdurchflutete Flachwasser des Sees im Uferbereich bevölkert haben. Und dieses Ufer hat, so ergibt unsere Höhenmessung, einmal 80 Meter über dem zentralen Salzsee gelegen.

In den folgenden Tagen finden wir Seekreiden sogar noch 100 Meter über dem unter uns schimmernden See. Kröpelin nimmt Proben für die spätere Radiokarbon-Datierung. Monate später werden wir das Ergebnis erfahren: Die obersten und damit jüngsten Molluskenschalen haben sich vor 8400, die untersten vor 9800 Jahren abgelagert. Vor 8400 Jahren hatte also hier das Seewasser sein höchstes Niveau. Vielleicht sind die Seen von Ounianga damals in die Bodélé-Djourab-Senke und damit in den Paläo-Tschad übergelaufen, womöglich aber befand sich hier gar der Nordrand des einst riesigen Binnenmeeres.

Auf derartige Werte hat Kröpelin gehofft, denn sie passen zu jenen, die er und seine Kollegen Rudolph Kuper, der ebenfalls an der Kölner Universität forscht, und Hans-Joachim Pachur von der Freien Universität Berlin über Jahre ermittelt haben – und zwar anhand fossiler Seesedimente in der sudanesischen und ägyptischen Sahara. Sie entsprechen auch den Ergebnissen, zu denen der Hamburger Saharaforscher Friedhelm Thiedig seit den siebziger Jahren in Libyen gekommen ist.

Die daraus zu ziehenden Schlüsse sind von solchem Gewicht, dass sie die Klimaforscher zur Revision ihres Geschichtsbildes zwingen könnten. Denn die neuen Daten kollidieren mit den gewohnten Vorstellungen von der klimatischen Entwicklung der nördlichen Hemisphäre. Bis vor kurzem war man davon ausgegangen, dass sich während der letzten Eiszeit – die vor etwa 30 000 Jahren einen vorerst letzten Höhepunkt erreichte und vor rund 10 000 Jahren ausklang – die atmosphärische Zirkulation über der Nordhalbkugel weit nach Süden verschoben habe. Demzufolge seien die regenbringenden Tiefdrucksysteme vom Atlantik her über Nordafrika gezogen, hätten die Sahara zeitweilig in blühende Landschaften verwandelt und in deren Beckenlandschaften ausgedehnte Gewässer entstehen lassen.

Die neuen Datierungen hingegen belegen, dass die klimatischen Zyklen auf der

Das Expeditionslager unter einer Schirmakazie am Ufer des Boku-Sees, dessen Tiefen ausgelotet wurden. In diesem See finden sich Tilapien, eine Fischgattung, die hier wahrscheinlich seit Jahrtausenden isoliert lebt

Nordhalbkugel der Erde anders funktioniert haben als angenommen: Nicht während der Kaltzeiten im Norden ergrünte Nordafrika, sondern viel später, als es in Europa längst wieder wärmer geworden war. Die Vorstellung, dass Erwärmung zwangsläufig mehr Trockenheit bedeute, ist allzu schlicht. Vielmehr verändert sie den gesamten Wasserhaushalt der Atmosphäre. Auch die gegenwärtig prognostizierte globale Erwärmung muss also keineswegs automatisch zu einer wachsenden Verwüstung der Sahara führen, sondern eher zu einem feuchteren Klima – wofür es tatsächlich bereits manche Indizien gibt.

Nach einer Woche intensiver Spurensuche und zahlloser Messungen verlegen wir unser Forschungscamp vom Südufer des großen zentralen Salzsees an den Ostrand des Beckens, ans Ufer eines kleineren Süßwassersees. Wir bauen unsere Zelte unter einer gewaltigen Schirmakazie auf, deren Äste waagerecht nach allen Seiten zwölf Meter weit ausladen. Der Baum steht in voller Blüte. Insekten summen in seinem Geäst. Vögel balancieren zwischen den Dornen. Der Geruch von Honig liegt in der Luft. Ein paradiesischer Ort – gleichsam die Mutter aller Oasen.

Das Wasser des Sees ist völlig klar, und unter der heißen Sonne der Sahara empfin-

Ounianga Kebir
Ounianga Serir

Die Satellitenaufnahme verdeutlicht das topographische Umfeld der Seeoasen von Ounianga: Die von Nordost nach Südwest verlaufenden hellen Streifen sind sandbedeckte Windstraßen, die sich auch durch das Seebecken von Ounianga Serir erstrecken und es in ein komplexes hydrologisches System verwandeln

Die offenen Wasserflächen wirken schwarz. Deutlich sind auch die grünen Schilfareale zu erkennen

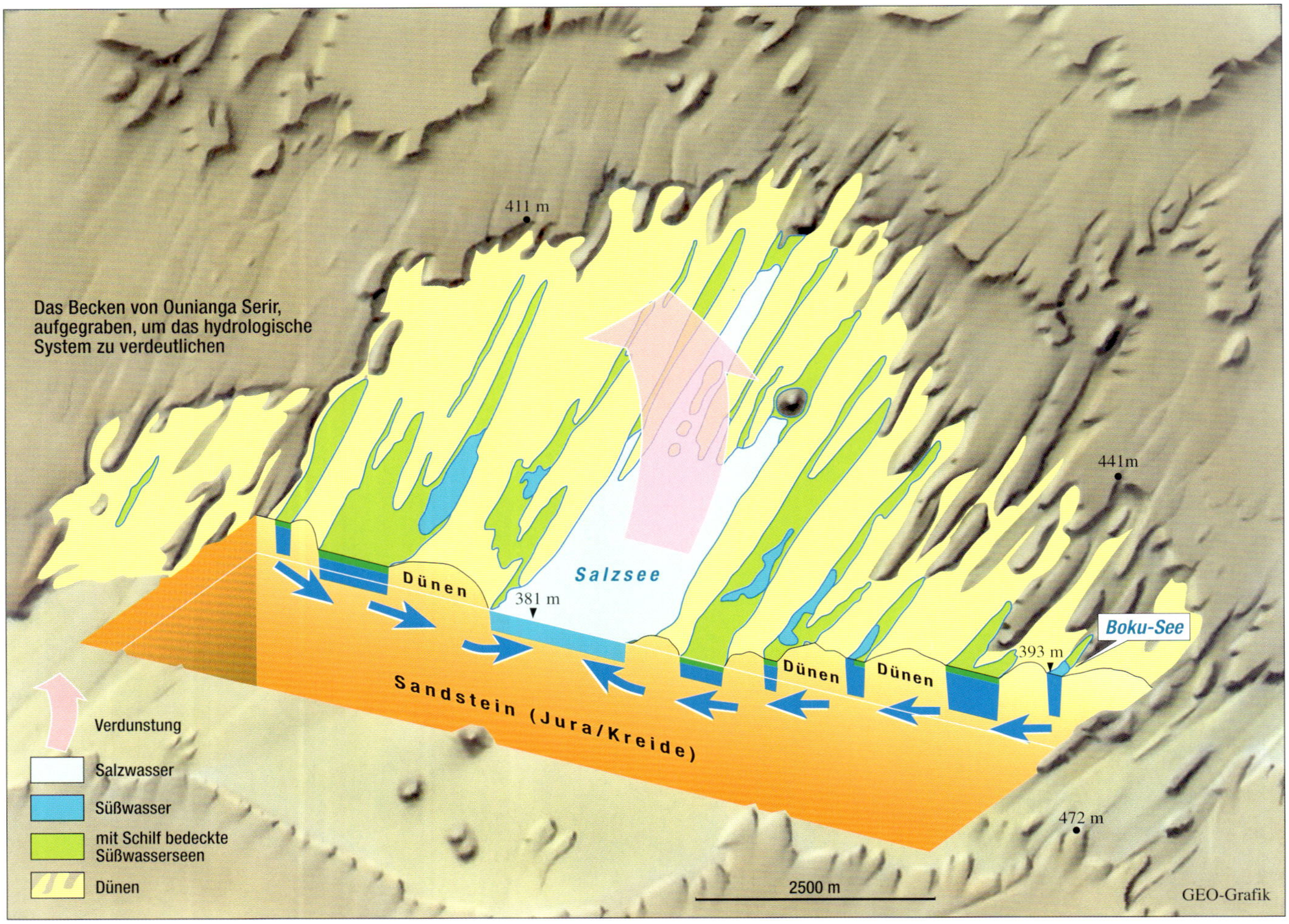

Das Blockbild veranschaulicht, wie sich das einzigartige Seen-System von Ounianga Serir im extremen Wüstenklima vermutlich gebildet hat und erhält: Sanddünenzungen, die das ganze weite Seebecken kammern, wirken in den Seen wie Dämme, hinter denen sich aus dem Untergrund hervorquellendes Süßwasser staut. Schwimmendes Schilf überwuchert die Seen wie ein Deckel, verhindert Verdunstung und damit Versalzung. Motor des Systems ist die zentrale, noch nicht gekammerte Salzseefläche: Sie wirkt als gewaltige Verdunstungspumpe, saugt das Wasser im Untergrund an und sorgt so dafür, dass die Süßwasserseen ständig durchströmt werden

den wir dessen 17 Grad beim Baden als schneidend kalt. Im Uferbereich, zwischen Wasserpflanzen, wimmelt es von kleinen, farbenprächtig schillernden Fischen. Doch all meine Versuche, einige davon zum Zwecke der Bestimmung einzufangen, schlagen fehl. Schließlich übernimmt Umer, unser Führer, die Jagd. Im Schatten einer Palme schleicht er sich an und schlägt dann blitzschnell zu. Mehrere Fische zappeln im Kescher.

Es sind Tilapien, Angehörige einer Fischgattung, die in vielen Seen und Flusssystemen des südlicheren Afrikas weit verbreitet ist. Hier in Ounianga sind sie seit der Austrocknung Nordafrikas isoliert. Als ich dann mit den Fingern den Seeboden durchharke, fördere ich spiralförmige Molluskengehäuse zutage – die gleichen, die sich fossil in der Seekreide finden. Doch in diesen stecken noch die lebendigen Erbauer. Kröpelins Kommentar: „Wir haben einen lebenden Paläo-See entdeckt!“

Noch eine andere, schließlich sehr aussagekräftige Überraschung hält dieser Süßwassersee für uns bereit: Sein nördliches und sein südliches Drittel sind von hohem Schilf bedeckt. Die offene Wasserfläche dazwischen, mit einem Durchmesser von nur etwa 150 Metern, erweist sich bei Lotungen als mit 13 Metern unvermutet tief.

Eines Nachmittags kommt ein Staubwind aus Süden auf. Die weißgrelle Sonne wird zu einer matten Scheibe, die alles in einen goldenen Nebel hüllt. Als ich einen Felsen nahe des Sees besteige, um den Lichtzauber zu fotografieren, mache ich eine merkwürdige Beobachtung. Mitten im See ist eine Insel aufgetaucht – ein Eiland wie auf einer der beliebten Inselkarikaturen. Nur dass statt der Palme ein paar Schilfhalme in der Inselmitte wachsen. Als ich später davon erzähle, halten mich die anderen für ein Opfer des Lichtzaubers – um so mehr, da die Insel am nächsten Morgen spurlos verschwunden ist.

Als Kröpelin und Karstens unmittelbar vor dem südlichen Schilfrand das Lot nehmen, registrieren sie dort die gleichen Tiefen wie in der Seemitte. Sie ermitteln auch, dass an der Schilfkante die Rhizome der Pflanzen miteinander zu einer meterdicken korkähnlichen Masse verwachsen sind. Und das stellt schließlich nicht nur meinen Ruf als einigermaßen illusionsfreier Zeitgenosse wieder her, sondern führt zur Entdeckung einer ökologischen Sensation.

Wir waren wie selbstverständlich davon ausgegangen, dass die hier ebenfalls aus den Aquifer gespeisten Südwasserseen genauso flach wie der große Salzsee in der Mitte (dieser hatte bei Lotungen nur Tiefen von viereinhalb Metern ergeben) und ihre verschilften Teile folglich versumpft sein müssten. In Wirklichkeit aber, so erkennen wir nun, schwimmen die Schilfwälder über tiefem Wasser. Die zahlreichen, zunächst klein erscheinenden Süßwasserseen sind somit nichts anderes als offene Stellen ebenfalls größerer Seen. Und die „Insel“, die ich gesehen habe, ist ein Stück des Schilfwaldes gewesen, das der Südwind hinaus in das offene Wasser geschoben haben muss. Nachdem dann während der Nacht der Wind gedreht hat, ist sie wieder zurückgetrieben worden.

Die schwimmenden Schilfwälder mit ihrer korkähnlichen Rhizombasis erklären das Geheimnis, weshalb die Gewässer unter ihnen nicht versalzen: Sie dichten sie auf ihrer Oberfläche weithin ab und mindern so die Verdunstung erheblich. Und zusammen mit dieser Tatsache werden Höhenmessungen zu Bausteinen einer neuen Theorie. Sie hatten nämlich ergeben, dass das Niveau der Süßwasserseen nach Osten treppenartig ansteigt – der See etwa, an dem wir lagern, liegt zwölf Meter über dem Niveau des zentralen Salzsees. Und schon bei unserer Einfahrt in diese Seenlandschaft hatten wir ja erlebt, wie Süßwasser auch von Westen von einem höheren Niveau in den Salzsee strömt. Folglich ist dieser so etwas wie das Entwässerungsbecken der Süßwasserseen – eine gigantische Verdunstungspumpe, die das Wasser der anderen Seen unterirdisch ansaugt.

Der Wüstenwind hat verhindert, dass auch hier eine einzige homogene versalzene Wasserfläche wie in Ounianga Kebir entstanden ist: Er hat zahlreiche Sandzungen quer durch das ganze Becken getrieben. Jetzt kammern sie es, fungieren als Dämme, hinter denen sich das nachquellende Süßwasser staut und der Schilfwald wuchern kann. Das schirmende Schilf wiederum könnte seine Nährstoffe aus dem mineralreichen Staub gewinnen, den der Wüstenwind aufliest – und der weltweit, aber natürlich auch hier herabrieselt. Und fortwährend sorgt die zentrale Pumpe dafür, dass das Süßwasser die Kammern durchströmt und diese daher nicht versumpfen. Im benachbarten See von Ounianga Kebir vollzog sich die gleiche Entwicklung. Nur würde die Kammerung durch die Sandzungen hier länger dauern, weil der See tiefer ist.

All das ist genug Grund für unsere Annahme, dass wir hier ein einzigartiges, sich selbst regulierendes hydrologisches System entdeckt haben, ein Süßwasser-/Salzwasserseen-System, das ausgerechnet und nur durch die Bedingungen existiert und funktioniert, die eine extreme Wüste setzt.

Wir diskutieren in den letzten Tagen unseres Aufenthalts in Ounianga Serir oft über die Idee, hier womöglich eine permanente Forschungsstation zu etablieren. Denn weitere Untersuchungen an diesem Ort und ausführliche archäologische Erkundungen würden enorme Erkenntnisse sowohl zur Klima- wie zur Kulturgeschichte Afrikas liefern.

Doch zunächst verordnen wir uns den Auszug aus dem Paradies: Wir erliegen den Verlockungen noch unerforschteren Territoriums weiter im Osten, noch tiefer im Herz der Leere. Doch die Reise in die Bergländer der Erdis können wir nur riskieren, wenn wir dort mindestens einmal unsere Wasservorräte auffüllen können. Umer engagiert einen Nomaden, der dort

George Steinmetz schwebt über einem Sanddünen-
ld nahe der Salinenoase von Demi. Radarstrahlen, die
von Satelliten aus streifenförmig die Sanddünen
urchdringen, zeigen darunter das alte Gewässernetz
längst vergangener feuchterer Klimaperioden

vor etwa einem halben Jahrhundert geboren sein und einen Brunnen kennen will.

Der Name Erdi ist wenig einladend, denn er bedeutet Krieg und Gefahr. Versteckt in den Schluchten der wild zerklüfteten Plateaus, sollen in den Erdis seit alters Horden räuberischer Nomaden lauern, die aus den Verstecken heraus Reisende auf dem Wege von den Kufra Oasen in den Sudan überfallen. Ganze Karawanen sollen dort wie in einer Art Bermuda-Dreieck verschwunden sein. Stefan Kröpelin, der vor ein paar Jahren versucht hatte, sich den Erdis vom Sudan aus zu nähern, war auf einen Toyota gestoßen, dem der Sprit ausgegangen war, voller schwer bewaffneter Tubu, alle mumifiziert. Besonders makaber: Ihre Armbanduhren liefen noch!

Die Erdis finden sich dort, wo drei geometrische Figuren, die des Tschad, des Sudan und Libyens wie die Kanten und Ecken eines Puzzle zusammentreffen. Weltentlegen und ein administratives Niemandsland, gelten sie neuerdings als Durchgangsgebiet und Schlupfwinkel für Schmuggler.

Doch unser Vertrauen auf die Qualität unserer Fahrzeuge und auf unsere jahrzehntelange Wüstenerfahrung ist stärker als die Angst. Wie oft hatten wir uns in Deutschland über die nach Luftaufnahmen gezeichneten Karten und über Satellitenbilder von dieser Region gebeugt und waren im Geiste in unerforschte Cañons eingedrungen.

Nach zweitägiger Fahrt erreichen wir das Erdi Dji. Erstaunlich: Vor kurzem, im vergangenen Sommer, muss es hier geregnet haben. Der Wüstenboden ist vielerorts von einem silbrigschimmernden Grasteppich überzogen. Häufig sehen wir Trupps von Dorcas-Gazellen, die panisch vor unseren Autos fliehen. In diesem entlegensten Winkel der Sahara geht nun auch einer meiner sehnlichsten Wünsche in Erfüllung. Ich sehe meine erste Addaxantilope. Ein Exemplar einer Art, die fast ausgerottet ist. Fahlfarbig und eselsgroß steht sie für Sekunden wie ein Fabeltier am Horizont. Dann flieht sie; ihr Körper zerfließt in Luftspiegelungen.

Wir fahren immer tiefer in eine sandgefüllte Schlucht hinein, die sich auf dem Satellitenbild wie eine Arterie ausnimmt, die das Erdi Dji durchzieht. Uwe Karstens und

Im entlegenen Bergland der Erdis helfen Satellitenfotos bei der Navigation

ich wollen hier einen Akazienwald mit lückenlosem Kronendach aufsuchen, den die Kartographen vor 40 Jahren auf Luftbildern identifiziert hatten. Wir finden ihn tatsächlich, aber er ist längst ein Opfer der Wüste geworden. Einst prächtige Bäume, waren zu Staubhaufen zusammengesunken. Die Regenfälle des letzten Sommers waren zu spät gekommen.

In einem tiefen Cañon an der Ostseite des Plateaus sollte auch das Wasserloch liegen, von dem unser Führer geredet hatte. Doch der kannte die Gegend nur vom Kamel aus, und wo dieses Tier noch seinen Weg findet, kann oft kein Auto fahren. Schließlich finden wir, nach stundenlangem Umherirren, die Stelle doch am Ende einer Schlucht – eine Guelta, eine Auskolkung. Natürliche Pegelmarken zeigen, dass das Wasser hier

Inmitten des Erdi Dji hält ein Mitglied der GEO-Expedition Ausschau nach einem möglichen Weg durch das unerforschte Bergland

einst metertief gestanden hatte. Doch nun ist das Becken staubtrocken, liefert aber einen Hinweis, dass wir nicht allein in dieser fernen Welt sind: In den Grund des Beckens hatten Menschen auf der Suche nach Wasser ein großes Loch gegraben, darin ein noch tieferes, kleineres und darin hatte schließlich offenbar kürzlich jemand verzweifelt mit einem Stock nach Feuchtigkeit gebohrt.

Trotz der Enttäuschung entschließen wir uns zur Weiterreise, noch tiefer hinein ins Unbekannte – zum Erdi Ma und dem vorgelagerten Bergland Mallanga. Unsere Hoffnung, dort in der unermesslichen Einöde am Ende einer tiefen Schlucht Wasser zu finden, gründet sich auf ein dünnes, blaues Kreuz auf der Karte. Die Legende dazu zeigt das Symbol für temporäres Wasser, hinterlassen von seltenen Regenfällen aus verirrten Wolken.

Nach zwei weiteren Tagen schwerer Geländefahrt erreichen wir das Bergland und finden tatsächlich das Guelta am Ende der Schlucht – doch wieder ohne einen Tropfen Wasser. Pro Person haben wir jetzt nur noch einen Vorrat von 20 Litern. Also ist geordneter Rückzug angesagt.

Übernachten wollen wir in einem anderen tiefen, grandiosen, weit verzweigten Cañon. Doch während wir nach einem geeigneten Rastplatz suchen, erleben wir den Schrecken des Robinson Crusoe: Wir stoßen auf Spuren von Menschen – auf Autospuren, die ganz frisch sind. Umer erkennt an der Art, wie die Reifen den Sand beiseite gedrückt haben, dass das Fahrzeug kurz zuvor in die gleiche Richtung wie die unsere gefahren sein muss. Ein ungutes Gefühl beschleicht mich. Würden wir hier Banditen in die Hände fallen, würde niemand in Europa von unserem Schicksal hören. Wir wären einfach verschollen. Ganz vorsichtig fahren wir weiter. Dann ist die Spur im steinigen Gelände verschwunden, wohl in eine andere Schlucht, und taucht in unserer Fahrtrichtung nicht wieder auf.

Und dann sehe ich aus einer tiefen, düsteren Seitenklamm einen Trupp Kronenflughühner herausfliegen – ein fast sicheres Anzeichen für Wasser. Vor Jahrzehnten hatte ich die Biologie dieser der Wüste extrem

In den Grund einer ausgetrockneten Guelta im Erdi Dji haben Nomaden auf der Suche nach Wasser tiefe Löcher gegraben. In einer Guelta im Bergland Mallanga fand sich schließlich ein letzter Überrest

Vielerorts in den Erdis fand die Expedition Zeugnisse neuerlicher Regenfälle wie diese pampelmusengroßen Früchte von Bittermelonen, die der Wind inmitten des Erdi Korko in kleine Mulden gerollt hatte

angepassten Vogelart erforscht, die nicht mit den Hühnern, sondern mit den Tauben und Limikolen verwandt ist. Sie unternimmt morgens und abends Langstreckenflüge, um zu trinken, und in einem speziell dafür angelegten Bauchgefieder transportieren die Männchen Wasser, um ihre noch flugunfähigen Jungen zu tränken.

Am Grunde des Cañons gedeihen zu unserer großen Überraschung zahlreiche saftig grüne Akazien, sodass wir hier gern unser Camp errichten. In der Umgebung finden wir mehrere Schädel, bestückt mit klotzigem Gehörn von Mähnenschafen, und einige Patronenhülsen. Es war unglaublich: Bis hierher kamen also Menschen, mit einiger Sicherheit Schmuggler, um zu jagen!

Nachdem die Zelte aufgebaut sind, mache ich mich auf den Weg zur Klamm. Doch der Anbruch der Nacht zwingt mich zum Rückzug. Am nächsten Tag findet Uwe Karstens in der Klamm in einem Felsbecken tatsächlich etwa 200 Liter abgestandenes Wasser, von einem weit zurückliegenden Regenfall. Nicht genug, um hier längere Zeit zu forschen, aber genug, um unseren Rückzug zu sichern.

Wir fahren am Nordrand der Mourdi–Depression, eine der größten und ausgeprägtesten Windstraßen der Sahara in westlicher Richtung. Fast ständig toben hier Stürme – diesmal zu unserem Nutzen. Nur mit dem starken Rückenwind schaffen unsere Autos die Fahrt über den weichen Kalkgrund, in den die Reifen bis zum Rand der Felgen einsinken. Im Inneren der Senke hat sich der Sand in riesigen Barchanen, in Sicheldünen, geordnet, die in endlosen Ketten nach Westen wandern. Nach etwa 150 Kilometern gehen wir auf südlichen Kurs und schicken uns an, die windgepeitschte Depression zu durchqueren.

Unser Ziel ist jetzt das Ennedi, ein mächtiges, vielstöckiges Gebirgsplateau, dessen Existenz in Europa nahezu unbekannt ist. Ansteuern wollen wir das Wadi N'Kaolo, ein Flussbett, das während der Regenzeiten Wasser aus dem Ennedi in die Mourdi-Senke führt.

Als wir die mächtigen Akazien, die das Wadi wie ein unabsehbares grünes Band

Dieser Bock einer Addaxantilope hat sein linkes Auge verloren – wohl beim Kampf mit einem Rivalen

säumen, schon fast zum Greifen nahe wähnen, geraten wir in ein ausgedehntes Weichsandfeld. Irgendeine klimatische oder topographische Veränderung hatte die sonst so kalkulierbare Ordnung der Barchane durcheinander gebracht. Meter für Meter müssen wir uns nun bei großer Hitze mit Sandblechen, die wir vor die Räder legen, bis in das Trockenflusstal voranarbeiten. Aber wir werden belohnt: Die Akazien dort gehören zu den größten, die ich bisher in Afrika gesehen habe. Sie waren sicherlich drei- bis vierhundert Jahre alt. In ihren dichten blühenden Kronen lärmt eine Vielzahl von Webervögeln. Mehrfach sehen wir Rotkopfaffen und einmal sogar sechs leuchtend grüne Papageien. Das Wadi N'Kaolo entpuppt sich als subtropischer Vorposten inmitten der Wüste und als Brückenkopf für unzählige europäische Zugvögel, die im Frühjahr die Sahara überqueren. 1954, als das Wadi reichlich Wasser führte, haben Forscher dort, wo es in die Mourdi-Senke mündet und einen temporären See gebildet hatte, Hunderte von Wasservögeln zahlreicher Arten registriert.

Im Westen löst sich die tief und labyrinthisch zerschluchtete Gebirgstafel in einem Archipel von so genannten Zeugenbergen auf, die das einstige Ausmaß des Gebirges dokumentieren. Hier hat sich die Erosion über Äonen als Baumeister einer surrealen Architektur betätigt. 200 Meter ragen die Felspfeiler empor, oft gekrönt von bizarren Zinnen, dünnen balancierenden Fingern und hohen Felsbrücken, die jede Sekunde herabzustürzen scheinen.

Das aber ist nicht das einzige Spektakuläre an diesem Felsarchipel. Vielmehr ist er auch eine Art Louvre der Steinzeit. Seit Jahrtausenden haben Nomaden kavernenartige Felsüberhänge ausgeschmückt mit Szenen aus ihrem Leben, ihrer Zeit – und so ein gewaltiges, längst nicht durchforschtes Nachschlagewerk zur Klima- und Kulturgeschichte hinterlassen. Am häufigsten dargestellt sind Rinder, in Ocker, Rot und Weiß, mit prallen Eutern, an denen sich Hirten laben. Man sieht auch Kamele in vollem Galopp, geritten von lanzenbewehrten Reitern.

An vielen Felspfeilern, in jedem Cañon, sind Malereien zu entdecken, und so kom-

Die Oberfläche der Ennedi Plateaus ist labyrintisch zerklüftet. Da die Gesteinsschichten unterschiedlich fest sind, modelliert die Erosion gewaltige Pilzfelsen heraus. Mancherorts ist der Fels gepflastert mit versteinerten Kreaturen aus dem Urozean wie diesen Stielen und Kelchen von Seelilien

Das Ennedi birgt einen der größten Kunstschätze der Menschheitsgeschichte – Tausende Felsbilder aus der Jungsteinzeit. Sie erzählen detailgenau vom Leben prähistorischer Afrikaner. Und sie illustrieren die Entwicklung der Kunst. Französische Spezialisten haben erst einen Teil der Malereien kopiert

men wir wegen der zahlreichen Stopps und Ausflüge links und rechts der Piste nur langsam in Richtung auf unser eigentliches Ziel voran, den Lebensraum der von uns gesuchten Krokodile: den Cañon von Archei.

Als wir schließlich den Eingang jener Talschlucht erreichen und zu Fuß in den Cañon eindringen, tönt uns ein schauriges Stöhnen und Seufzen entgegen, wie von allen verlorenen Seelen im Höllenfeuer. Das Echo der Klagelaute bricht sich mehrfach an den Felswänden, und so scheinen sie von überall her zu kommen, je weiter wir in die Schlucht hineingehen.

Und dann, nach einer Biegung des Cañons, stoßen wir auf Hunderte von Kamelen. In Gruppen stehen oder hocken sie am Rande von Gueltas, von Auskolkungen, die gefüllt sind mit einer stinkenden Flüssigkeit, einer Mixtur aus stagnierendem Wasser und Kamelurin. Nomaden sind damit beschäftigt, gefesselten, zu Boden gezwungenen Tieren die scheußliche Brühe mit Schüsseln einzuflößen. Unser Führer Umer erklärt uns, dass den Kamelen diese „Trinkkuren" als Mittel gegen diverse Krankheiten und Parasiten aufgenötigt werden. Energisch verwehren uns die Hirten den Weitermarsch – wohl zu Recht, denn wir könnten die spezielle Ordnung ihrer Kamelgruppen durcheinander bringen, indem wir einzelne Tiere aufscheuchen.

Am Morgen darauf führt uns Umer auf einen anderen Weg, an dessen Ende wir das, weswegen wir hergekommen sind, doch noch zu Gesicht bekommen. Wir steigen zwei Stunden lang einen von Erosionsschutt bedeckten Hang hinauf, begeben uns an den Rand des Plateaus, schauen hinab in den Cañon, wie in Abgründe der geologischen Zeit. Aus dieser Perspektive wirken die Kamele tief unten fremdartig wie eine Herde Saurier. Und ähnlich schaurige Laute hatten vielleicht auch die Urzeitechsen hervorgebracht. Dann erblicken wir tatsächlich jene Abkömmlinge von Archosauriern: Sie treiben 50 Meter oberhalb der Kameltränke in einer Guelta, aus deren Quelle die Nomaden ihr Trinkwasser schöpfen.

Während die Schatten am Grunde der Schlucht weichen, steigt ein Krokodil nach dem anderen auf eine kleine Sandbank, um sich in der Morgensonne zu wärmen – insgesamt sieben, und das ist, nach Auskunft eines Nomaden, gegenwärtig auch die gesamte Population. In einem kleinen Seitenbecken wimmeln Buntbarsche, wie wir durch unsere Ferngläser erkennen.

Wie die Fische in den Süßwasserseen von Ounianga Serir, so leben auch die Krokodile und deren Beutefische womöglich seit Jahrtausenden isoliert, im Quellgebiet eines Flusses, der einst in das Tschad-Meer mündete. Die allmählich zunehmende Trockenheit hat den Fluss versiegen lassen und den Populationen hier oben irgendwann den Rückweg abgeschnitten.

Kröpelin und seine Kollegen haben aber auch herausgefunden, dass das Ennedi-Gebirge auch Quellgebiet eines Flusses gewesen sein muss, der einst durch das heute sandgefüllte Wadi Howar ostwärts zum Nil geströmt ist. Sie nennen diesen ebenfalls

Drei Meter
groß sind diese in
den Fels des Ennedi
geritzten Bildnisse,
bemalte Frauen darstellend. Vergleichbare Kunst am Körper
wird noch heute in
Afrika kreiert, zum
Beispiel bei den
Surma im Süden
Äthiopiens

Die spezielle Form der Zinnen und Klippen im Ennedi zeugt davon, dass sie in einem feuchteren Erdklima über Jahrmillionen entstanden sind. In einer Guelta im Cañon von Archei haben einige Krokodile überlebt – in friedlicher Koexistenz mit den Menschen, die dort auch Lederschläuche mit Wasser füllen

längst versiegten Fluss den „Gelben Nil". Mag sein, dass die Krokodile hier oben Nachkommen von Echsen sind, die jenen Gelben Nil hinaufgewandert waren. Denn zoologisch sind die Krokodile von Archei – die Länge des größten Exemplars schätzen wir auf 1,80 Meter – eine Zwergform des Nilkrokodils.

Obwohl die Nomaden die Tiere in Ruhe lassen, sind deren Tage wahrscheinlich gezählt. Und zwar nicht so sehr, weil sich andere Feinde, insbesondere die Hirtenhunde, für die Eier der Krokodile interessieren. Sondern vor allem, weil die Sonne aus diesen Eiern wahrscheinlich entweder nur Männchen oder nur Weibchen erbrüten wird. Denn bei Krokodilen bestimmt die Bruttemperatur das Geschlecht des Nachwuchses. Die Sandbank aber, die den Krokodilen hier oben zur Eiablage zur Verfügung steht, ist ziemlich klein und vermutlich nicht geräumig genug, um auf Dauer unterschiedliche Temperaturen für genügend unterschiedliche Brutergebnisse zu gewährleisten.

Zwar haben wir während unserer Exkursion im Nordosten des Tschad allenthalben Anzeichen dafür gefunden, dass es hier wieder häufiger regnet, so wie ich und andere es seit Jahren auch in der Südsahara, besonders im nigrischen Aïr-Gebirge, beobachtet haben. Aber starke Regenfälle, die Vorboten eines feuchteren Klimas, bedeuten für die Krokodile von Archei zunächst auch eine große Gefahr: Als sich, wie uns Nomaden erzählt haben, vor einigen Jahren das Wadi Archei nach heftigen Gewittern in einen reißenden Wildfluss verwandelt hat, ist eines der Krokodile – ein achtes – viele Kilometer weit in die offene Wüste hinausgespült worden und umgekommen.

Allerdings: Krokodile werden uralt und haben somit viel Zeit. Sollte, diesmal wahrscheinlich verursacht durch eine menschengemachte Atmosphärenerwärmung, die Tendenz einer Klimaveränderung in der Südsahara anhalten und die Wüste wie vor Jahrtausenden wieder ergrünen, dann hätten die Krokodile von Archei vielleicht noch eine Chance – und auch die Menschen, die hier ihrer kargen Umwelt trotzen. So wetterwendisch ist eben der Weltenlauf. □

rab des Pharao Tutanchamun fand sich ein Skarabäus, gefertigt aus einem mysteriösen Material, das durch kosmisc

DER STEIN DES TUTANCH-AMUN

te im Inneren der Libyschen Wüste entstanden ist. Dorthin zog ein Forscherteam, entlang einer antiken Karawanenroute

Das so genannte Wüstenglas aus hochreinem Siliziumoxid zählt zu den seltensten Mineralien, die auf der Erde vorkommen. Wind und Sand haben daraus in Jahrmillionen Mikrolandschaften geschliffen, in deren gläsernen Bergen und Plateaus sich das Licht bricht

Lag das Vorbild der ägyptischen Monumentalarchitektur in der Wüste? Kräfte der Verwitterung haben diese Felspyramiden aus einem ehemaligen Plateau herausmodelliert

Die an Sphinxe erinnernden Höcker hat der Wüstenwind aus den Sedimenten eines urzeitlichen Sees gefräst

4. 2. 2000 bis 26. 2. 2000

Endlich sind sie aufgetaucht, die Spuren, nach denen wir seit Tagen in einem der entlegensten Winkel der Sahara gesucht haben. Deutlich laufen sie schräg vor uns einen steilen Dünenhang hinab. Die Trittsiegel von vier Kamelen und einem Menschen im losen Sand sind noch ganz frisch, allenfalls wenige Stunden alt; sonst hätte sie der Wüstenwind längst ausradiert. Es können nur die Spuren unseres Freundes sein, des Wüstengängers Carlo Bergmann, um dessen Schicksal wir seit nunmehr fast einer Woche bangen. Denn Nomaden betreten diesen Teil der Libyschen Wüste nie.

Die gewaltige Ödnis erstreckt sich beiderseits der libysch-ägyptischen Grenze, vom Sudan im Süden bis nach Siwa im Norden, von der Dakhla-Oase im Osten über das westliche Ufer der Großen Sandsee hinaus. Geographen wie Stefan Kröpelin, mit dem ich schon im Tschad geforscht habe und der nun unsere Expedition leitet, bezeichnen die Libysche Wüste als Extremwüste.

Hier, in einer Region, in der die Luftfeuchtigkeit bis auf wenige Prozent herabsinken kann, hat Bergmann bei einem seiner früheren Alleingänge Depots mit uralten Krügen und Amphoren gefunden, die die Existenz eines Karawanenweges aus mindestens pharaonischer Zeit belegen – und zu dem er uns jetzt den Weg weisen soll. Kröpelin und Rudolph Kuper, der Leiter der Kölner Forschungsstation im ägyptischen Dakhla, haben mit ihrem Team die profunde Aufarbeitung von Bergmanns Entdeckungen im Visier.

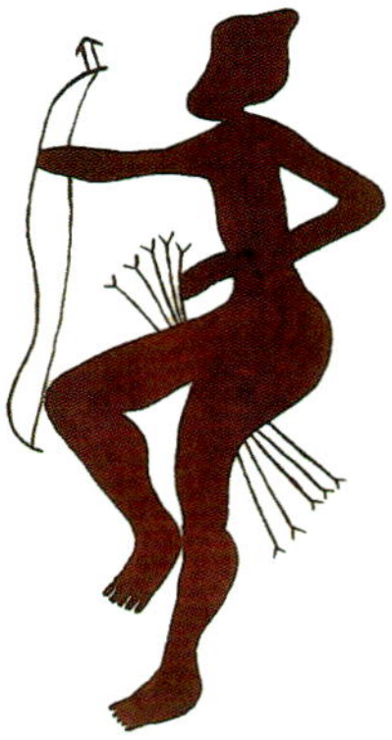

Aber auch wenn der Beleg einer „Seidenstraße" des alten Ägypten schon Grund genug für unsere Expedition in die abgeschiedene Weltgegend sein könnte, so haben wir noch ein zweites Forschungsziel: den Vorstoß zur Fundstelle eines sagenumwobenen Steines, eingefasst in ein Schmuckstück aus dem über drei Jahrtausende alten Grab des Pharaos Tutanchamun.

Ein Stein mit einer langen Geschichte: Unter den unermesslichen Kunstschätzen, die Howard Carter nach seiner Entdeckung der Grabanlage des Pharaos im oberägyptischen Tal der Könige im Jahre 1922 zutage

300 Meter ragen die Kalkklippen nördlich der ägyptischen Oase Dakhla empor. Die Sedimentgesteine sind die Hinterlassenschaft eines Meeres, das vor vielen Millionen Jahren Nordafrika überflutet hat

gefördert hatte, war auch eine Preziose, die mit anderen Geschmeiden in einer Truhe lag. Im Zentrum des aus Gold, Silber, Glasflüssen und edlen Steinen gefertigten Juwels, das die Kosmologie der alten Ägypter wiedergibt, ist der jugendliche Sonnengott als Skarabäus dargestellt – mit Beinen, Flügeln und dem Schwanz eines Falken. Vorderbeine und Flügelspitzen tragen die Himmelsbarke mit dem Horusauge, flankiert von zwei Uräusschlangen. Darüber erhebt sich die Mondsichel – und in dieser wiederum eine Mondscheibe aus Silber mit goldenen Applikationen. Das Schmuckstück symbolisiert die kosmische Ordnung und den ewigen Zyklus allen Lebens.

Der Skarabäus selber aber besteht aus einem grünlich schimmernden Stein, der bisher in sonst keinem einzigen Objekt der ägyptischen Hochkultur entdeckt worden ist. Da Howard Carter es nicht besser wissen konnte, klassifizierte er das Material zunächst als einen Chalzedon, als eine der vielen Quarzvarianten.

Im Jahre 1998 jedoch untersuchte der italienische Mineraloge Vincenzo de Michele den Skarabäus mit einem Refraktometer, einem optischen Gerät, mit dem der Brechungsindex und damit die mineralische Struktur von Edelsteinen geprüft wird. Das Resultat war verblüffend: Der Skarabäus ist zweifelsfrei aus LDSG, aus „Libyan Desert Silica Glass“, geschliffen worden. Dieses so genannte Wüstenglas aus hochreinem Siliziumoxid zählt zu den seltensten Mineralien, die auf der Erde vorkommen; sehr viel rarer noch, als es Diamanten sind. Der edle Stein kann, nach Meinung von Fachleuten, nur durch ein kosmisches Ereignis ins Innere der Libyschen Wüste gelangt sein.

Insgeheim hege ich nun die Hoffnung, dass Bergmanns uralter Karawanenweg uns zumindest in die Nähe jenes Ortes führen wird, an dem sich dieses Ereignis einst abgespielt hat.

Wochen zuvor schon hatte ich von Hamburg aus mit Bergmann in Ägypten verabredet, via Satellitentelefon die ebenfalls per Satelliten ermittelten geographischen Koordinaten eines Treffpunkts in der Liby-

In der Oase Mut besitzt Carlo Bergmann ein kleines Haus,
Basislager für seine Alleingänge in die große Leere. Am Morgen schauen
seine Kamele herein; begierig, ein wenig Brot zu erhalten

Im Zentrum des Tutanchamun-Pektorals hat der altägyptische Goldschmied einen aus dem seltenen Wüstenglas geschliffenen Skarabäus platziert – einen geflügelten Sonnengott. Das Pektoral fand sich in einer Truhe mit Ebenholz- und Elfenbein-Intarsien aus der Schatzkammer seiner Grabanlage. Das mittlere Bild zeigt es in der Truhe liegend, von seiner Unterseite

Der Himmel über dem noch fernen Gilf-Kebir-Plateau – eine Einsamkeitsinsel in den endlosen Weiten der Sahara

schen Wüste zu fixieren, sobald wir auch in Nordafrika angekommen sein würden. Wir ließen uns damit zum ersten Mal auf die neue Kommunikations- und Ortungstechnik ein, statt auf die klassische Wüstennavigation zu vertrauen – und nun sieht es seit einer Woche danach aus, als könnte das zu einer Katastrophe führen. Denn unsere Kontaktversuche scheitern: Weder kann Bergmann uns noch können wir ihn erreichen. Bis es Bergmann schließlich doch noch gelingt, mit dem letzten Rest der Energie in seinen Akkus seine Standortkoordinaten an die Hamburger GEO-Redaktion zu übermitteln, von wo aus sie an uns durchgegeben werden: 23 Grad, 20 Min., 42 Sek. Nord, 26 Grad, 34 Min., 9 Sek. Ost.

Ein Grabungsteam hatten wir bereits an den zuvor aufgespürten Krugdepots abgesetzt, sodass unsere ursprünglich 15 Köpfe starke Mannschaft auf fünf Teilnehmer abgeschmolzen ist, als wir endlich Bergmanns Spuren finden. Wir wissen, dass die Positionsangabe, die uns erreicht hat, Bergmanns Überlebensformel ist. Er hat den Wasser- und Nahrungsnachschub durch uns einkalkuliert – und seine kleine Karawane hat ihn bitter nötig.

Doch auf den Geröllfeldern und Felsflächen verlieren wir immer wieder seine Fährte, müssen sie viele Stunden lang suchen; oder sie erklimmt die geschwungenen Grate hoher Dünenzüge, die wir mit unseren schwer beladenen Fahrzeugen nur mühsam passieren können. Bis wir schließlich von der Höhe eines Dünengipfels Bergmanns Karawane in der Ferne erblicken – eine Hand voll belebter Partikel in kosmischer Weite.

Glücklich fällt Carlo Bergmann einem nach dem anderen von uns in die Arme. Hätten wir ihn heute nicht endlich getroffen, so wäre er am nächsten Tag aufgebrochen, um eines der Wasserdepots zu erreichen, die wir auf einer früheren Expedition im Herbst 1999 für ihn und seine Tiere angelegt hatten. Aber es hätte knapp für ihn werden können.

Beim Anblick der Wasserkanister kommt Leben in die ausgedursteten Kamele, und Bergmann hat Mühe, die Tiere zu bändigen. Jedes von ihnen saugt wie mit einer kräfti-

Nach wochenlangem Marsch durch brunnenlose Wüste liegen Carlo Bergmanns Kamele erschöpft am Boden. Der Scout der Expedition war vorausgegangen; und erst in letzter Minute stieß der motorisierte Konvoi mit Wasservorräten zu ihm

Das erste Wasser seit Wochen. An die sechzig Liter saugt jedes Tier in sich hinein. Fürsorglich beruhigt Carlo Bergmann die erregten Tiere

gen Pumpe rund 30 Liter Wasser in sich hinein, macht sich anschließend über Stroh und trockene Bohnen her und schluckt danach noch einmal rund 20 Liter Wasser. Ein Vorrat, der bei dieser relativ kühlen Jahreszeit für etwa zwei Wochen reichen wird.

Fast so schnell, wie die Sonne am westlichen Horizont abtaucht, sinkt die Temperatur. Von keiner wallenden Luftfeuchtigkeit gebrochen, strahlt das Licht von Abermillionen Sternen herab, starr und klar, ohne zu funkeln. Eine Hand voll glühenden Kameldungs, auf dem eine Kanne mit Teewasser summt, ist die Oase, um die wir uns fröstelnd versammeln. Die Kamele suchen in dieser Einsamkeit die Nähe des Menschen und kriechen langsam zu uns herüber. In ihren Leibern gluckst und brodelt es wie in einer Destillieranlage.

Nun erstehen in unseren Gesprächen die Geschichten und Legenden wieder auf, mit denen die Menschen in der Sicherheit des Niltas den leeren Raum der libyschen Wüste von alters her füllen, ganz so, als könnten sie deren Vakuum nicht ertragen.

Wie eine Fata Morgana lockte etwa die in alten arabischen „Handbüchern für Schatzgräber“ beschworene Existenz der prächtigen Oase Zarzura.

Im „Kitab al Durr al Makmuz“, dem „Buch der vergrabenen Perlen“, findet sich ein Hinweis auf die legendäre Oase: „Sie liegt östlich der Zitadelle Es Suri. In ihr wirst du Dattelpalmen und Weinpflanzungen und fließende Quellen finden. Folge dem Wadi und steige in ihm bergan, bis du auf ein anderes Wadi triffst, das zwischen einem Hügelpaar nach Westen zieht. In ihm

wirst du einen Pfad finden, folge ihm, und du wirst zu der Stadt Zarzura gelangen. Du wirst ihre Tore geschlossen finden. Sie ist eine Stadt weiß wie die Taube. Über dem Tor wirst du einen aus Stein gehauenen Vogel finden. Strecke die Hand zu seinem Schnabel aus und ergreife den Schlüssel und öffne und tritt ein in die Stadt. Du wirst große Schätze sehen und den König und die Königin, die im Schloss im Schlafe liegen. Nähere dich ihnen nicht, aber nimm von den Schätzen. Friede sei mit dir!"

Und dann ist da noch die Geschichte von dem verschollenen Heer des persischen Großkönigs Kambysis, der von 525 bis 522 vor Christus auch über Ägypten herrschte. Er schickte ein Heer von 50 000 Kriegern von Oasis, dem heutigen Kharga, aus durch die große Sandsee, um Ammon, das heutige Siwa – mit dem berühmten Orakel des Gottes Ammon – zu erobern. Doch dem griechischen Historiker Herodot zufolge erhob sich, als das Heer inmitten der Sandsee war, ein gewaltiger Sturm, der die Krieger unter Sandwogen begrub. Herodot berichtete auch von Smaragden der Garamanten, jener legendären Urbevölkerung Libyens.

All diese Geschichten führten dazu, dass die Libysche Wüste seit dem 19. Jahrhundert das vorrangige Ziel zahlreicher Expeditionen wurde. Angeführt von Forschern, deren Namen ebenfalls Legende sind. Der Deutsche Gerhard Rohlfs, der ägyptische Prinz Kemal el-Din Hussein, der auf Amt und Würden verzichtet hatte, um sich der Erforschung der Wüste zu widmen, und so schillernde Gestalten wie der Ungar Ladislaus Eduard Graf Almásy waren darunter.

Wir reden natürlich auch über den Stein des Tutanchamun und den Fundort dieses erstaunlichen Glases fern im Westen, irgendwo in der Großen Sandsee, nördlich des Gilf-Kebir-Plateaus; spekulieren über die Chancen, dorthin zu gelangen. Und darüber, was es bedeuten könnte, dass die alten Ägypter ein so rares Material rund 700 Kilometer weit vom Niltal entfernt geborgen haben, um ein Juwel für ihren Herrscher daraus zu fertigen.

Immerhin erhellen Bergmanns Erkundungen wichtige Details in der Wirtschafts- und Kulturgeschichte des Pharaonenreiches, liefern Fakten zu all den überlieferten Geschichten und Legenden.

Bergmann, ein promovierter Betriebswirt, der vor 18 Jahren der Enge in Deutschland, der Menschenmenge der Städte und der Routine seines Berufsalltags entfloh, ist diesen Legenden nachgegangen. Als Begleiter von Trecks, in denen Kamele als Schlachtvieh vom Sudan nach Ägypten getrieben werden, erlernte er das Handwerk des Karawanenführers und später auch die Kamelzucht. Immer tiefer wagte Bergmann sich in die große Weite. Nur seinen eigenen, inzwischen durch Erfahrung geschärften Sinnen, dem Instinkt seiner Kamele und uralten Wegzeichen vertrauend, entdeckte er auf monatelangen Märschen längst vergessene Pfade wieder.

Im Winter 1986/87 schließlich begann Bergmanns „Karriere" als Kulturforscher: Auf einem fast 4000 Kilometer langen Fußmarsch von Kairo in den Sudan und zum Dschebel Uweinat und von dort aus zurück über Abu Ballas zur Oase Farafra stieß er in Höhe des entlegenen Gilf-Kebir-Plateaus auf die Spuren eines uralten Karawanenweges – insbesondere auf Scherben von Krügen und Amphoren. Und fand damit Anschluss an eine jahrzehntealte Forschung.

Die Existenz eines alten Karawanenweges wurde bereits 1874 von der Rohlfsschen Expedition zur Erforschung der Libyschen Wüste vermutet. Die Expedition brach von der Oase Dakhla aus nach Westen auf, in völlig unbekanntes Terrain, um die bis dahin von keinem Europäer betretene Oase Kufra zu erreichen.

Dr. Jordan, der als Professor der Vermessungskunde die Expedition begleitete und zur Errichtung von Wasser- und Lebensmitteldepots die Vorhut übernahm, berichtete: „Im Begriffe nämlich, auf einem Hügel ein Steinzeichen zu errichten, fand ich daselbst zu meiner großen Überraschung bereits ein altes, aus mehreren zweifellos von Menschenhand eingesteckten Steinen bestehendes Wegzeichen, und bald folgten ähnliche nach." Und später: „Ich bin seit gestern zweifellos auf der älteren Kufra'er Karawanenstraße, was durch alte Wegzeichen bewiesen wird, welchen ich folge."

Dann 1916 hatte der britische Geologe John Ball am Südrand der Großen Sandsee an einer Felspyramide weit über hundert in Reih und Glied stehende, offenbar sehr alte Tonkrüge mit einem Fassungsvermögen von jeweils bis zu 30 Litern entdeckt. Und Kemal el-Din Hussein, der das Krugdepot 1924 inspizierte, hatte den markanten Felskegel Abu Ballas – „Vater der Krüge" – genannt.

1939 schrieb dann der wüstenbesessene Ladislaus Eduard Almásy in seinem Buch „Unbekannte Sahara" über das mysteriöse Krug-Depot: „Wenn man nun auf der Landkarte die kürzeste Verbindungslinie von Dakhla über Abu Ballas nach Kufra zieht, so ... liegt ... Abu Ballas genau im ersten Drittel des gesamten Weges. Wäre nur ein einziges Wasserdepot zwischen Dakhla und Kufra notwendig gewesen, so würde es ohne Zweifel auf der Hälfte des Wegs errichtet worden sein. Es ist daher sehr wahrscheinlich, dass sich etwa in der Mitte zwischen Abu Ballas und Kufra entweder noch ein zweites künstliches Depot befand – oder aber eine Oase*. Diese Mitte ... aber ... liegt im nordwestlichen Teil des bisher noch kaum erforschten Gilf Kebir, eines mächtigen Gebirgsmassivs im Herzen der Libyschen Wüste."

Nur: Die von Jordan und Almásy postulierte Wegstrecke galt als schiere Spekulation – bis Bergmann auf deren Relikte stieß. Zwar waren schon in den dreißiger Jahren Vermutungen über ein pharaonisches Alter der Krüge von Abu Ballas geäußert worden, doch erst 1988 ergab eine physikalische Datierung der Gefäßkeramik ein Alter von 3500 bis 4000 Jahren.

Die Gefäße könnten danach bereits zur Zeit des Mittleren ägyptischen Reiches gebrannt worden sein. Hatten Nomaden, die in der Antike die ägyptischen Oasen Kharga und Dakhla überfielen und plünderten, mit diesen Gefäßen ein Wasserdepot für ihre Raubzüge angelegt? Oder war dieses Depot ein Indiz für eine antike Expedition? Wir werden nun ein weiteres Mal prüfen, was Bergmann südlich von Dakhla aufgespürt hat; wollen seinen alten, in die Sahara führenden Karawanenweg in Augenschein

* er vermutete Zarzura

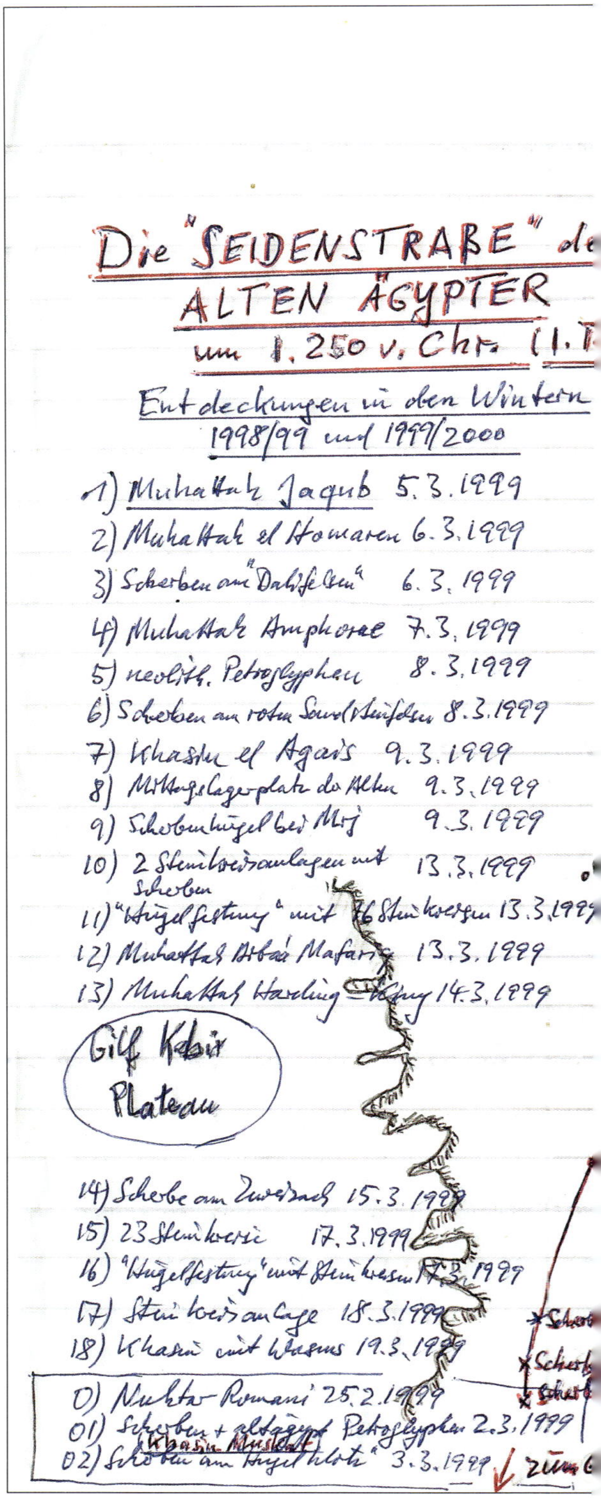

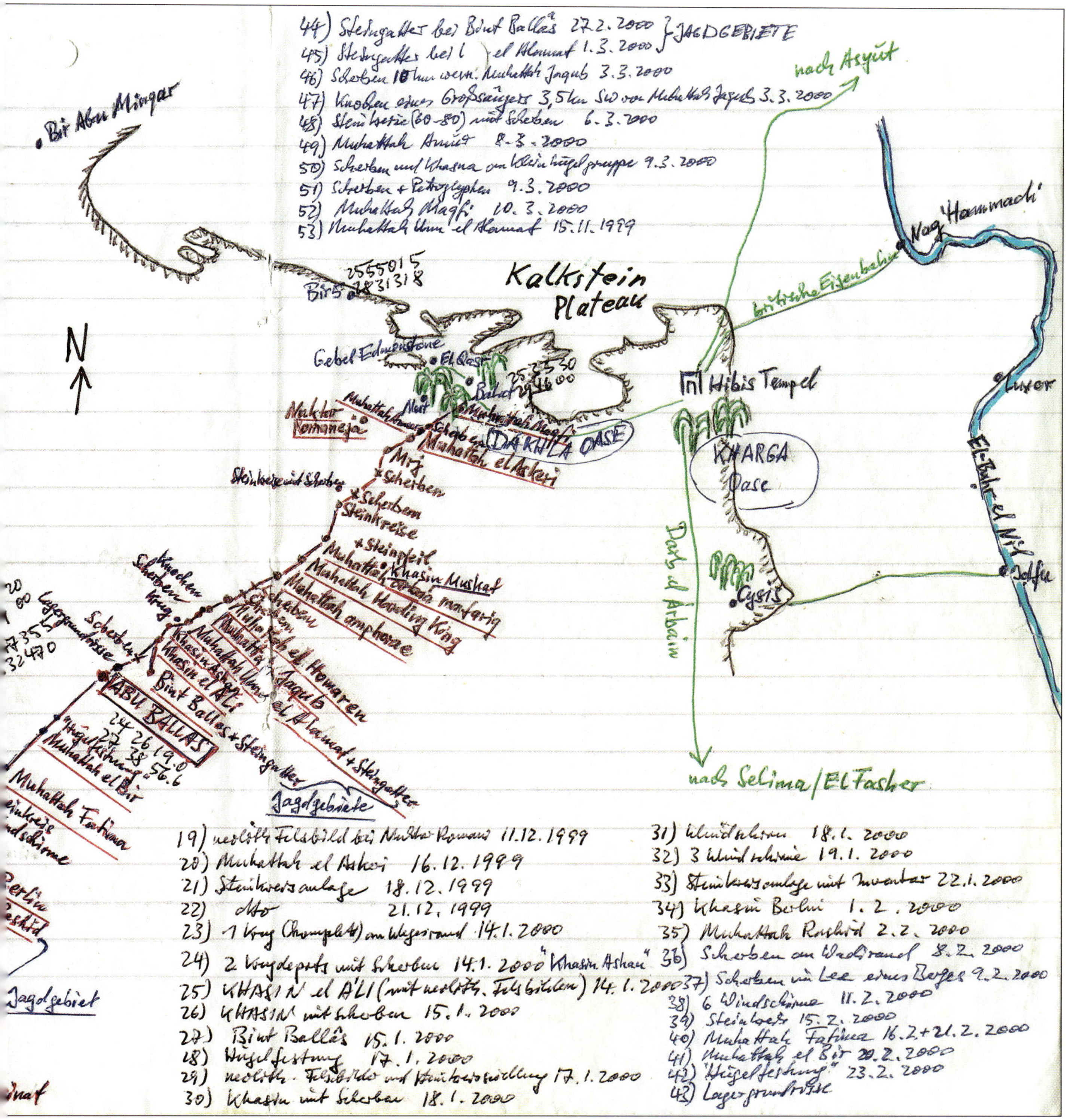

Eine Doppelseite aus dem Tagebuch Carlo Bergmanns.
Wie eine Perlenschnur reihen sich seine Funde zu einer uralten antiken Karawanenroute, deren Ende noch unabsehbar ist. Vor Bergmanns Forschungen war nur das Krugdepot von Abu Ballas bekannt gewesen

Am Rande der Oase Dakhla liegt die nach Heinrich Barth benannte Forschungsstation. Hier startet auch die GEO Expedition, bauen Mechaniker eine Vorderachse ein, während daneben 2000 Liter Wasser für Mensch und Kamele in Kanister gefüllt werden

nehmen – und nach Anzeichen dafür Ausschau halten, dass der Weg nach Westen abgebogen sein muss. Denn dort sind weitere bauchige Krüge des Abu-Ballas-Typs zu finden; auf einer Route, die offenbar von Dakhla nach Abu Ballas führte. Zahlreiche Ritzzeichnungen säumen den Weg mit den in regelmäßigen Abständen angelegten Krugdepots.

Informationen von großem Wert für die Ägyptologie. Denn die Forschungsstation in Dakhla, eine Außenstelle des Heinrich-Barth-Instituts für Archäologie und Geschichte Afrikas an der Universität Köln, hat als eine Hauptaufgabe die Erkundung der Ostsahara. Insbesondere verfolgen die Kölner im Rahmen eines von der Deutschen Forschungsgemeinschaft getragenen Projekts die These, dass die altägyptische Hochkultur nicht nur ein Geschenk des Nils war. Sondern auch der Wüste.

Vor allem, weil ein Teil der Rinder züchtenden Nomaden, die während der feuchten Klimaphase zwischen 9000 und 5000 v. Chr. in der Sahara lebten, bei deren erneuter Austrocknung an den Nil abgewandert war. Aus dem fruchtbaren Zusammenspiel mediterraner und afrikanischer Elemente hatte sich schließlich das Kulturwunder Ägypten entwickelt.

Kuper wie Kröpelin hatten auf Bergmanns Entdeckungen zunächst mit überraschtem Staunen reagiert. Wie konnten sie, die doch seit Jahrzehnten in der Region arbeiten, die Existenz dieses antiken Karawanenweges übersehen haben? Die aus faustgroßen Steinen zusammengesetzten Pfeile etwa, Wegzeichen antiker Karawanenführer. Oder die in Reihen aufgestellten Steinplatten, welche die Funktion von Peilmarken hatten; und die noch in mehr als hundert Kilometer Entfernung gradgenau in Richtung Abu Ballas weisen, wie wir anhand unserer Satelliten-Navigationsinstrumente feststellen.

Unbemerkt blieb auch die Existenz zahlreicher Ritzzeichnungen in charakteristischem altägyptischen Stil, wie sie bisher nur vom Abu Ballas bekannt waren. Jäger beim Verfolgen ihrer Beute, Abbilder von Straußen, einem Schakal, einem Esel, einer Hauskatze mit Halsband, vor der eine Wüstenspringmaus davoneilt. Ebenso die Existenz säuberlich ausgeschliffener „Fußabdrücke“, die charakteristisch waren entlang von Wegstrecken im alten Ägypten.

Schon bekannt hingegen waren Inschriften gewesen, mit denen sich Reisende vor Jahrtausenden verewigt hatten – Notizen wie jene, die uns Klaus Peter Kuhlmann vom Deutschen Archäologischen Institut in Kairo, Ausgräber der Tempel Siwas, so übersetzte: „Im Jahre 23 des Königtums ist der Proviantmeister Meri auf seinem Weg, um die Oasenbewohner zu treffen.“

Es wird jetzt klar, weshalb so viele Indizien einer versunkenen Kultur sogar für die Spezialisten zunächst „unsichtbar“ waren, obwohl wir bei dieser Expedition in relativer Nähe mancher Fundstellen sogar die Wagenspuren vorangegangener Erkundungen hin und wieder kreuzten. Niemand hatte all die Dinge bemerkt – wohl weil das Augenmerk der Forscher auf anderes gerichtet war und sie zudem, unterwegs mit Autos, die Landschaft einfach zu rasch durchquert hatten.

Dem Wüstengänger Bergmann dagegen ist manches nur deshalb aufgefallen, weil er die Langsamkeit des Fußreisens und des Schauens wiederentdeckt hat. Und so fand er Krugdepots, die stets am Fuße charakteristischer, inselartiger Felskegel lagen. Mit Ausnahme einer Ansammlung von etwa 75 Krügen oder besser „Halbkrügen“ – den oberen Teil hatte der Wüstenwind im Laufe der Zeit abgefräst –, die sich im offenen Gelände fanden, inmitten einer flachen, sandgefüllten Senke. Gut möglich, dass hier einst eine Karawane zugrunde gegangen ist. Dafür sprechen auch Reihen aufgerichteter Steinplatten, ganz so, als hätten die Karawanenführer damit einen Schutzschild gegen einen Sandsturm errichtet.

Auf einem aus dem Sand gegrabenen Krug ist deutlich eine Zeichnung zu erkennen, die einen Esel zeigt. Dass sie vor dem Brennen in den Ton eingeritzt worden sein muss, bestätigt uns der belgische Keramik-Experte Laurent Bavay. An Form und Material der Krüge entlang der Route erkennen die Spezialisten, dass der Karawanenweg über Jahrtausende hinweg benutzt worden ist – und das bis weit in die griechisch-

Aufgestellte Steinplatten dienten Karawanenführern über Jahrtausende hinweg als Peilzeichen für den richtigen Weg. Bergmann weist zur nächsten Steinsetzung auf einer fernen Kuppe. Auch in den Fels geschliffene »Fußabdrücke« waren in Altägypten typische Wegmarkierungen. Aus dieser Zeit stammt auch die Darstellung einer Hauskatze, vor der eine Wüstenspringmaus flieht

römische Zeit. Welche Funktion hatten all diese Krüge? Waren sie Wasserdepots für Handelskarawanen oder Militärexpeditionen? Waren sie Transportgefäße für Handelsgut – Öl, Getreide, Datteln? Liegen vielleicht sogar irgendwo entlang des Weges Überreste der Warenladungen?

Eines der Krugdepots entlang dieser für die Ägyptologie spektakulären Entdeckung liegt nur ein paar Kilometer von unserem Lagerplatz entfernt. Wir hätten es eigentlich auch ohne Bergmann entdecken können, denn mit den Autos sind wir bereits daran vorbeigekommen. Am nächsten Morgen rumpeln wir nun mit Bergmann in unseren Spuren zurück. Und nach 20 Minuten gelangen wir an einen markanten Felsen, an dessen Fuß dickbauchige Krüge vom Abu-Ballas-Typ lagern; andere, die an riesige Kegelschnecken erinnern, sowie elegante Amphoren.

Nur ein durch langen Aufenthalt in der Wüste geschärfter Blick und die Kenntnis bestimmter Formen vermag die Überreste antiker Amphoren zwischen den bizarren Erosionsstrukturen aufzuspüren

Wieder erweist es sich: Bergmanns Entdeckungen beruhen auch auf einer einfachen Erkenntnis, zu der wohl nur einer wie er, der die Wüste zu Fuß erforscht, kommen kann: Angesichts der Tatsache, dass Kamele erst im 4. Jahrhundert v. Chr. in Ägypten als Nutztiere auftraten, kann das antike Karawanenwesen hier vorher nur mit Eseln betrieben worden sein. Und anders als die Kamele, die mit ihren großen, tellerförmigen Füßen für die Passage der weiten, sandigen Ebenen taugen und sich auf engen, steinigen Wegen schwer tun, sind die Esel im Berggelände vermutlich gut vorangekommen und haben so den Karawanen oft weite Umwege erspart.

Auch weil solche Routen mit modernen Fahrzeugen schwer erreichbar und erst recht schwer passierbar sind, hat man die antiken Wege nicht früher entdeckt. Umso erstaunlicher, dass wir im feinsteinigen Gelände in der Umgebung der Krugdepots sogar noch die Spurrinnen des alten Karawanenweges wahrnehmen können. Die Zartheit der Linien zeigt, dass sie von Eselshufen und nicht von den breiten Kamelfüßen ausgetreten worden sind. Dass solche Spuren sich also wirklich über Jahrtausende erhalten können, ist einem besonderen Phänomen zu verdanken: Der hier vom Sand entblößte Wüstenboden verwittert tiefgründig zu Staub. Während der Wind das feine Material fortwährend wegbläst, fügen sich die freigewehten Steine lückenlos zusammen. Tritt man auf dieses „Pflaster", so drückt man es leicht in die Staubschicht darunter, und die Hohlform, die so entsteht, verschwindet erst in Jahrtausenden.

Nachdem wir einige Tage lang dem weiteren Verlauf der neu entdeckten Karawanenroute gefolgt sind, erkennen wir, dass sie jetzt eindeutig nach Südwesten verläuft. Vielleicht auf den noch fernen Dschebel

Uweinat zu, jedenfalls zunächst nicht auf die Kufra-Oasen im Westen – also auch nicht, wie wir gehofft hatten, in Richtung jener Region, in der das fantastische Wüstenglas lagert, von dem wir mindestens Materialproben sicherstellen wollen.

Während Bergmann die antike Route weiter erkunden und nach neuen Fundstücken suchen will, entscheiden Kröpelin und ich, den Weg zum Fundort des mysteriösen Steins aus Tutanchamuns Geschmeidesammlung eigenständig zu finden.

In der Neuzeit wieder entdeckt wurde die Fundstelle jenes Wüstenglases im Dezember 1932 von dem britischen Kartographen Patrick A. Clayton. Zuvor hatte er die Grenze zwischen Ägypten und der damaligen italienischen Kolonie Libyen kartographisch aufgenommen (und 74 Karten von zuvor „weißen" Regionen gezeichnet). Im Frühjahr 1932 hatte Clayton als Navigator an Almásys Zarzura-Suchexpedition zum unerforschten Gilf-Kebir-Plateau teilgenommen. Clayton benutzte jene agilen Geländefahrzeuge für seine Wüstenexpeditionen, die Ford aus dem legendären T-Kleinlastwagen entwickelt hatte. Dank dieser Fahrzeuge waren Fernreisen in unerforschte Sahara-Regionen entscheidend erleichtert worden.

So gelang Clayton als erstem Menschen der Neuzeit die Durchquerung der Großen Sandsee von Ost nach West, entlang des 27. Breitengrads. Auf dem Rückweg von diesem Unternehmen stieß er, viel weiter im Süden, auf die Lagerstätte des Wüstenglases – in einer der weiten, windgepeitschten Steinebenen zwischen von Nord nach Süd verlaufenden Dünenzügen.

Er brachte erste Stücke zurück und begründete somit die wissenschaftliche Erforschung dieses Materials.

Wir orientieren uns anhand der ursprünglich von Clayton notierten geographischen Koordinaten; aber je weiter wir nach Nordwesten vorankommen, desto höher und enger türmen sich die Sandmassen vor uns. Wie die Meereswogen an einer wild zerklüfteten Küste, so brandet hier die Große Sandsee zwischen Inselbergen in die Buchten des Gilf-Kebir-Plateaus. Nur dass die Dünen um vieles mächtiger sind als noch so hohe Wogen des Meeres.

Ich denke an Almásy. Inmitten der Libyschen Wüste hatte er das Singen des Sandes gehört und beschrieben.

„Die Hitze hat endlich nachgelassen, der Wind ist eingeschlafen, tiefe Stille herrscht ringsum ... Plötzlich ein Laut ... ein lang gezogenes dumpfes Stöhnen, das sich dort drüben den Dünen entlang fortpflanzt ... Gebannt lauschen wir in die helle Mondnacht hinaus ... Der Ton schwillt an ... jetzt klingt es wie ein klagendes Wimmern ... Eine tiefe metallische Note mischt sich hinein, wird stärker, gewinnt die Oberhand ... und zuletzt hallt die ganze Dünenkette wie vom Dröhnen eines weit entfernten riesenhaften Gongs wider: Die Dünen singen! Nie habe ich etwas Seltsameres und Unheimlicheres gehört. Jetzt verstehe ich, weshalb die Beduinen mit abergläubischer Scheu von den Stimmen der „Ghule" sprechen, der bösen Geister, die in den Dünen leben. Selbst uns nüchtern denkenden Europäern fällt es schwer, diese äußerst selten auftretende Naturerscheinung als Folge der nächtlichen Abkühlung des Sandes zu betrachten und ihr gegenüber unsere Fassung zu bewahren. Minutenlang hält der dröhnende Gesang der Dünen an, dann verklingt er allmählich in den äußersten Ausläufern der Sandhänge, und wieder umgibt uns tiefes Schweigen."

Die Passage der Sandsee gleicht einer Achterbahnfahrt. So schnell es Motor und Untergrund zulassen, jagen wir die steilen Hänge hinauf; gegen die Dünengrate, die sich scharf gegen den gleißend hellen, milchig blauen Himmel absetzen. Nur ja nicht aus Angst vor dem Abgrund dahinter den Fuß vom Gaspedal nehmen oder, noch schlimmer, das Steuer herumreißen! Denn der Schwung muss gerade groß genug sein, damit die Vorderräder den Dünengrat durchbrechen. Nur dann kann das Fahrzeug langsam auf die weiche Leeseite der Düne kippen und in einer Sandlawine zu Tale rutschen. Vielerorts ist das Dünengewoge derart unübersehbar, dass einer von uns vorausgehen muss, um eine Passage zu erkunden. Und oft helfen nur unter die Räder gelegte Sandbleche weiter.

In der Sandsee verlaufen bis zu 100 Meter hohe Dünen als 300, 400, ja 500 Kilometer lange, doch meist nur einige hundert

Behutsame Bergung eines Kruges unter Aufsicht von Rudolph Kuper. Die Spurrinnen der antiken Karawanen haben sich in der Steinwüste über Jahrtausende erhalten. Auf einem Krug befindet sich die Darstellung eines Esels – eines jener damaligen Transporttiere. Die Krüge waren offenbar aufwendig verpackt. Sie freizulegen, nimmt Tage in Anspruch

Wie Meereswogen branden die Dünen der Großen Sandsee in die Buchten des Gilf-Kebir-Plateaus, an dessen Rand die GEO-Expedition ihr Lager aufgeschlagen hat. In der Nähe entdecken die Forscher ein altes Benzinkanisterdepot und andere Hinterlassenschaften von Ralph A. Bagnold, dem Begründer der Dünen-Geologie

Meter breite, kompliziert verflochtene Zöpfe parallel zueinander von Nord nach Süd. Dazwischen dehnen sich zwei, drei Kilometer breite Gassen mit fast sandfreiem, feinsteinigem Boden.

Woher die ungeheuren Sandmassen der Dünenzöpfe stammen, ist ungeklärt, denn im Norden, woher die Winde am häufigsten wehen, liegt das Mittelmeer. Es ist deshalb zu vermuten, dass der Sand in einer weit zurückliegenden, feuchten Klimaphase von Flüssen herbeigeschafft worden ist. Nach Anbruch der Trockenzeit, so eine Theorie, haben dann Winde und ein im Sand wirksames Prinzip der Selbstorganisation die Dünen zu ihren heutigen Strukturen geordnet.

Doch selbst in diese weltenferne Region haben Kriege ihren Schrecken getragen: Im gesamten Umfeld des Gilf Kebir müssen wir auf der Hut sein vor Minen. Deutsch-italienische oder britische Spähtrupps haben hier während des Afrika-Feldzuges im Zweiten Weltkrieg zur Vereitelung von Kommandounternehmen, die die Frontlinie nahe der Mittelmeerküste tief im Süden zu umgehen versuchten, wichtige Passagen vermint. Vor allem aber, als es dann in den siebziger und achtziger Jahren zu Spannungen zwischen Ägypten und Libyen und später auch dem Sudan kam, verminten auch die Ägypter ihre westlichen und südlichen Grenzregionen. Minen-Karten gibt es nicht, und 1999 ist ein deutsches Fahrzeug in vermeintlich sicherem Gelände auf einen solchen tückischen Sprengkörper gefahren.

Immer wieder biegen wir in eine der „Gassen" ein, um darin möglichst weit nach Norden voranzukommen. Hohe, dünne Wolken scheinen die Strukturen des Sandmeeres nachzuzeichnen – vielleicht vermittelt durch thermische Luftströmungen. Doch Mal um Mal erweisen sich die von uns gewählten Wege als Sackgassen – und einmal mehr müssen wir einen der hier zusammenwachsenden, turmhohen Dünenzüge überqueren, um die nächste Gasse zu erreichen.

Am Nachmittag des zweiten Tages unserer Fahrt durch die Dünenfluchten – wir

sind immer noch auf Nordkurs – funkelt es links von uns im Gegenlicht plötzlich smaragdgrün, dann gleich noch einmal und noch einmal. Wir haben tatsächlich gefunden, was Auslöser unserer Expedition gewesen ist: das Wüstenglas – die Smaragde der Garamanten.

Unter dem ungebrochenen Licht der Wüstensonne strahlt das Glas noch intensiver und farbiger als der Stein des Tutanchamun im Kairoer Ägyptischen Museum. Und ich entdecke noch eine weitere Ursache für den Lichtzauber: Der Wüstenwind hat dem Glas funkelnde Facetten angeschliffen. So hart wie dieses Material ist, müssen Jahrmillionen darüber vergangen sein.

Als ich einen der gläsernen Steine hochhebe, sehe ich an dessen Unterseite Schmelzspuren; ganz ähnlich denen, die ich von Meteoriten kenne. Außerdem fallen mir im Durchlicht zahlreiche Gasbläschen im Innern auf, wie sie auch der Stein des Tutanchamun enthält.

Seit Patrick A. Clayton 1832 die ersten kleinen Brocken dieses erstaunlichen Minerals aus der Wüste mitgebracht hat, beschäftigt sich die Wissenschaft damit. Fraglos hat das Glas sich durch einen Schmelzprozess bei hohen Temperaturen und Drücken gebildet, wie sie etwa bei vulkanischen Vorgängen auftreten. Doch je mehr die Geologen, Mineralogen und Chemiker über das seltsame Material herausfanden, desto sicherer wurde die Vermutung, dass der Schmelzvorgang durch ein plötzliches Ereignis, etwa durch den Aufprall eines Meteoriten auf die Erde oder durch einen „Streifschuss“ eines kosmischen Objekts, ausgelöst worden sein könnte.

Der extrem energiereiche „thermische Puls“, den ein derartiges Ereignis auslöst, muss den siliziumreichen Sandstein im Untergrund der Region oder, falls zu jenem Zeitpunkt schon vorhanden, den Wüstensand aufgeschmolzen und in Glas verwandelt haben. Tatsächlich finden sich in vielen der Glasbrocken winzige Einschlüsse, deren chemische Analyse eine Zusammensetzung von Elementen ergeben hat, die typisch ist für die meisten der auf die Erde gestürzten Meteoriten.

Und geschehen sein muss jenes Ereignis, so ist aus der physikalischen Altersdatierung des Glases zu errechnen, vor 28 bis 29 Millionen Jahren. Der italienische Physiker Carlo Patuelli schließt aus bestimmten Phänomenen in der Kristallstruktur des Glases, dass es sich nicht unter dem Einfluss irdischer Schwerkraft gebildet haben könne. Er glaubt, dass der Aufprall des Meteoriten von solcher Gewalt gewesen sei, dass er irdisches Material glutflüssig in den Weltraum geschleudert habe. Es sei dort sekundenschnell zu Glas erstarrt und dann auf die Erde zurückgestürzt. Nur: Dann müssten der Ort des Meteoriteneinschlags und der Fundort des Glases weit auseinander liegen.

Die Amerikaner Darryl S. Futrell und John A. O’Keefe gehen noch weiter: Bei der Examinierung des Wüstenglases meinen die beiden Forscher auffällige che-

Die Fahrt aus dem Wadi Hamra, einem tiefen Canyon, hinauf auf das Gilf-Kebir-Plateau gelingt nur mithilfe von Sandblechen vor den Reifen

In Teilen der Sahara haben Kriege und Konflikte tödliche Gefahren hinterlassen: Am 16. Januar 1999 fuhr dieses Fahrzeug einer deutschen Reisegruppe im Wadi Wassa auf eine panzerbrechende Mine. Die Insassen überlebten wie durch ein Wunder. Als das Fahrzeug hoch in die Luft flog, wurden sie herausgeschleudert, bevor der Tank und die Gasflasche explodierten

mische und mineralogische Ähnlichkeiten mit Material ermittelt zu haben, das die Mannschaften von „Apollo 15“ und von „Apollo 17“ Anfang der siebziger Jahre vom Mond mitgebracht hatten. Von diesem weiß man heute, dass es irgendwann auf dem Erdtrabanten durch gewaltige vulkanische Eruptionen entstanden sein muss. Da der Mond eine nur geringe Schwerkraft besitzt, halten es die beiden Amerikaner für vorstellbar, dass Teile des vulkanischen Mondglases dann durch Meteoriteneinschläge weit hinaus in den Weltraum geschleudert, irgendwann ein Schwarm von der Schwerkraft der Erde eingefangen worden und in der Libyschen Wüste herabgefallen sind.

An anderen Objekten ist ein solcher Vorgang bereits nachgewiesen: Schon mehrfach sind Brocken aus Mond-, sogar aus Marsgestein gefunden worden – ebenfalls in der Sahara. Sie waren durch Meteoriteneinschläge aus der Kruste dieser Himmelskörper herausgesprengt und in den Weltraum katapultiert worden und schließlich ebenfalls auf der Erde gelandet. Und auf dem Boden der Sahara lagern sie infolge bestimmter, nur dort auftretender geographischer und klimatischer Bedingungen bis heute.

In einer Nachbargasse des Dünensystems stoßen wir dann auf eine weitere Überraschung. An einer Stelle ist der Boden derart mit Scherben übersät, als hätte hier jemand das grüne Wüstenglas zertrümmert. Bei näherer Prüfung stellt sich dann heraus: Es sind Artefakte. Vor Jahrtausenden muss hier ein Mensch gesessen und mit großem Geschick und viel Materialkenntnis Werkzeuge hieraus hergestellt haben: Schaber, Messerklingen, Speer- und Pfeilspitzen. Auch so genannte Mikrolithen finden sich unter den Schlagabfällen – rasiermesserscharfe, allerfeinst gearbeitete Klingen, mit denen unter anderem tierische Häute geschnitten wurden.

Ein so genannter Abschlagplatz. Hier hat ein Mensch vor Jahrtausenden Werkzeuge aus dem äußerst harten Wüstenglas gefertigt, darunter winzige, rasiermesserscharfe Mikrolithen

Um die Bergung und wissenschaftliche Bearbeitung der Produkte dieser steinzeitlichen Werkzeugschmiede werden sich nach Abschluss unserer Expedition Spezialisten unter der Leitung von Rudolph Kuper kümmern. Jedes einzelne der Artefakte wird an seinem genauen Fundort eingemessen, gezeichnet und fotografiert. Am Ende wird man viel über die Schlagtechnik der vorgeschichtlichen Werkzeugmacher sagen können; vielleicht sogar, ob der Hersteller Links- oder Rechtshänder gewesen ist.

Die Kenntnis des Wüstenglases muss sich, wie der Fund in Tutanchamuns Grab zeigt, über Jahrtausende erhalten haben. Allerdings müssen die „Himmelssteine" und deren Verarbeitung auch zu Zeiten dieses Pharaos wohl als etwas Besonderes gegolten haben – man hätte das extrem rare Material sonst nicht in einem so einzigartigen kosmologischen Bildnis benutzt.

Wie überhaupt dem jungen König für sein Weiterleben im Jenseits Spitzenprodukte aus damals kostbaren Rohstoffen und der zeitgenössischen technischen Entwicklung mit ins Grab gegeben wurden. So fand man darin auch 19 Gegenstände teilweise aus Eisen – ungewöhnlich für eine Bestattung in der Bronzezeit. Dieses Eisen aber ist, das hat die Analyse ergeben, ebenfalls kosmischer Herkunft: Es ist Meteor-Eisen, das die Ägypter so wie den Stein des Tutanchamun in der Wüste aufgesammelt und ins Niltal gebracht haben müssen, vielleicht auf einem der antiken Karawanenwege, die dank der Entdeckung Carlo Bergmanns nunmehr erforscht werden.

Auf unserer Fahrt zurück passieren wir wieder einen der uralten Plätze mit Krugdepots. Die zuvor dort abgesetzten Archäologen haben weitere Funde und Entdeckungen gemacht. Wo Bergmann uns den Krug mit dem Eselsbild präsentiert hat, ist inzwischen auch eine spezielle, durch das Wüstenklima konservierte Verpackung freigelegt worden. Sie umschloss, so erläutert Rudolph Kuper, einst den Krug: ein Seilgeflecht, auf das ganz augenfällig ein Polster aus kunstvoll geflochtenen Stroh- und Heumatten folgte. Was nur ist in derart aufwendig verpackten Krügen, deren Rauminhalt sich zusammen nach Hektolitern bemessen haben muss, transportiert worden?

Als wir abends am Lagerfeuer zusammensitzen und das Wiedersehen der verschiedenen Wissenschaftlergruppen mit Wein begießen, kommt uns plötzlich die Erleuchtung. Hatten die alten Ägypter aus der Oase Dakhla Wein exportiert? War der Wein dann, wo auch immer, abgeliefert, konnten die Esel das Verpackungsmaterial auf dem Rückweg fressen. So eine weitere Überlegung. Tatsächlich war der Oasenwein im alten Ägypten berühmt, und reichliche Mengen davon wurden ins Niltal exportiert – warum nicht auch nach Westen? Sollte sich das im Verlauf der weiteren Forschung bestätigen, so hätte unsere Expedition nebenbei die älteste Weinhandelsstraße der Menschheit entdeckt.*

Carlo Bergmann hielte das sicher nicht für ausgeschlossen. Längst glaubt der Wüstengänger sogar, dass sein antiker Karawanenweg von Ägypten auch bis ins Herz des Schwarzen Kontinents geführt haben könnte; bis in die Gegend des Tschadsees und in die Region längst vergangener schwarzafrikanischer Königreiche. Interessant war in diesem Zusammenhang, dass die Wegzeichen, welche den antiken Karawanenzug in Ägypten säumten, von gleicher Größe und Bauart waren, wie solche, die wir auf unserer Expedition in die Erdis in der Nordostecke des Tschad entdeckt hatten. Läge Bergmann, was die Wissenschaftler nun tiefer erforschen wollen, richtig, so wäre das eine weitere Sensation.

Und es würde, wie die Rohstoffquelle für die Schmuckwerkstatt des Tutanchamun, darauf hindeuten, dass der Horizont der alten Ägypter noch viel weiter gewesen ist als bisher angenommen. □

* Inzwischen hat Carlo Bergmann auf einer neuen Expedition entdeckt, dass der Karawanenweg über das Gilf-Kebir-Plateau in Richtung Kufra-Oasen führt.

Die kursiven Seitenzahlen verweisen auf Bilder

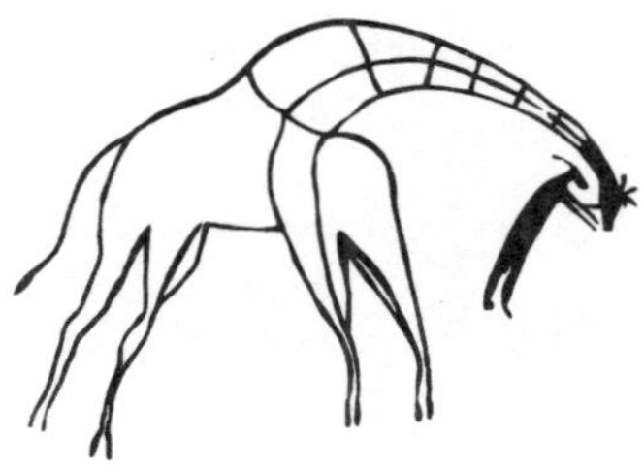

Almásy, Ladislaus E.: Unbekannte Sahara. Mit dem Flugzeug und Auto in der Libyschen Wüste. F. A. Brockhaus, Leipzig 1939.

Almásy, Ladislaus E.: Schwimmer in der Wüste, Haymon-Verlag, Innsbruck 1997.

Bailloud, Gérard: Art rupestre en Ennedi, Collection „Pour Mieux Connaître le Tchad“, Editions Sépia 6, avenue du Gouverneur-Général-Binger, F-94100 Saint-Maur, 1997, 160p., 256 illustrations noir et blanc et couleur (ISBN 2-907-888-9-x).

Barth, Heinrich: Reisen und Entdeckungen in Nord- und Central-Afrika in den Jahren 1849 und 1855, Justus Perthes-Verlag, Gotha 1857/1858.

Barth, Heinrich: Ein Forscher in Afrika. Leben – Werk-Leistung. Eine Sammlung von Beiträgen zum 100. Todestag am 25. November 1965, herausgeg. von Heinrich Schiffers, Steiner Verlag, Wiesbaden 1967.

Barth, Heinrich: Er schloß uns einen Weltteil auf. Unveröffentlichte Briefe und Zeichnungen des großen Afrikaforschers, herausgeg. von Rolf Italiaander, nach 1970.

Bergmann, Carlo: Der letzte Beduine – meine Karawanen zu den Geheimnissen der Wüste, Rowohlt, Hamburg 2001.

Busche, Detlef: Die zentrale Sahara: Oberflächenformen im Wandel, Justus Perthes-Verlag, Gotha 1998.

Dayak, Mano: Die Tuareg-Tragödie, Horlemann 1996.

Därr, Klaus und Erika: Durch Afrika – Streckenbeschreibungen, Reise Know-How Verlag Därr 2000.

Därr, Klaus: TransSahara, Därr Reisebuch Verlags-GmbH, Hohenthann 1991 (Ausgabe vergriffen, aktuelle Informationen verfügbar unter: www.klaus.daerr.de).

Därr, Erika u. a.: Westafrika Band 1 – Sahelländer, Reise Know-How Verlag Därr 2000

Dittrich, Peter (Hrsg.): Biologie der Sahara. Ein Führer durch die Tier- und Pflanzenwelt der Sahara, Eigenverlag, München 1983.

Esch, Hansjoachim von der: Weenak – die Karawane ruft. Auf verschollenen Pfaden durch Ägyptens Wüsten, F. A. Brockhaus, Leipzig 1941.

Fuchs, Peter: Im Land der verschleierten Männer, Amandus-Verlag, Wien 1953.

Fuchs, Peter: Weißer Fleck im schwarzen Erdteil. Meine Expedition nach Ennedi, Engelhorn-Verlag, Stuttgart 1958.

Fuchs, Peter: Fachi, Sahara-Stadt der Kanuri, Steiner-Verlag Wiesbaden. Stuttgart 1989.

Fuchs, Peter: Menschen der Wüste, Westermann-Verlag, Braunschweig 1991.

Gardi, René: Cram Cram, Erlebnisse rund um die Air-Berge in der südlichen Sahara, Franckh'sche Verlagshandlung, Stuttgart 1969.

Gardi, René/Neukomm-Tschudi: Felsbilder der Sahara im Tassili n`Ajjer, Hallwag-Verlag, Bern 1969.

Gardi René: Ténéré – die Wüste, in der man Fische fing, Bentili-Verlag, Bern 1980.

George, Uwe: In den Wüsten dieser Erde, Hoffmann und Campe Verlag, Hamburg 1976.

George, Uwe: Die Wüste, Vorstoß zu den Grenzen des Lebens, GEO im Verlag Gruner + Jahr, Hamburg 1981.

Gerster, Georg: Sahara – reiche, fruchtbare Wüste, Ullstein-Verlag, Berlin 1959.

Gerster, Georg: Brot und Salz, Atlantis-Verlag, Zürich/Freiburg i. Br. 1980.

Göttler, Gerhard (Hrsg.): Die Sahara, Mensch und Natur in der größten Wüste der Erde, (Du Mont Kultur-Reiseführer), Du Mont-Verlag, Köln

Hugot, H. J./Bruggmann, M.: Zehntausend Jahre Sahara, Bucher-Verlag, Luzern 1976.

Kaufmann, Herbert: Reiten durch Iforas, Nympfenburger Verlagshandlung, München 1958.

Kollmannsperger, Franz: Auf der Straße der Zugvögel (Ennedi), Ilmgau-Verlag, Pfaffenhofen 1961.

Kröpelin, Stefan: Zur Rekonstruktion der spätquartären Umwelt am Unteren Wadi Howar, Südöstliche Sahara/NW-Sudan (Gelber Nil), Berliner Geographische Abhandlungen 54, 1993

Kuper, Rudolph (Hrsg.): Sahara – 10 000 Jahre zwischen Weide und Wüste, Museen der Stadt Köln, 1978.

Kuper, Rudolph (Hrsg:): Forschungen zur Umweltgeschichte der Ostsahara, Africa Praehistorica 2, Köln 1989.

Lhote, Henri: Die Felsbilder der Sahara, Entdeckung einer 8000jährigen Kultur, Zettner-Verlag, Würzburg/Wien 1963.

Richter, Nikolaus Benjamin: Auf dem Wege zur schwarzen Oase. F. A. Brockhaus-Verlag, Leipzig 1958.

Richter, Lore: Inseln der Sahara. Durch die Oasen Libyens, F. A. Brockhaus-Verlag, Leipzig 1960.

Ritter, Hans: Sahel. Land der Nomaden, Trickster-Verlag, München 1986.

Rhotert, Hans: Libysche Felsbilder, Wittich-Verlag, Darmstadt 1952.

Rohlfs, Gerhard: Drei Monate in der Libyschen Wüste, Fischer-Verlag, Kassel 1875 (Nachdruck Heinrich-Barth-Institut Köln, 1996).

Schiffers, Heinrich: Die Sahara und ihre Randgebiete, 3 Bde., Weltforum Verlag, München 1971.

Schlüter, Jochen: „Steine des Himmels“, Edition Ellert und Richter, Hamburg 1996.

Schultz, Ludolf: „Planetologie – eine Einführung“, Birkhäuser - Verlag, 1993.

Striedter, Karl-Heinz (Hrsg.): Felsbilder der Sahara, Prestel-Verlag, München 1984.

Wildung, Dietrich (Hrsg.): Sudan. Antike Königreiche am Nil. Kunsthalle München 1996.

BILDNACHWEIS

Fotovermerke nach Seiten.
Anordnung im Layout: l. = links,
r. = rechts, o. = oben, m. = Mitte, u. = unten
Titel: Uwe George
Klappenfoto: Reiner Voß
Vorsatz vorn und hinten: Uwe George
Alle Fotos: Uwe George außer
Staatsarchiv Hamburg: 3 (2. von oben), 64/65, 69, 71 l.u., 90 o., 101;
Pascal Maitre/Cosmos: 3 (3.von oben), 116/117;
Scala/Art Resource/Bearbeitung Karl Hoffmann (kleines Foto): 3 u., 302;
George Steinmetz: 10-13, 30/31, 60/61, 86, 92, 143 u., 145 r.o. und u., 146/147, 154-156, 162/163, 174, 196/197, 201 u., 204, 234/235, 248/249, 256-259, 260/261, 267 l.u., 272/273, 276 u., 279, 288/289, 294/295, 300, 301;
SeaWiFS Project, NASA/Goddard Space Flight Center and Orbimage: 21-23;
Institut und Sammlung für Völkerkunde, Göttingen: 66, 94 o.;
Bildarchiv Preußischer Kulturbesitz: 68 o.;
Nachlass von Heinrich Barth, Sammlung Darmstädter Staatsbibliothek/ Staatsbibliothek zu Berlin-Preußischer Kulturbesitz, Handschriftenabteilung: 68 u.;
Aus dem Buch: Reisen und Entdeckungen in Nord- und Central-Afrika, Heinrich Barth, Bd.1: 71 o. und r.u., 87, 93 m., 97, aus Bd. 5: 112;
Jean Marc Durou: 76/77, 77;
Jean-Luc Manaud/Rapho/ Agentur Focus: 93 o., 95, 182/183, 212/213, 213;
Yann Arthus-Bertrand/Earth from Above with Fujifilm: 118/119, 184/185, 209 o.;
Jean-Luc Manaud & Yves Gellie/Rapho/Agentur Focus: 124/125, 127, 128-130;
Carsten Peter: 135 u., 136 (2), 136/137, 140;
Uwe Karstens: 141 u., 342 l.o.;
Günther Edelmann: 168;
Manfred Mahn: 171 r.u., 175 u., 342 l.m.o.;
Georg Gerster: 176/177;
Alain Dragesco-Joffé/Silvestris: 208, 293;
Heiner Müller-Elsner/Agentur Focus: 229 o., 242 u.;
Karl-Christian Lyncker: 244;
Carol Beckwith & Angela Fisher/Robert Estall Photo Agency:298;
David Coulson/Robert Estall Photo Agency: 299;
Stephan Elleringmann/Bilderberg: 304/305;
Carlo Bergmann: 310/311, 314-316, 318/319, 326 u.;
Boltin Picture Library/Bearbeitung Karl Hoffmann: 317 o.;
Griffith Institute, Ashmolean Museum, Oxford: 317 u. (3);
Privatsammlung H.Weber: 332 u.;
Hans Hansen: 333 o.;
Illustrationen:
Gérard Bailloud. „Looking for Rock Paintings and Engravings in the Ennedi Hills/Art rupestre en Ennedi“. Collection „Pour Mieux Connaître le Tchad“, Éditions Sépia, Saint-Maur, 1997: 2, 46, 52, 54-56, 63, 73, 74, 89, 95, 102, 110, 115, 126, 131, 144, 146, 149, 162, 169 r., 178, 198, 201, 204, 206, 210, 214, 228, 238, 241, 243, 274, 278, 287, 294, 296-297, 298, 301, 310, 312, 321, 327, 331, 334, 340;
Harald Blanck nach Gero Hillmer & Jochen Schlüter: 195 u. (4);
Tom Jütz: 280/281;
Karten:
Tanguy de Rémur: 18-20;
Rainer Droste: 72, 177;
Günther Edelmann: 127, 169 l.u., 170, 173, 286;
Landsat-TM/FUS/FTH-Berlin: 192-194, 284/285;
Gero Hillmer: 195 o.;
JPL/NASA and USGS: 289;
Carlo Bergmann: 322/323